一九色鹿一

唐
宋

威兮其祖
宋代太庙礼仪之争

Empowered by Ancestors
Controversy over the Imperial Temple in
Song China (960-1279)

张晓宇 (Cheung Hiu Yu)

郑珮安 史颖然 译

著

社会科学文献出版社
SOCIAL SCIENCES ACADEMIC PRESS (CHINA)

中文版谢辞

我从大学本科的时候开始对传统经学中的礼仪细节产生兴趣。当时发愿通过手抄《仪礼》《周礼》《小戴礼记》文字来学习礼学，这大概是受了清代礼学家凌廷堪（1757～1809）的影响。由于个人性格疏懒，这一条道路很快被证明行不通。然而在这种瞳矇的状态下，居然也能在偶尔的抄写中学习到一些知识、感受到一些乐趣，这不能不归功于传统礼学历代相沿的注疏体裁。直到比较晚的时候，我从一些前辈先生的研究中了解到这种体裁历史发展的复杂之处，才对注疏体系有了一点认知。而大学时期对礼学朦胧的兴趣，不料竟预示了之后的研究方向。

在香港中文大学获得学士和硕士学位以后，我遂赴美攻读博士学位。由本科的战争史研究转向硕士的妇女史和法制史研究，礼学与礼经逐渐淡出研究视野。求学彼邦时，一次偶然的机遇让我重拾礼学研究。博士学位论文导师田浩（Hoyt Cleveland Tillman）教授当时正在研究现代儒家礼仪，在 2011 年开设了一门中国礼仪史的课。我的博士学位论文原想研究王安石门人学术理念问题，当时我正在读王学门人陆佃的文集《陶山集》，留意到其中讨论帝室太庙昭穆排序的几篇文字。按照这些文字提示的线索，我尝试发掘其他材料，尤其是南宋卫湜《礼记集说》中所保留的北宋议礼文字，并撰成了一篇论文。论文写完以后，我慢慢发觉这一课题可以发展成为一篇博士学位论文。读者眼前这本小书，正是这一课题的思考成果。

如果没有一众老师、同事和朋友极大的鼓励和支持，这部书不可能完成。首先我要感谢我的导师田浩教授，他带领我走进中古中国引人入胜的礼学和思想领域。田老师以无比的慷慨与耐性，指导我完成这部书的英文初稿，让我的研究成为满怀冀望之旅。我至今仍不断地从他的博闻和文笔中学习如何成为一个出色的历史学者。

在亚利桑那州立大学（Arizona State University）修读博士学位时，我有幸跟随众多优秀老师学习。麦金农（Stephen MacKinnon）教授以卓越的评论拓展了我对中国近代史与中国政治的认识，深化了我对礼仪与政治关系的理解。陈怀宇教授举办的佛教系列讲授会从比较视角切入，给了我一个重新思索儒家礼仪意义的机会。詹姆斯·拉什（James Rush）教授引导我接触到东南亚研究和比较殖民主义，这些课题构成了现在我所热衷的读书和教学兴趣。逢星期一在柏夷（Stephen Bokenkamp）教授家中举办的道教文献读书会，给予了我跟其他同侪交流宗教礼仪文献的良机。此外，我当然不会忘记奚如谷（Stephen West）教授的阅读研讨会，他对文学理论和中国文献的深邃认知在我阅读经传注疏文字时一直启发着我。

我的硕士学位论文导师苏基朗教授带领我进入了宋史研究领域。没有苏老师的鼓励，我不会也不可能成为一个历史学者。在学术和做人两方面，苏老师都对我影响深远。我也要特别感谢本科时的导师曾瑞龙教授。曾老师在宋代军事史方面的开创性研究，展示了历史研究与理论分析相结合的巨大可能性。他的去世是宋史学界的一大损失。在写作本书的过程中，我眼前时时浮现曾老师夙夜不懈、伏案作文的身影。在学术之路上，那一身影已成为我溯游以从的对象。

　　在学术之路上匍匐而进，我很幸运有机会跟一些前辈史家和同侪学习，包括邓小南教授、黄宽重教授、蔡涵墨（Charles Hartman）教授、包弼德（Peter Bol）教授、史乐民（Paul Smith）教授、李瑞（Ari Levine）教授、何冠环教授、殷慧教授、陈曦教授、赵冬梅教授、宋在伦（Jaeyoon Song）教授、冀小斌教授、朱铭坚教授、刘光临教授等，还有本书英文版原稿的数位匿名评审老师。此外，本书得以完成亦托赖许多师长朋友的支持，尤其是我的香港中文大学同事以及负笈美国时的同窗好友。我在英文版谢辞中已一一致谢。

　　在翻译本书过程中，承蒙社会科学文献出版社慨允，得以有机会扩充英文原著中来不及加入的一些细节和最新研究成果，并依据自己过去几年的思考加以修订。中文版能以更翔实的面貌呈现给广大中文世界读者，首先要感谢社会科学文献出版社历史学分社社长郑庆寰先生，以及编辑老师的无私帮助。

　　本书第三章主要内容原刊于英文期刊《中国历史学前沿》2018年第3期〔*Frontiers of History in China*，Vol. 13，No. 3（2018）：275-310〕。承蒙期刊编辑部允可出让版权，以供再次出版。这次中文版相关内容加以修订、润色，谨向《中国历史学前沿》再次致谢。除此以外，本书英文版承蒙香港研究资助局（RGC）"杰出青年学者计划"项目（24603017）赞助。中文版则为殷慧教授主持的国家社科基金重大项目"中国礼教思想史（多卷本）"（20&ZD030）相关成果之一。

　　本书的两位翻译者史颖然君和郑珮安君是我的硕士生，数年来随我一同研习中国礼仪史。与他们一起读书、交流学问，是我教研生涯中最为快乐之事。他们读书时的细致和谦逊心态，使我深信现在的工作仍有微薄价值。此书中文版引论、第一章、第七章及结语由史颖然君翻译，第二章至第六章均为郑珮安君翻译。郑君尤其为我纠正了不少英文版中因疏忽大意或所用版本不佳导致的错误。史君针对全书格式亦做了细致修订。如果没有两位翻译者的帮助，本书中文版必然杀青无望。在后续编校工作中，郑珮安君帮忙考订材料，补正了不少错漏。编校老师细心校对，纠正了许多问题。当然，书中仍存在的一些不足和错漏，全部应由作者来负责。最后，我希望向爱妻梁惠璋致以最深切的感激。没有她长久以来的鼓励和忍耐，我不可能完成这部书。许多时候，学者的学术研究都在牺牲别人成就自己。在无数殚精竭虑的日子里，妻子都在陪伴着我。我们相处的时光，在我眼中远胜于一切研究。如果我曾经做出任何有价值的研究，研究之名虽属于我，所有价值都属于她。

张晓宇

二〇二五年三月二十六日

目录

引　论

> 王道之可观者，莫盛乎宗庙。
>
> ——王弼（226~249）[1]

　　祖先崇拜及其相关仪式在中国文化中扮演着重要角色。从宏观历史维度来看，帝制中国的祭祖仪式在社会和思想层面经历了深远发展。无论是所谓精英阶层还是一般平民，传统国人都在通过各种丧、祭礼仪管理祖灵世界。[2]　就地方而言，儒家学者所推广的祭祖礼仪通过宗法制度、家礼仪节和各种社会组织渗透至乡村社会。[3]　从国家角度着眼，历代中

---

① 《周易注疏》卷 3，《唐宋注疏十三经》第 1 册，四部备要本，中华书局，1998，第 43 页。本书所涉人物的生卒年、朝代起止时间以及皇帝在位时间，除原书有明显错误径改外，其余俱依原文。——译者注

② 徐诚斌（Francis Hsu）在他的经典之作中精要归纳了中国乡村民众面对祖先神灵时的焦虑感。见 Francis Hsu, *Under the Ancestors' Shadow：Kinship, Personality, and Social Mobility in Village China*（New York：Natural History Library, 1967）, pp. 131-199。这种焦虑感在早期中国社会中的反映和影响，见 Stephen Bokenkamp, *Ancestors and Anxiety：Daoism and the Birth of Rebirth in China*（Berkeley：University of California Press, 2007）, pp. 60-94。

③ 伊沛霞（Patricia Ebrey）对朱熹（1130~1200）《家礼》的详细批注及其影响力分析充分展示了包括冠、婚、丧、祭在内的家礼思想是如何通过儒家礼书流通而逐渐扩散到社会实践之中的。见 Patricia Ebrey, *Chu His's Family Rituals：A Twelfth-Century Chinese Manual for the Performance of Cappings, Weddings, Funerals, and Ancestral Rites*（Princeton, NJ：Princeton University Press, 1991）, pp. 153-177；亦见 Patricia Ebrey,

央朝廷大都积极参与社会礼仪教化的相关活动，热衷推广相应礼仪规范。考虑到祭祖仪式在"国家—社会"关系中扮演的角色，祭祖礼仪的规范及文化内蕴，有着重大现实意义。祭祖礼仪规范是如何形成的？这是本书将要讲述的故事。通过聚焦于宋代（960~1279）关于皇家太庙的礼仪辩论，本书尝试描绘出某些核心礼仪规范的形成过程。这一过程的后半部分，亦即祭祖礼仪的社会形态与演变，在明清社会史尤其是宗族史研究中已经得到了充分演示。本书关注的是前半部分。这一部分故事的主角并非宗族，而是宋代的士大夫与士人。

两宋见证了礼仪规范在国家和社会两方面的重大转型。自北宋前期开始，随着朝野上下对儒学兴趣的增长，士大夫与士人开始积极参与讨论各种礼仪问题。庙堂之上，士大夫针对朝廷礼仪的辩论尤其引人注目。这些辩论赋予了他们对抗政权与重塑社会的文化权威。正是因为这些辩论，某种共识逐渐在宋代士大夫群体中形成：朝廷应当矫正某些重要的礼仪规范，以确保政府、社会和文化价值三者之间关系和谐。这些深受儒家伦理影响的士大夫配合朝廷推行各种礼仪规范，并视皇家礼仪为礼仪最高标准。相较前朝，宋代士大夫对"正礼"产生了更大兴趣。从他们的角度来看，朝廷宗庙之礼不只是儒家文化的一种"载体"（pretense for cultural agendas）。①通过庙堂之上的宗庙礼仪之辩，儒家士大夫在文化层面上找到了一种新的自我认同方法。由此观之，关于宗

Confucianism and Family Rituals in Imperial China：*A Social History of Writing about Rites*（Princeton，NJ：Princeton University Press，1991），pp. 9-13，220-229。关于《家礼》在东亚世界的流布，见吾妻重二《爱敬与仪章：东亚视域中的〈朱子家礼〉》，吴震等译，上海古籍出版社，2021。

① 此语借用自 Kevin E. Brashier，*Ancestral Memory in Early China*（Cambridge，MA：Harvard University Press，2011），p. 348。

庙礼仪的讨论和争辩并不只是皇家礼仪所谓的"私礼"。①
正因为宗庙礼性质上并非皇家私礼所能囿限，宗庙礼的相关
议题与辩论才成为士大夫热衷的议题，在某些特定时期，宗
庙礼议甚至成为朝堂焦点。

　　在皇家祭祖礼仪体系之中，太庙具有独特意义。就空间
层面而言，太庙展示了皇室谱系的合法继承权。② 邻近皇宫
的太庙以其巍峨观瞻彰显帝室权威。按照儒家理想的都城设
置，太庙、皇宫和社稷坛的位置都依据一套记载于《考工
记》的固定空间秩序来布置，③ "左祖右社，面朝后市"。④
这种空间布局确定太庙是都城中最重要的四种建筑之一。太
庙作为皇家祭祖的主要场所，体现了儒家孝道精神在政治领
域的延伸。就理想层面而言，皇帝本人按照季节，因应各种
国家大事，在太庙中亲自举行庄严的祭祀典礼，以向祖先展

---

① 在针对清代（1636~1911）朝廷礼仪的研究中，罗友枝（Evelyn Raws-
ki）依据清代官方档案的分类辨别私人和公共朝廷礼仪。见 Evelyn
Rawski, *The Last Emperors: A Social History of Qing Imperial Institutions*
(Berkeley: University of California Press, 1988), pp. 264 - 268, 277 -
285。但是，罗友枝所界定的大多数"私人"祭祖礼仪具有唤起特定
群体成员情感的移情作用。按照罗氏的说法，清代统治者采用的非儒
家礼仪涉及某些生理刺激（physiological stimuli）。这类刺激导致礼仪参
与者共享仪式的象征力量与经验。由此看来，皇室宗庙礼就唤起观众
同理心效果而言，恐怕也具有公共性质。
② 正如鲁惟一（Michael Loewe）所提出，太庙本质在于展示"皇室恒久
不变"之概念。见 Michael Loewe, *Problems of Han Administration: Ances-
tral Rites, Weights and Measures, and the Means of Protest* (Leiden: Brill,
2016), p. 9。
③ 《考工记》是现存最早对中国古代建筑及手工业进行记载的著作。一
些学者认为此书与战国时期齐国所编撰的官方记录关系密切。总体来
说，此书记载的是一种想象的周代建筑设置。西汉时期，一些学者将
之系于《周礼》，使之成为后者六官的"冬官"部分。关于《考工记》
的文献史，见 Feng Jiren, *Chinese Architecture and Metaphor: Song Culture
in the Yingzhao Fashi Building Manual* (Hong Kong: Hong Kong University
Press, 2012), pp. 26-27。又见闻人军译注《考工记译注》，上海古籍
出版社，1993，第 138~153 页。
④ 《周礼注疏》卷 41，《唐宋注疏十三经》第 2 册，第 411 页。

示恰如其分的敬意。除此之外，太庙亦是宗室成员联结纽带的象征式缩影。简而言之，太庙乃是儒家"一体性政治模式"（intimacy-oriented political model）的最佳模范。以礼仪为手段，太庙将皇室祖先的"私人"属性转变为具有展览意义的公共属性。[①] 在转变过程中，太庙及庙礼的相关讨论不只反映了皇家的政治隐喻，也反映了士大夫的知识立场以及与前者之间的张力。宋代士大夫利用各种理念来建构太庙礼，包括本朝祖宗功德、儒家孝道理念以及古礼之复兴等。这些理念如何在朝廷礼仪争辩中得以发展？士大夫选择和衡量理念的标准为何？太庙理念在社会层面上如何与儒家学者的"正礼"意识相配合？这些是这部小书主要回答的问题。

研究意义

自从日本汉学家内藤湖南（1866～1934）提出著名的"唐宋变革论"，不少历史学家倾向于认为政治利益才是宋代"党争"政治所执持的核心价值。[②] 众所周知，"朋党"在宋

---

① 这里笔者借用了蒋韬的用语。见 Jiang Tao, "Intimate Authority: The Rule of Ritual in Classical Confucian Political Discourse," in Peter D. Hershock and Roger T. Ames, eds., *Confucian Cultures of Authority*（New York: State University of New York Press, 2006），p. 30。历代太庙公、私性质的变化为学者所津津乐道。其与郊祀、明堂等其他涉及祖先崇拜的国礼之间孰公孰私？和皇权又有着什么关系？这些问题，金子修一、高明士、朱溢诸前贤都曾分疏。下文论及时再详加说明。

② "唐宋变革论"有众多的解释框架。在最早的版本中，内藤湖南提出士大夫"党"的性质在唐宋过渡中由婚姻关系转向政治利益。见 Hisayuki Miyakawa（宫川尚志），"An Outline of the Naitō Hypothesis and Its Effects on Japanese Studies of China," *The Far Eastern Quarterly* 14, 4（1995），pp. 533-552，尤其见第 535～538 页。张广达：《内藤湖南的唐宋变革说及其影响》，荣新江主编《唐研究》第 11 卷，北京大学出版社，2005，第 5～71 页。

代历史中扮演着相当重要的角色。范仲淹（989~1052）庆历新政和王安石（1021~1086）变法所引发的各种党争，常被解释为改革派和保守派之间的政治冲突，尤其以北宋晚期政治争斗更为明显。①

话虽如此，宋代太庙礼仪争议却反映了宋代朋党之争的另一伏线。这一伏线以思想因素而非政治因素为主导。本书认为，较之政见或政治派系，宋代士大夫的礼仪辩论与他们的特定学术背景关联性更大。宋代太庙礼仪之争往往涉及朝廷不同部门的士大夫，包括宰相、两制学士、言路官，以及不同礼仪机构中的"礼官"。"礼官"的最佳代表，就是以太常礼院、太常寺为代表的相关官僚群体。值得注意的是，"礼官"并非终身任命，所以不应视他们为铁板一块的专家群体。即使从来没有任职过礼仪机构的士大夫，亦可能和"礼官"一样博闻于礼。总而言之，士大夫之间的礼仪辩论反映了他们如何构想及推广具体礼学理念。通过仔细分析这些理念，本书将揭示宋代士大夫党争

---

① 北宋朋党研究指不胜屈，略举数例具代表意义者：罗家祥《北宋党争研究》，文津出版社，1993；沈松勤《北宋文人与党争：中国士大夫群体研究之一》，人民出版社，1998；涂美云《北宋党争与文祸、学禁之关系研究》，万卷楼图书股份有限公司，2012；方诚峰《北宋晚期的政治体制与政治文化》，北京大学出版社，2015；平田茂树《宋代政治结构研究》，林松涛、朱刚等译，上海古籍出版社，2010；〔美〕李瑞（Ari Daniel Levine），*Divided by a Common Language: Factional Conflict in Late Northern Song China*（Hololulu: University of Hawai'i Press, 2008）；以及李瑞、史乐民（Paul Smith）《剑桥中国史》宋史第一卷中的相关章节。据李瑞所言，北宋政治家倾向于以极端的词汇来建构朋党论，以此来说服皇帝支持其利益集团，并驱逐其政敌。他们的朋党修辞反映了理念层次上的政治利益，实际上，宋代朋党的概念变动不居，时常随时间及外在政治环境而改变。部分学者对李瑞的方法论有所商榷，尤其是他对朋党修辞用语的理解。见 Hilde de Weerdt, "Review of *Divided by a Common Language: Factional Conflict in Late Northern Song China*, by Ari Levine," *Journal of Asian Studies* 69, 2 (2010), pp. 556-558。

背后的思想冲突，从而提供一个理解宋代思想与政治关系的新视角。

作为一种思想理念，宋代太庙的礼学理念亦与士大夫的身份有关。包弼德在关于唐宋思想转型的名著中，探究了士大夫身份的构建过程，以及士人文化观由着重文学修养到着重伦理价值的转变。[①] 在宋代太庙礼仪论述中，士大夫则表现出一种超越朋党与后世狭隘"学派"概念的思想属性。礼仪主张在这一思想属性中占有重要地位。换言之，宋代士大夫的思想世界比我们以往所想更为复杂。从太庙礼仪之争来看，士大夫在理念层面上确实存在一些差异。但这一类差异与后世史著（比如《宋史》或《宋元学案》）对士大夫思想立场的概括并不一致。通过探讨士大夫的太庙议论，我们或许会对宋代士人学术层面上的自我认同产生一些新的理解。[②]

太庙礼仪相关争辩亦曾启发宋代儒家学者在社会层面上推广朝廷礼仪规范。近些年来，历史学和人类学相结合的研究进路从根本上扩充了我们对中国祭祖礼仪的理解。[③] 然而，祭祖礼仪虽然对构成晚期帝制中国的宗族组织起

① Peter Bol, *This Culture of Ours: Intellectual Transitions in T'ang and Sung China* (Stanford: Stanford University Press, 1992).

② Peter Bol, "Neo-Confucianism and Local Society, 12th – 16th Century: A Case Study," in Paul Jakov Smith and Richard von Glahn, eds., *Song-Yuan-Ming Transition in Chinese History* (Cambridge: Harvard University Asia Center, 2003), pp. 241-283; Chen Wenyi (陈雯怡), "Networks, Communities, and Identities: On the Discursive Practices of Yuan Literati" (Ph. D. diss., Harvard University, 2007), chap. 4.

③ Stephan Feuchtwang and Arthur Wolf, eds., *Religion and Ritual in Chinese Society* (Stanford: Stanford University Press, 1974), p. 107; Joseph McDermott, *The Making of a New Rural Order in South China* (Cambridge: Cambridge University Press, 2013); Patricia Ebrey, *Confucianism and Family Rituals in Imperial China*; David Faure, *Emperor and Ancestor: State and Lineage in South China* (Stanford: Stanford University Press, 2007).

着关键作用，但其思想起源至今还是相当模糊。相比关于晚期帝制中国各种宗族礼仪的丰富研究，关于祭祖礼仪"中古"（以7~13世纪的唐宋时期为基本时间段）根源的研究为数甚少。①正是因为对这一根源的兴趣，笔者才进入了皇室祭祖礼仪领域。通过仔细考察宋代礼仪文献，笔者认为宋代太庙礼仪之争在社会层面上造成了某些礼仪规范的"经典化"（canonization），从而为后世祭祖礼仪建立了理论规范。比如关于太庙皇室祖先礼仪次序的礼学讨论，和家谱中书写祖先位序的方法实有相通之处。礼仪规范在国家礼学理念层面的"规范"，最后通过各种矫形手术以"礼教"的名义落户社会层面。从庙堂之上的太庙礼仪争议出发，我们可以更好地考察宋代礼仪"正统性"（orthodoxy）和"仪式执行正确性"（orthopraxy）之间的张力。②

　　本书对宋代太庙的研究亦提供了一个重新反思中古国家、精英与社会之间关系的机会。郝若贝（Robert Hartwell）

---

① 探索中古礼仪由国家进入民间社会过程的研究倒是有一些，见：张文昌《制礼以教天下：唐宋礼书与国家社会》，台湾大学出版中心，2012，第297~317页；殷慧《礼理双彰：朱熹礼学思想探微》，中华书局，2019，第18~26页；王美华《官方礼制的庶民化倾向与唐宋礼制下移》，《济南大学学报》（社会科学版）2006年第1期，第57~62、92页；杨志刚《"礼下庶人"的历史考察》，《社会科学战线》1994年第6期，第118~125页。

② "仪式执行正确性"的概念分说，见Catherine Bell, *Perspectives and Dimensions*（New York：Oxford University Press, 1997），pp. 191-197。贝尔指出礼仪正统性和执行正确性的两种传统，并把正确性传统中的礼仪和维系着整体文化遗产的宗教活动相联系。相对于贝尔，人类学家如华琛（James Watson）则强调礼仪正确性的表演面向，提出在非宗教背景下更多元地理解礼仪习俗方式。见James Watson, "Anthropological Analyses of Chinese Religion," *China Quarterly* 66（1976），pp. 355-364; Donald Sutton, "Ritual, Cultural Standardization, and Orthopraxy in China：Reconsidering James L. Watson's Idea," *Modern China* 33（2007），pp. 3-21。

关于中国长时段历史的经典考察标示出唐宋时期的"地方转向"（local turn），揭示了中古知识精英的焦点如何由中央朝廷转向地方社会。[①] 本书从礼学角度重新考察这一"地方转向"。宋代的士大夫和礼学家在朝廷礼仪方面的确有配合中央朝廷意志的一面，但他们同时也在地方社会层面上努力维系自身的文化价值。事实上，精通儒家礼典以及历代礼仪"故事"的士大夫群体拥有充分的文化资本在朝廷与社会之间建立起礼仪沟通之桥。[②] 尽管宋代朝廷在建立礼仪范式方面具有相当大的影响力，但是仪式细节以及社会层面上的具体行用仍由士大夫和士人主导。这种知识精英与中央统治者之间的礼仪共生体系有助于维系两宋社会的稳定性。

就宋代太庙礼制而言，北宋时期的相关讨论确定了一套基本准则，包括对常规与非常规庙祀的规定，太庙（以及原庙）庙室、祭品及祭器的安排，皇室祖宗昭穆排序，等等。这些仪式极力标榜儒家道德价值，尤其是孝道精神。11 世纪的士大夫利用太庙礼议彰显他们的文化自主性。由于北宋晚

---

① Robert Hartwell, "Demographic, Political and Social Transformation of China, 750-1550," *Harvard Journal of Asiatic Studies* 42, 2 (1982), pp. 365-442. "地方转向"进路的其他主要贡献者，包括包弼德、韩明士（Robert Hymes）、史乐民和克拉克（Hugh Clark）。他们的研究主要涵盖中国东南沿海地区的要地。Peter Bol, "The Rise of Local History: History, Geography, and Culture in Southern Song and Yuan Wuzhou," *Harvard Journal of Asiatic Studies* 61, 1 (2001), pp. 37-76; Robert Hymes, *Statemen and Gentlemen: The Elite of Fu-Chou, Chiang-His, in Northern and Southern Song* (Cambridge: Cambridge University Press, 1986); Paul Smith, *Taxing Heaven's Storehouse: Horses, Bureaucrats, and the Destruction of the Sichuan Tea Industry, 1074-1224* (Cambridge: Harvard University Press, 1991); Hugh Clark, *Community, Trade and Networks* (Cambridge: Cambridge University Press, 1991).

② 文化资本理论的经典表述，见 Pierre Bourdieu, "The Forms of Capital," in John Richardson, ed., *Handbook of Theory and Research for the Sociology of Education* (New York, Greenwood, 1986), pp. 241-258。

期皇权的集中，皇帝个人意志逐渐影响乃至控制了庙仪讨论。南宋以降，一些地方士人开始脱离庙堂之上的礼议。他们从自身对儒家经典的理解出发，自行编修、整理朝廷礼仪。这种行为客观上成为地方士人精英维系社会名望的有效手段。① 庙礼与庙仪相关知识不只是宋代士人的文化资本，它们最终成为士人自我价值的体现方式。

前人研究述略

从 1970 年代开始，政治史及制度史家就相当关注中古中国祭祖礼仪演变过程。近几十年来，关于皇家祭礼的研究蔚为大观。祭礼的政治意蕴、祭礼中的皇权因素、祭礼的合法性功能等，都是热门话题。从很早开始，东亚学者就留意到中古中国皇室祭仪中"天子"与"皇帝"双重形象的存在。西嶋定生及其学生金子修一在"家族国家观"的大框架下，强调作为"私"的皇室家族与作为"公"的天下国家在皇室祭礼世界中的一体性，进而论证郊庙祭仪中礼仪与政治的不可分割特质。② 自 1980 年代起，日本历史学家逐渐将焦点由郊祀礼转向其他仪式细节。自金子修一以降，户崎哲彦、江川式部、山内弘一等先生都十分关

① 借用韩明士的术语，庙仪在南宋经历了由上层"朝廷本位"权威下移至地方"士人本位"权威的转变。Robert Hymes, "Sung Society and Social Change," in John W. Chaffee and Denis Twitchett, eds., *The Cambridge History of China*, Vol. 5, Part Ⅱ: *Sung China*, *970 – 1279* (Cambridge: Cambridge University Press, 2015), pp. 621–660.

② 西嶋定生：《皇帝支配の出現》，《中国古代国家と东アジア世界》，东京大学出版社，1983，第 370~393 页；金子修一：《中国古代皇帝祭祀の研究》，岩波书店，2006，第 1~28、431~452 页；尾形勇对西嶋模式有所批判，着重强调秦汉以后宗庙"公庙化"的过程。见尾形勇《中国古代的"家"与国家》，张鹤泉译，中华书局，2010，第 205~231 页。

注宗庙仪式。^① 这些研究反过来促进和深化了学界对于宗庙制度的整体理解。从 1990 年代开始，中国台湾学者高明士、甘怀真、黄进兴等陆续出版了一系列关于国家庙制的重要著作。^② 与此同时，大陆的相关研究著作亦呈井喷之势。陈戍国、李衡眉、吴丽娱、雷闻、郭善兵、张文昌、朱溢诸先生出版和发表了大量涉及庙礼、庙制的著作和文章。^③ 这些研究深化了我们对于中古中国国家祭礼的理解。

尤其值得一提的是近十数年来中国经学研究出现的新学风。以乔秀岩先生的论著为代表，产生了一大批优秀成果。学者们针对礼学本质问题，尤其是郑玄学和朱子学的基本原理与结构，从文献内在逻辑加以分疏，其中有些分析也涉及

① 见户崎哲彦《唐代における禘祫论争とその意义》，《东方学》第 80 期，1990 年，第 82~96 页；户崎哲彦《唐代における太庙制度の变迁》，《彦根论丛》第 262~263 期，1989 年，第 371~390 页；江川式部《贞元年间の太庙奏议と唐代后期の礼制改革》，《中国史学》第 20 期，2010 年，第 153~175 页；小岛毅《郊祀制度の变迁》，《东洋文化研究所纪要》第 108 期，1989 年，第 123~219 页；山内弘一《北宋时代の郊祀》，《史学杂志》第 92 卷第 1 期，1985 年，第 40~66 页；山内弘一《北宋时代の太庙》，《上智史学》第 35 期，1990 年，第 91~119 页；西冈市祐《〈大唐开元礼〉荐新于太庙礼の荐新物その一》，《国学院中国学会报》第 38 期，1992 年，第 74~90 页。

② 高明士：《礼法意义下的宗庙——以中国中古为主》，《东亚传统家礼、教育与国法（一）：家族、家礼与教育》，华东师范大学出版社，2008，第 23~86 页；甘怀真：《唐代家庙礼制研究》，台湾商务印书馆，1991；甘怀真：《皇权、礼仪与经典诠释：中国古代政治史研究》，喜马拉雅研究发展基金会，2003；黄进兴：《优入圣域：权力、信仰与正当性》，允晨文化实业股份有限公司，1994；康乐：《从西郊到南郊：国家祭典与北魏政治》，稻禾出版社，1995。

③ 相关文章甚夥，这里列举一部分代表性著作。陈戍国：《中国礼制史（隋唐五代卷）》，湖南教育出版社，1998；吴丽娱：《终极之典：中古丧葬制度研究》，中华书局，2012；雷闻：《郊庙之外：隋唐国家祭祀与宗教》，生活·读书·新知三联书店，2009，第 72~100 页；李衡眉：《昭穆制度研究》，齐鲁书社，1996；郭善兵：《中国古代帝王宗庙礼制研究》，人民出版社，2007；张文昌：《制礼以教天下：唐宋礼书与国家社会》；朱溢：《事邦国之神祇：唐至北宋吉礼变迁研究》，上海古籍出版社，2014。

了宗庙仪制。在本书英文版出版过程中，经学研究和经学史领域出现了一些关于太庙礼仪的著作。冯茜《唐宋之际礼学思想的转型》一书针对唐宋太庙礼议及礼学提出了不少精辟观点，尤见于该书第三章讨论熙宁、元丰时期礼学部分。本书中文版也吸收了一些相关成果，以作补充。

　　与东亚学术界相比，西方学术界更为关心皇室祭祖礼仪如何在历史发生之语境中被理解。魏侯玮（Howard Wechsler）对唐代朝廷礼仪的开创性研究展示了朝廷如何通过对天与祖先二者的祭拜来掌控天命，以及如何利用宗庙之礼维持统治合法性。[①] 以其具有代表性的理论深度，魏氏专著成为理解中国传统礼仪政治最重要的参考著作之一。在 1980 年代其他相关著作中，大概只有麦大维（David McMullen）的唐代朝廷礼仪研究和富安敦（Antonino Forte）的唐代明堂研究可以在深度及广度上与魏氏媲美。[②]

　　比起唐代宗庙之礼，西方学术界对宋代宗庙的兴趣直到 1990 年代以后才有所增长。伊沛霞较早考察了宋代皇室祭祖礼仪中所谓"图像崇拜"的传统。[③] 宋在伦（Jaeyoon Song）近年的专著则从国家政策框架入手，相对全面地描述与总结了

---

① Howard Wechsler, *Offerings of Jade and Silk*: *Ritual and Symbol in the Legitimization of the T'ang Dynasty* (New Haven: Yale University Press, 1985), pp. 1-106.

② David McMullen, *State and Scholars in T'ang China* (Cambridge: Cambridge University Press, 1988), pp. 113-158; McMullen, "Bureaucrats and Cosmology: The Ritual Code of T'ang China," in David Cannadine and Simon Price, eds., *Rituals of Royalty*: *Power and Ceremonial in Traditional Societies* (Cambridge: Cambridge University Press, 1987), pp. 181-236; Antonino Forte, *Mingtang and Buddhist Utopias in the History of the Astronomical Clock*: *The Tower*, *Statue and Armillary Sphere Constructed by Empress Wu* (Rome: Instituto Italiano per il Medio ed Estremo Oriente, 1988).

③ Patricia Ebrey, "Portrait Sculptures in Imperial Ancestral Rites in Song China," *T'oung Pao* 83 (1997), pp. 42-92.

一些重要的宋代礼经注疏，包括有关皇室宗庙之礼的部分。[1]崔美花（Mihwa Choi）的研究选择性地考察了宋代精英阶层的丧、祭礼仪规范，尝试解读其中隐藏的文化信息。[2]

至今为止，虽然已有大量研究关注宋代宗庙之礼，但关于礼仪的辩论没有受到充分关注。[3] 值得注意的是，德语学界中麦立昂（Christian Meyer）特别注意到了北宋皇室礼仪。他的研究尤其强调这些辩论如何使皇室礼仪得以礼典化和制度化。[4] 麦立昂试图将北宋庙堂礼辩——尤其是宋代国家祭祀和雅乐问题——与当时朋党政治以及"道学"的出现联系起来，尝试在其中建立一些因果关系。尽管麦立昂花了大量精力处理这些辩论，但我们很难认为他对宋代礼仪与政治联动的观察具有足够的说服力。[5] 其说服力之不足，正如上文所言，是因为宋代礼仪辩论本就不仅为政治因素所控制。在礼仪辩论中，思想因素与政治因素同样重要，甚至有过之而

---

[1] Jaeyoon Song, *Traces of Grand Peace: Classics and State Activism in Imperial China* (Cambridge: Harvard University Asian Center, 2015).

[2] Mihwa Choi, *Death Rituals and Politics in Northern Song China* (New York: Oxford University Press, 2017).

[3] 这在宋代礼仪史研究中尤为明显。魏侯玮及麦大维皆聚焦于唐代朝廷礼仪，高明士、甘怀真和金子修一亦然。由周绍明（Joseph McDermott）主编的中国朝廷礼议论文集，更直接忽略了宋代部分，无视了10~13世纪丰富的礼仪文献。Joseph McDermott, ed., *State and Court Ritual in China* (Cambridge: Cambridge University Press, 1999). 朱溢对中日学者忽视宋代朝廷礼仪已有所注意。朱溢：《事邦国之神祇：唐至北宋吉礼变迁研究》，第37页。

[4] Christian Meyer, *Ritendiskussionen am Hof der nördlichen Song-Dynastie (1034–1093): Zwischen Ritengelehrsamkeit, Machtkampf und intellektuellen Bewegungen* (Sankt Augustin: Institut Monumenta Serica, 2008). 麦立昂在一篇英文论文中总结了其专著的主要想法。Christian Meyer, "Negotiating Rites in Imperial China: The Case of Northern Song Court Ritual Debates from 1034 to 1093," in Ute Hüsken and Frank Neubert, eds., *Negotiating Rites* (Oxford: Oxford University Press, 2011), pp. 99–115.

[5] 魏希德（Hilde de Weerdt）教授已指出此点。见其对麦立昂一书的批评，*Bulletin of the School of Oriental and African Studies* 72, 1 (2009), p. 206.

无不及。总而言之，针对宋代礼仪辩论、历史背景以及相关
思想脉络的综合性分析至今仍付之阙如。本书的研究试图填
补这个空白。希望通过管窥太庙此一个案，提供一个理解中
国礼仪史乃至礼仪的新维度。

理论背景

　　研究中国礼仪包括太庙礼的一大难点，在于如何把握该
礼仪在历史中的意义。在中古中国的语境下，该如何理解祭
祀礼仪意义？这恐怕需要我们先就祭祀礼仪乃至相关研究的
理论思路做一番探讨。

　　从理论层面而言，现代礼仪研究起源自西方，在其草创
阶段与宗教研究颇有渊源。人类学家爱德华·伯内特·泰勒
（Edward Burnett Tylor，1832~1917）曾为宗教信仰下了一个
最低限度的定义，将之定性为对超越世俗世界的超自然存在
之信仰，其核心在于崇拜死亡与死后世界。[1] 因此，泰勒采
用希腊词 "anima"（灵魂或精神力量）来指称他所形容的原
始宗教形态。[2] 宗教现象学中的著名神话学家米尔恰·伊利亚
德（Mircea Eliade，1907~1986）亦采纳了泰勒对神圣和世俗
世界的二分法，且以神圣性为宗教信仰之重心。然而与泰勒
不同，伊利亚德特别注重不同神话背后的仪式母题。[3] 对伊利
亚德而言，礼仪的功能在于重现神话描述中的某些特定创生
主题，如衰败、死亡、混乱、重生等。就这一解释框架而

[1]　转引自 Jack Goody, "Religion and Ritual from Tylor to Parsons: The Defi-
nitional Problem," in *Myth, Ritual and the Oral* (Cambridge: Cambridge
University Press, 2010), p. 15。

[2]　Catherine Bell, *Ritual: Perspectives and Dimensions* (New York: Oxford U-
niversity Press, 1997), p. 4.

[3]　Mircea Eliade, *Myth and Reality*, trans. by Willard R. Trask (New York:
Harper and Row, 1963), pp. 5-7.

言，任何祭祀仪式都可视作所祭主体某种程度上的再生。[①]

与泰勒和伊利亚德大概同时的社会学大家涂尔干（Émile Durkheim，1858~1917）在其名著《宗教生活的基本形式》（*Elementary Forms of the Religious Life*）中将礼仪定义为一种特殊的理念渠道，旨在维系人面对神圣事物时所产生的各种宗教性信仰。[②] 与伊利亚德相同，涂尔干对宗教习俗的定义暗示了神圣与世俗领域的区隔。但比前者更进一步，涂氏认为宗教信仰和礼仪本质上来说是各种社会关系的显示。通过强调礼仪的社会功能，涂尔干开启了之后被称为功能主义（functionalism）的研究理路。这种理路日后主要由英国社会学家及人类学家加以充实发展，尤其是阿尔弗雷德·拉德克利夫-布朗（Alfred Radcliffe-Brown，1881~1955）。[③]

功能主义视礼仪为若干社会信仰之载体乃至成因。换言之，礼仪主要是因其社会功能而被理解。这种解释极大地拓展了我们对礼仪符号意义的理解，以及礼仪符号与社会制度之间的联系。但是，社会学本位的功能主义理路却不足以为礼仪符号构成的整体模式提供充分解释，更不用说这些模式产生背后的历史、经济和文化因素。与功能主义相比，符号结构主义（symbolic structuralism）倾向于以不同的社会系统来解释仪式和典礼。[④] 对结构主义者而言，礼仪的意义建基于这一基本原理：所有礼仪均内嵌于某一个自洽（self-referential）的意义结构群之中，比如说宗族或者语言。如果把"礼仪"视为一个词语或者一个族人，我们必须通过观察这一词语或族人在同类关系网络中的位置，才能理解其所代表的礼仪意义。

---

① Bell, *Ritual: Perspectives and Dimensions*, p. 11.

② Émile Durkheim, *Elementary Forms of the Religious Life*, trans. by Joseph Swain (London: Allen and Unwin, 1976), p. 298.

③ Bell, *Ritual: Perspectives and Dimensions*, p. 27.

④ Bell, *Ritual: Perspectives and Dimensions*, pp. 33-46.

　　1950年代以来，随着符号结构主义的兴起，建立在结构主义之上的礼仪研究逐渐变成显学。然而如同功能主义的命运，结构主义研究进路同样遇到了瓶颈。由于结构主义过于强调社会系统和意义网络，礼仪的表演属性无形中被相对忽略了。人类学大家格尔茨（Clifford Geertz）对此提出精要批评。① 格尔茨学派反结构主义之道而行之，把礼仪视为社会关系戏剧化之呈现。换言之，表演才是礼仪的本质。当代人类学家凯瑟琳·贝尔（Catherine Bell）即倾向于格尔茨学派的解说，视礼仪为一种表演行为。②

　　事实上，许多针对中国礼仪的现代人类学研究，尤其是关于宗族仪式的研究多以礼仪作为表演行为为前提。王斯福（Stephan Feuchtwang）和武雅士（Arthur Wolf）主张传统中国宗族礼仪的祭祀对象大概可分为三类：鬼、神和祖先。③借由定义宗族礼仪为祖先崇拜的表演习俗，他们提出传统中国人都肩负着敬拜祖先的责任，不管他们选择什么样的敬拜方式。祖先不同于鬼，在祖先敬拜表演中，后者并不会得到正式祭献。④ 祖先异于鬼、神的事实，亦调和了现实世界和死后世界之间的张力。⑤ 值得注意的是，祭祖表演仪式很大程度上为佛教、道教及其他各种民间宗教所熏习。儒家化的祭祖仪式可能不如大多数佛教和道教仪式般盛大和戏剧化，

① Clifford Geertz, *The Interpretation of Culture* (New York: Basic Books, 1973), p. 168.
② Catherine Bell, *Ritual Theory, Ritual Practice* (New York: Oxford University Press, 1992), p. 4.
③ Stephan Feuchtwang and Arthur Wolf, eds., *Religion and Ritual in Chinese Society* (Stanford: Stanford University Press, 1974), pp. 106-107.
④ Lloyd Eastman, *Family, Field, and Ancestors: Constancy and Change in China's Social and Economic History, 1550-1949* (New York: Oxford University Press, 1988), pp. 45-47.
⑤ Stephen Bokenkamp, *Ancestors and Anxiety: Daoism and the Birth of Rebirth in China* (Berkeley: University of California Press, 2007), pp. 60-94.

但它们在帝制中国社会中仍然具有一定的表演意义。

表演性（performativity）作为一种分析工具确实能为研究中国祭祖仪式带来一些新发现。强调表演性的人类学研究在解读仪式时专注于表演过程、参与者角色及受众反应等。在笔者看来，这类研究有些时候预设了礼仪在传统（尤其是乡村）社会中的延续性。但是，这些研究所依赖的主要材料，亦即现在仍能观察到的礼仪表演，大多数是晚明以后的民间礼俗，与 16 世纪中叶以前的习俗有着极大的分别。我们通过田野工作考察至今可见的礼仪习俗时，必须注意空间和时间方面的限制。简单认为今天仍在表演的若干乡村礼仪即代表中国礼仪社会的整体历史面貌，或者在没有确切求证的情况下坚称这些表演延续了礼仪"传统"，从空间和时间因素来看，恐怕都是有些问题的。

如果礼仪主要被理解为各种特定表演，那么对那些已随时间流逝而无法表演的传统仪式——比如明代以前的礼仪，又该如何研究？[1] 裴志昂（Christian de Pee）在分析中古婚礼文献之时，曾严厉批评忽略仪式文本、只重表演的研究趋势。[2] 裴氏强调仪式文本在塑造社会群体心灵与行为时的独特作用。裴志昂从其理解的后现代史学出发，强调仪式文本并非死板的文字，这一想法并无问题，但他可能夸大了知识精英和平民百姓之间理解仪式的差别。大卫·约翰逊（David Johnson）针对山西南部乡村社戏礼仪的研究展示了边缘群体，

---

[1] 对礼仪表演特质更历史性的解读，可以参考人类学家华琛一篇精要导论，"The Structure of Chinese Funerary Rites: Elementary Forms, Ritual Sequence, and the Primacy of Performance," in James Watson and Evelyn Rawski, eds., *Death Rituals in Late Imperial and Modern China* (Berkeley: University of California Press, 1988), pp.3~19, 尤其是第 11~15 页。

[2] Christian de Pee, *The Writing of Weddings in Middle-Period China Texts and Ritual Practice in the Eighth through Fourteenth Centuries* (Albany: State University of New York Press, 2007), pp.1-20, 212-220.

即所谓"乐户"如何在行用层面成为地方礼仪表演的专家。①
在实际操作中，仪式文本时时脱离文化精英的控制，而演变
出各种生动奇异的表现形式。通过社会中礼仪"共同体"的
努力，仪式文本开始在日常生活层面产生实际影响。②

　　让我们再次回到皇室祭祖礼仪语境。和普通民众一样，
皇帝祭祖的表面目的也是得到祖先赐福。比较不一样的是，
通过祭祖，现任皇帝和其所代表的国家得到了祖先合法性授
权（empowerment）。太庙的空间布局，包括祖先排位、相关
仪式与礼器布置、参与人员选择，都带有目的性。像格尔茨
学派一样，把皇家礼仪视为权力在特定剧场的表演，这种解
读方式无疑有一定道理。③ 但是，正如詹姆斯·莱德劳
（James Laidlaw）所指出的，如果纯粹从表演角度理解中国
礼仪，则往往忽略了仪式背后所涉及的复杂思想活动。④ 皇
室祭祖仪式在各种思想理念的框架中践行。在大多数情况
下，相较仪式本身的"表演性"，仪式与思想理念之间的联
系更为重要——至少在目睹皇室礼仪的庙堂精英眼中如此。
对参与祭祖礼仪辩论的宋代士大夫来说，祖先赐福与否不是
重点，重点在于如何重建"正确"思想理念与祭祖仪式之间
的必然关系。

① David Johnson, *Spectacle and Sacrifice: The Ritual Foundations of Village Life in North China* (Cambridge: Harvard University Press, 2009), pp. 1-17, 177-234, 303-337.

② 刘永华针对福建四堡镇客家少数族群的研究展示了作为"共同体"一部分的"礼生"如何向村民引入正规儒家礼节，同时又将这些礼节地方特色化。Liu Yonghua, *Confucian Rituals and Chinese Villagers: Ritual Change and Social Transformation in a Southeastern Chinese Community, 1368-1949* (Leiden and Boston: Brill, 2013).

③ Clifford Geertz, *Negara: The Theatrical State in Nineteenth-Century Bali* (Princeton: Princeton University Press, 1980), pp. 98-136.

④ James Laidlaw, "On Theatre and Theory: Reflections on Ritual in Imperial Chinese Politics," in Joseph P. McDermott, ed., *State and Court Ritual in China* (Cambridge: Cambridge University Press, 1999), pp. 399-405.

　　意识到思想理念在中国礼仪研究中的重要性，一些学者回到起点，采用文献细读方法探讨相关文献。艾伦·伍德（Alan Wood）对宋代《春秋》注疏的分析展示了西方儒学研究的一种新趋势，即将每部儒家经典视为单一自足的文本结构——这不禁让我们想起作为儒家学术制度起点的汉代博士家法。伍德认为现代学者想要掌握这些经典所反映的真实理念，只能依靠其解释文本。实际上，这也是中唐以后注疏学系统化后的主流进路。① 伍德的《春秋》研究受罗孚若（Arthur Lovejoy）的思想史进路影响颇深，注重探索文献作者思想中不自觉的先后继承。② 然而，剑桥学派在 1960 年代已经指出，罗孚若这种非时间性（atemporal）的思想观念史，以及抽离历史脉络的文献诠释，很可能导致文本诠释的过分概念化。③ 针对礼经乃至仪式文献的研究，遂流于少数学究的智力游戏，而与文献思想理念形成的历史语境愈形陌路。

　　如何阐明和理解礼仪文本背后的思想理念？源自西方《圣经》研究的诠释学在这方面有独到之妙。④ 针对理解的概念（the concept of understanding），现代诠释学奠基人狄尔泰（Wilhelm Dilthey）有一段十分精彩的话：

---

① Alan Wood, *Limits to Autocracy: From Sung Confucianism to a Doctrine of Political Right* (Honolulu: University of Hawai'i Press, 1995). 关于唐代注疏学和之前经典诠释体系的不同，传统学者一直都有反思和讨论。由所谓汉代章句之学走向魏晋义理论述之学，再到以唐初官修《五经正义》为代表的注疏体系，从结构、方法、文体各方面，都出现了根本性的变化。这方面最重要的新近研究，详参乔秀岩《义疏学衰亡史论》，万卷楼图书股份有限公司，2013。

② Arthur Lovejoy, *The Great Chain of Being: A Study of an History of Idea* (Cambridge: Harvard University Press, 1936), p. 7.

③ 例子见 Quetin Skinner 对罗孚若的 "unit-idea" 及其思想史整体理解的批评。见 James Tully, ed., *Meaning and Context: Quentin Skinner and His Critics* (Cambridge: Polity, 1988), pp. 34-55。

④ 例子见 John Makeham, *Transmitters and Creators: Chinese Commentators and Commentaries on the Analects* (Cambridge: Harvard University Asian Center, 2004)。

理解是在"彼"（Thou）中发现"我"（I）。心灵在更高层次中连通起来，重新发现其自身。这种心灵的一致性作用于彼、我以及这一层次中的所有主体，并发散于其所涉及的文化体系。个人心灵与普遍历史（universal history）一体连通，使得人文研究在不同部分的合作成为可能。①

同理，伽达默尔（Hans-Georg Gadamer）亦强调"（思想的）确实历史"［effective history（of ideas）］，并提出历史视域（past horizon）和现在视域（present horizon）之间必须有所联系，即所谓的"视域之融合"（fusion of horizon）。诠释学固然有其历史哲学之恒久价值，但其过于反躬当下"我"的理解，也有忽略过去视域中历史主体确切经验之忧。②

考量上述各理论以后，笔者认为，只有把礼仪传统视为思想活动在历史脉络中的一种流变过程，才能相对完整地理解传统礼仪。在帝制中国，精英士人通过操控仪式创造和维持阶级分野。礼仪结构深层反映的是礼仪设置和操控者的意识。借由聚焦宋代士大夫如何想象太庙以及相关仪式，本书旨在探索礼仪操控者的思想状态，以及他们传播礼学和仪式背后的理念。

在方法论上，笔者主张回到不同礼仪文献的创作语境，进行"脉络式的阅读"（contextual analysis）。"脉络式的阅读"强调文本以及文本创作者的背景，以便更好地揭示文本

---

① Wilhelm Dilthey, *Pattern and Meaning in History* (New York: Harper Torchbooks, 1962), pp. 67-68.

② Mueller Vollmer, *The Hermeneutics Reade* (New York: Continuum, 1988), pp. 261-269. 对确切历史经验在塑造思想时所扮演角色的经典分析，见 E. P. Thompson, *The Making of the English Working Class* (New York: Vintage Books, 1966), Introduction, 尤其是第 8~12 页。

的"内在理路"与"外缘因素"，乃至两者之间的关系。私见以为，只有针对文本的"脉络式的阅读"才能有机会触及文本创作者的思维方式。自然，这并不代表现在的研究者可以完全复制古代礼文编修者的思维方式。我们的目标是从古代礼臣或者礼家的视角来阅读礼仪文本，尽量减少现代诠释脉络的影响。借用诠释学的术语，本书尝试的是，让"历史视域"的声音在一个较少受现代影响的诠释空间中自我呈现。

除此以外，与许多东亚学者相同，本书强调太庙礼仪中细节的呈现。历史学家常认为朝廷礼典及礼经注疏中的仪式细节沉闷且无关痛痒。但是，史籍中的大量相关文字告诉我们，古典时代的精英士人并不这么认为。关于太庙细节的礼经文字，对宋代礼臣和礼家来说十分重要。新历史主义（new-historicism）认为历史书写中"宏伟结构的偏移、缝隙、断层和缺席"特别值得重视。① 朱子和学生潘植讨论读书方法时有云："看文字且依本句，不要添字。那里元有缝罅，如合子相似，自家只去抉开"，"读书须是看着他那缝罅处，方寻道理透。若不见得缝罅，无由入得。见缝罅时脉络自开"。② 就中国礼仪文字而言，礼经乃至礼典纲目属于"宏伟结构"的骨架，亦即所谓"基本盘"。而礼臣的庙堂礼议以及礼家注疏所反映的仪式细节，则是骨架之间的"缝罅"。从这一类"缝罅"入手解剖，我们才有机会看到结构的内在联系以及其中的不协调之处。有些学者认为，通过概览朝廷礼仪政策，便可以描绘出礼仪的全貌。这种研究方法大概更为看重朝廷礼典，而轻视构成礼仪本身的仪式细节。

---

① Catherine Gallagher and Stephen Greenblatt, *Practicing New Historicism* (Chicago: Chicago University Press, 2000), p. 17.

② 黄士毅编，徐时仪、杨艳汇校《朱子语类汇校》卷 5，上海古籍出版社，2016，第 203、207 页。

就思想层面而言，仪式细节往往比官方礼典更为重要。对太庙仪式细节的考察有助于填补礼仪"缺失了的环节"（missing link），从而呈现一个更复杂的皇家礼仪世界。①

材料与结构

就研究材料而言，大多数中国、日本和西方的宋代礼仪史研究依赖于传统史料，包括元修《宋史》、《续资治通鉴长编》，以及《宋会要》中收录的礼仪事务部分。本书自不例外，且主要依赖于后两份材料，尤其是《宋会要》。当然，现存《宋会要》乃清人由《永乐大典》中辑出，资料零碎不全。在系年方面，时需参考南宋史学大家李焘的《续资治通鉴长编》。此外，现存宋代官方礼典，诸如《政和五礼新仪》和《中兴礼书》中的太庙、原庙诸仪节，亦能为我们理解宋代官方太庙仪节提供基本背景。本书主要关注的是太庙辩论所反映的思想理念，而非仪节规定，因此这方面不会着墨太多。

较之上述常用材料，本书特别强调宋代礼学著作在礼仪史研究中的价值。管见所及，西方相关研究未曾系统利用包括官方、私人礼经注疏以及批注在内的礼学文献资源。② 这

① "缺失了的环节"这一概念取自达尔文《物种起源》第十章论化石的部分。达尔文提到在物种进化的过程中，有些中间环节因为生物学家尚未发现（样本缺失），所以看起来好像缺失了一样。太庙礼仪存在不少这类"缺失了的环节"，就现存材料而言，重建整个太庙礼仪不太现实。但是，某些材料相对充分的"缝隙"，仍为我们理解相关礼仪架构提供了切入点。Charles Darwin, annotated by James Costa, *The Annotated Origin: A Facsimile of the First Edition of On the Origin of Species* (Cambridge: Belknap Press of Harvard University Press, 2009), pp. 341–345.

② 宋在伦 *Traces of Grand Peace* 一书是个例外。然如前文所述，此书重心在于宋代礼学注疏中涉及国家政策的部分，而非聚焦于礼仪史。

些礼学著作为我们理解宋代礼学理念提供了充分材料，比如聂崇义（962 年卒）的《三礼图集注》、陈祥道（1053～1093）的《礼书》、王昭禹（活跃于 1080 年）的《周礼详解》、王与之（活跃于 1242 年）的《周礼订义》，以及卫湜（活跃于 1205～1224 年）集《礼记》注疏大成的《礼记集说》。这些礼学专著常被今人视为累赘冗长、言之无物的枯燥文字，却为本书研究提供了许多关键材料。只有通过仔细阅读这些注疏，我们才能更完整地理解宋代学者执笔之时所思所想的礼仪实为何义。礼经注疏绝非无足轻重的晦涩材料。恰恰相反，它们代表了一种引人入胜的思考模式——一种传统学者千年以来安于采用并创造出伟大知识体系的模式。

为了更好地呈现宋代太庙争议全貌，笔者会按照时序和主题铺陈本书。本书关于太庙的叙述分为三个部分。第一部分包括第一、二章。第一章主要介绍先秦到唐代灭亡为止太庙的基本布局与相关讨论。此章旨在标识宋代以前关于太庙的两种主要诠释路线：一条强调祖先政治上的功业；另外一条则恪守宗法系统中的尊卑之别，而以儒家孝道精神为旨归。第二章简论宋代礼仪机构及礼官系统，兼及北宋前期关于兄弟继承与孝道理念的皇家太庙礼议。这两章为之后分析宋代太庙理念奠下基础。

第二部分由第三、四、五章组成，主要讨论宋代士大夫对庙仪的意见，指出他们的政见与思想理念之间的差异。第三、四章考察宋代中后期两次关于太庙皇室祖先位序问题的重大礼议，其时正值王安石与宋神宗（1067～1085 年在位）政治与社会改革的全盛时期。从这两个个案入手，通过"脉络式的阅读"，尝试将宋代思想史与朋党问题联系起来，以阐明在 11 世纪晚期的"大变法"时代，不同士大夫集团在礼仪辩论中所呈现的既分化又整合的面貌。

第五章处理 1070 年代太庙礼仪辩论相关思想背景。此章讨论北宋晚年王安石门人提出的数种关于太庙的重要诠释，兼论王学门人作为礼学家如何诠释乃至修订王安石的礼学理论。这批当时被称为"新学"的学者，绝非如其思想上的反对派所称，纯粹是王安石的应声虫。这些学者的努力，间接启发了宋徽宗（1100～1125 年在位）时期的古礼复兴运动。

第三部分由第六、七章组成。这部分主要考察宋代道学针对太庙礼仪的理论建构。中国社会祭祖礼仪后来的一些规范，其思想根源大都可以追溯至这些理论。第六章以道学集大成者朱熹及其弟子的礼学研究为代表，分析道学视野中的 11 世纪太庙礼学理念，以及道学本身所理解的太庙。第七章讨论南宋及元代士人对特定太庙礼仪规范的强调。

在结语中，笔者会简单交代宋代太庙辩论对后来的影响，并反思儒家祭祖礼仪的现代化问题。

第一部分

太庙早期发展与主要争议

第一章
宋代以前对太庙的诠释

中国于先秦时代已相当重视祭祖的意义与作用。现存先秦典籍中有大量关于政权祭祖仪式的文字，《诗经》中的祭祀诗歌与颂词即为显例。[①] 这些文字当中有一小部分记载了先秦祭祀建筑与相关礼仪，现今亦为出土文物及相关研究所证明。[②] 本章主要探讨宋代以前太庙所蕴含的政治和文化意义，借此梳理太庙理念的形成过程。大概而言，1 世纪以后，关于太庙的理解汇集为两种看法：一种强调太庙礼制中所反映的祖先政治功业；另一种则宣称太庙体现了儒家孝道精义。这两种看法始于先秦而成于西汉（前 206~9）。通过祭祀建筑的不同形式，我们可以了解太庙以及早期"类太庙"建筑的基本理念。在考察西汉太庙之前，有必要先就先秦的宗庙建筑及相关崇拜仪式略做说明。

---

① Edward Shaughnessy, *Before Confucius*: *Studies in the Creation of the Chinese Classics* (Albany: State University of New York Press, 1997), pp. 165-196.

② Timothy D. Baker, Jr., "The Imperial Ancestral in China's Western Han Dynasty: Institutional Tradition and Personal Belief" (Ph. D. diss., Harvard University, 2006), pp. 42-52.

早期中国太庙沿革

早期中国祭祀研究中，吉德炜（David Keightley）对商代祖先崇拜的诠释影响力很大。某些学者由吉氏之说出发，将早期中国祖先祭祀视为礼仪层面贵族阶级"世代精神"（generationalism）之象征，认为这种"世代精神"承载着上古中国的宗教活力。[①] 吉德炜据其对晚商（前 1200～前 1046）甲骨文的研究，提出商代"祭祖领域"（ancestral landscape）的概念，认为商人社会因重视祭祖而服从于一种"宇宙—礼仪"秩序。此说广为考古学家和历史学家所注意。通过考察商代的空间与历法结构，如五礼周期与四方空间系统等，吉氏揭示出商代礼仪日程中的严密宇宙观。[②] 据其所言，商人所理解的宇宙虽然变动不居，宇宙中央却是恒定于中。这一宇宙观体现了商人政治权力与礼仪神圣性之融合，最终演变成一种礼仪政治。商人祭祀建筑的结构与体制，尤其是宗庙与陵墓的"亚"字形格局，则象征着上古中国文化中皇室祖先崇拜的重要性。[③] 由此观之，商代宗庙既为商王王权的象征，亦象征商王与其祖先之精神联系。而商代政治秩序的核心，即在于权力至高无上的商王通过宗庙祭祖活动维系他在宇宙四方之中的核心位置。

值得注意的是，吉氏认为商代王室祖先崇拜反映了一种"官僚心态"（bureaucratic mentality），该心态促成了之后中

---

① Rodney Taylor, *The Religious Dimensions of Confucianism*（New York：State University of New Work, 1990）, p. 10；张光直：《中国青铜时代》，生活·读书·新知三联书店，1983，第 202～207 页。

② David Keightley, *The Ancestral Landscape: Time, Space, and Community in Late Shang China*（Berkeley：University of California Press, 2000）.

③ Aihe Wang, *Cosmology and Political Culture in Early China*（Cambridge：Cambridge University Press, 2000）, pp. 37-46.

国文化和儒学传统的相关特色。^① 继商的西周见证了这种心态进一步政权化和制度化的过程。^② 所谓商代祖先崇拜中的"官僚心态"，大概可以解释为一种各得其利的思维取向。祭祖仪式能让子孙神圣化其祖先，使其统治为天帝所降之"天命"合理化；而祖先与子孙之仪式交流则反过来赋予商代王室尊贵的政治地位。此外，祖先崇拜使皇室祖先列于尊卑有序的世系结构，恒常不迁；祖先在仪式中除了受生者崇拜外，亦由生者"管理"。通过这种祖先"管理"，商代统治阶级垄断了神化先祖的权力。此外，商朝的王室祖先亦可从祭祀仪式中获取精神力量，依其阳间宗庙之尊卑，判定其于阴间之地位。^③ 从这个意义上来说，商人祭祖方式奠定了后世诸多祭祀礼仪的基本序次格局，亦即后世礼书中常常提及的"礼之分"。通过对"礼之分"的强调，商人确立了礼与天命的关系，亦同时确立了商王及先祖在天命次序中的至高地位。

商代王室各种祭祖仪式，颇有一些传于后世者。甲骨铭文证明商代禘祭乃祭祀商王先祖，^④ 以皇祖配"帝"之仪，^⑤

---

① David Keightley, "The Religious Commitment, Shang Theology and the Genesis of Chinese Political Culture," *History of Religions*, No. 17 (1978), pp. 211–216. 如普鸣（Michael Puett）所指出的，吉德炜对商代祖先观念的分析受韦伯的官僚社会观念所影响。Michael Puett, *To Become a God: Cosmology, Sacrifice, and Self-Divinization in Early China* (Cambridge: Harvard University Asia Center, 2002), pp. 36–40.

② 李峰根据两周铜器铭文细致分析了这一过程。详参李峰《西周的政体：中国早期的官僚制度和国家》，生活·读书·新知三联书店，2010。

③ Richard Von Glahn, *The Sinister Way: The Divine and the Demonic in Chinese Religious Culture* (Berkeley: University of California Press, 2004), pp. 21–25.

④ Keightley, *The Ancestral Landscape*, pp. 72–73. 虽然禘祭可溯源至商代，但直至周代早期周天子才开始垄断禘祭，将之变成对天神的祭祀。见 Robert Eno, *The Confucian Creation of Heaven, Philosophy and the Defense of Ritual Mastery* (New York: State University of New York, 1990), pp. 23–28。周代金文记载了一些禘祭的仪式细节，见黄益飞《西周金文礼制研究》，中国社会科学出版社，2019，第 96~101 页。

⑤ 沈文倬：《宗周礼乐文明考论》，浙江大学出版社，1999，第 10~11 页。

大概是诸多存遗后世的商代仪式中影响最为深远者。贝克定
(Timothy Baker) 曾描述商代的兄弟继承制如何在两周（前
1046~前 256）、秦汉以后被父子继承制所取代。从宗庙与相关
仪式用语的发展来看这种转变，可以发现商代甲骨文所使用的
"宗"慢慢转变成了后来的"庙"。[1] 而商代禘祭则移于国都近
郊建坛行事，变成"郊祀"。随着王室直系继承模式的巩固
与发展，宗庙敬宗收族的象征意义逐渐彰显。[2]

　　商周两代皇室祭祖仪式的景象截然不同。考古学家赵化
成曾指出商周两代墓陵制度之差异，认为周代更着重祭祀地
点的集中。[3] 这一点为后代皇朝所继承。陆威仪 (Mark Lew-
is) 则提出秦汉两代国都地位之所以超然独立于全国，靠的
乃是国家仪式。[4] 其中，咸阳、长安与洛阳三都皆为符合礼
仪空间布局的首都 (ritually correct capitals)，体现中正亨通
之感。[5] 在这种空间布局中，皇室建筑成为宇宙的缩影，天
子宗庙俨然是宇宙中心。与这种首都宗庙格局相对照的是地
方宗庙制度。根据出土的秦代简牍，尤其是里耶和岳麓秦
简，可以得知秦代已在县、道二级设立追尊先祖的地方宗
庙。此一秦代制度很可能为汉廷所沿用，成为郡国庙制的
来源。[6]

---

[1] Danforth, "The Imperial Ancestral in China's Western Han Dynasty," pp. 16-18.

[2] 卜辞所反映的商王直系继承模式，见朱凤瀚《殷墟卜辞所见商王室宗庙制度》，《历史研究》1990 年第 6 期，第 3~19 页。

[3] 赵化成：《从商周集中公墓制到秦汉独立陵园制的演化轨迹》，《文物》2006 年第 7 期，第 41~48 页。然而，现今考古发现还未有足够证据证明战国之前存在集中形式的周室公墓。

[4] Puett, *To Become a God*, pp. 237-241; Mark Lewis, *The Construction of Space in Early China* (Albany: State University of New York Press, 2006), pp. 169-188.

[5] Lewis, *The Construction of Space*, pp. 183-184.

[6] 范云飞：《从"周礼"到"汉制"——公私视角下的秦汉地方宗庙制度》，《史林》2020 年第 2 期，第 27~36 页。

西汉建立以后，由于大多数周代礼俗相关记载已遗失于秦末大乱之时，汉代儒生只能依据当时遗留下来的礼仪文献来了解周代太庙，获取相关礼仪知识，缺乏实际文物佐证。[①]这些汉代儒生编成的礼仪文本对先秦太庙制度的描述相对简略，对仪节执行的说明并不精确。在这些文本中，与太庙关系最密切的是汉儒戴圣所编《礼记》中的《王制》《祭统》《祭法》《大传》四篇，以及争议性很大的周代政教礼典《周礼》。[②] 前四份文献在西汉中期被编入《礼记》中，成为后来祭礼的重要文献依据。[③]

上述文献中与宗庙制度最相关的是《王制》。[④] 其所记宗庙建筑之五等制，由天子太庙直达于庶民之寝室："天子七庙，三昭三穆，与太祖之庙而七。诸侯五庙，二昭二穆，与太祖之庙而五。大夫三庙，一昭一穆，与太祖之庙而三。

[①] 秦代焚毁部分先秦礼仪文献后，西汉儒家学者重新搜罗残余文献，编成日后学者称为"礼经"的《周礼》、《仪礼》和《礼记》。需要注意，礼经中不少内容代表的是汉代儒生对周室制度的想象，并非先秦礼制实况。三部礼经之中，最可反映先秦礼制实况者大概是《仪礼》中的丧、祭之礼。据沈文倬考证，现存《仪礼》十七篇中以《士丧礼》为代表的几篇文献，大概可以追溯到孔子学生孺悲。见沈文倬《宗周礼乐文明考论》，第 23~54 页。

[②] 《周礼》成书年代及真伪问题聚讼已久，相关说法很多，金春峰有精要概述。见金春峰《周官之成书及其反映的文化与时代新考》，东大图书公司，1993，第 1~197 页。相较于一些传统学者把《周礼》视为汉代学者所撰的伪书，金春峰认为此书与法家文化和秦代建制有关。对金氏观点的概括和修正，见 David Schaberg, "The Zhouli as Constitutional Text," in Benjamin Elman and Martin Kern, eds., *Statecraft and Classical Learning: The Rituals of Zhou in East Asian History* (Boston: Brill, 2010), pp.35-39。

[③] 《礼记》是汉代的文献合集，所收录的大多是战国时期的礼仪文献。其中有些内容很可能经搜集先秦遗文的西汉学者改编。见 Michael Nylan, *The Five "Confucian" Classics* (New Haven: Yale University Press, 2001), pp.173-175; Michael Loewe, ed., *Early Chinese Texts: A Bibliographical Guide* (Berkeley: University of California, 1993), pp.293-297；王锷《〈礼记〉成书考》，中华书局，2007。

[④] 由于近代廖平、康有为等今文学家的借题发挥，《王制》此篇争议极多。但是其中关于周代的记述仍然保留了一些周代社会实态。

士一庙。庶人祭于寝。"① 这一宗庙五等制同样出现于《祭法》中，可以说是先秦宗庙与其他祭祖场所最重要的理论依据。据《祭法》，其他祭祖场所还包括称为"坛"的祭坛和称为"墠"的郊地，② 用以安放宗庙系统以外的远祖魂灵。

《王制》中提到的昭穆分野涉及庙仪制度的一种基本原则。简单来说，昭穆序列规定了祖先神主排列方式。在这方面，鲁惟一（Michael Loewe）的研究厘清了秦汉昭穆之序的基本特性。③ 按照昭穆之序，太庙中的祖先神主会依"左昭右穆"的形式顺次安放，平行排列。"始祖"则置于两列神主的中央。所谓"始祖"，即开创皇室血脉之祖，先秦典籍中又称"大祖"。④ 自汉代以降，儒家学者普遍认为昭穆之序象征王室始祖以后相传的正统。⑤ 此外，祖先在昭穆中之

① 《礼记注疏》卷 12，《唐宋注疏十三经》第 2 册，第 148 页。据郑玄注，句末之"寝"所指为"适寝"，即屋中主室。
② 坛、墠之祭只会在主祭者对此中神主有所祷告时才举行，平时则无祭祀。若神主移离坛、墠，凭该神主的祖灵即成为鬼，无法再享受祭祀血食。见《礼记注疏》卷 46 相关部分所引孔颖达疏（《唐宋注疏十三经》第 2 册，第 511 页）。
③ Loewe, *Problems of Han Administration*, pp. 4–14; Loewe, "The Imperial Way of Death in Han China," in Joseph P. McDermott, ed., *State and Court Ritual in China* (Cambridge: Cambridge University Press, 1999), p. 93. 关于昭穆的基本理路，亦参李衡眉先生专著《昭穆制度研究》。
④ 某些学者提出"始祖"是汉代发明的用词，在先秦文献中从未出现过。李衡眉：《历代昭穆制度中始祖称呼之误厘正》，《求是学刊》1995 年第 3 期，第 95~100 页；又见高明士《礼法意义下的宗庙——以中国中古为主》，《东亚传统家礼、教育与国法（一）：家庭、家礼与教育》，第 38~39 页。
⑤ 考古学家至今未能证明昭穆是周代发明的礼仪次序，多数考古学家仍认为昭穆是战国以后儒家的理想建构。见李伯谦《从晋侯墓地看西周公墓墓地制度的几个问题》，《考古》1997 年第 11 期，第 51~60 页，尤其是第 53~55 页。至今为止的考古发现中，唯一一处战国时期秦国的祭祀建筑（陕西凤翔马家庄祭祀建筑群）被怀疑采用了昭穆序列。但是，各类先秦出土古墓葬群中仍未发现严格遵照昭穆的实例。相关讨论见陕西省雍城考古队《凤翔马家庄一号建筑群遗址发掘简报》，《文物》1985 年第 2 期，第 1~29 页。关于先秦建筑群中的昭穆序列问题，笔者受益于同事林永昌教授，谨此致谢。

位置亦代表着他的政治功业，尤其是他对国家社稷的整体贡献。《祭统》论及太庙祭器铭文之内容，即以先祖功烈、勋劳为重。所谓："显扬先祖，所以崇孝也。"① 从"显扬先祖"的理念出发，太庙昭穆之序代表了皇室列祖相应之尊严与权威，这在太庙仪制中至为重要。因此，自1世纪以后，历代王朝皆非常重视昭穆次序，由之所引发的礼仪争议在庙议中占有重要地位。

《王制》与《祭法》所载的天子七庙之制奠定了一套太庙制度的基本诠释框架。这一框架在两汉时期得以扩展。东汉经学家郑玄（127~200）认为七庙之制乃周室的特殊制度，《祭法》中的两祧庙只为尊崇文王、武王而立，乃是因应两位周室先祖伟大政治功业而建的宗庙建筑，恒久不毁。② 汉代固然已有太庙所祭祖宗当具功业之说，③ 但郑玄大概是首位明确将祧庙与政治功绩画上等号的学者。据此思路，文王、武王因其开国创业之功得以推尊于祧庙。郑氏认为若无此等伟业之帝王，则一般太庙规制只可容许五庙，不可有七庙。

尽管郑玄是经学权威，但其天子五庙之说显然与《王制》七庙之数有所出入。而且，郑玄所依据的文献主要是两部汉代纬书《钩命决》和《稽命征》。④ 这两部纬书对周室太庙庙数的记载亦有所不同。《钩命决》载"周六庙，至于子孙七"；《稽命征》则载"天子五庙，二昭二穆，以始祖为五"。⑤ 郑

---

① 《礼记注疏》卷49，《唐宋注疏十三经》，第2册，第537页。
② 《礼记注疏》卷12，《唐宋注疏十三经》，第2册，第148页；卷46，第511页。
③ 这类说法在汉代常被表述为"祖有功而宗有德"，史籍中颇为常见，例参班固《汉书》卷5景帝诏文，中华书局，1962，第137页；卷48贾谊陈政事奏文，第2231页。
④ 这两部文献均载于汉代纬书合集《礼纬》。此书已佚，部分佚文保留于清代纬书辑佚中。
⑤ 马国翰：《玉函山房辑佚书》卷58，上海古籍出版社，1990，第2册，第31页（《钩命决》）；卷54，第2册，第25页（《稽命征》）。

玄的五庙之说建基于这两部纬书的相关说法，而将之融贯为一自洽的诠释体系。但是，《王制》原文与郑注之间的分歧仍然存在，并引发了后世种种礼学争议。

除了庙数问题以外，汉代礼学文献针对昭穆之序亦提出了另外一些有趣诠释。与《王制》所记主要围绕天子制度相异，《大传》和《祭统》都包括了一些关于周代贵族宗法礼制的泛论，其中也提到了昭穆在宗法制中的功能。①《祭统》把昭穆描述成界定贵族成员关系的礼仪工具。在周代贵族庙礼中，主人行礼于太庙时，历代祖先皆依照昭穆之序所示的亲疏之别而得到恰当祭祀，此即所谓"亲疏之杀"。②同样在西汉时期被编入《礼记》的《大传》提出贵族庙礼本意在于："旁治昆弟，合族以食，序以昭缪［穆］，别之以礼义。"③

《祭统》和《大传》强调宗法，《周礼》则按照对周室礼教的想象建构昭穆概念。在成周一代"国家宪法"（constitutional document）之中，④辖于"春官"之下的小宗伯和小史二职，正式职掌太庙昭穆。《周礼》与相关郑玄注文均以昭穆标识周代太庙神主位置。其中，小宗伯职掌为"辨庙祧之昭穆"，郑注进一步提出："自始祖之后，父曰昭，子曰穆。"⑤从表面上来看，这一父子相承的昭穆序次似与秦汉以后父系继承的政治格局遥相呼应。然而将郑注置于历史语

① 这三篇收入《礼记》的作品，其主要内容大概都成篇于战国中期。见王锷《〈礼记〉成书考》，第132~134、169~188页。
② 《礼记注疏》卷49，《唐宋注疏十三经》第2册，第536页。关于《祭法》中的宗族关系，更详尽的说法参考清儒朱彬（1753~1834）的相关解释（《礼记训纂》，中华书局，1996，第729页）。
③ 《礼记注疏》卷34，《唐宋注疏十三经》第2册，第393页。
④ Schaberg, "The Zhouli as Constitutional Text," in Benjamin Elman and Martin Kern, eds., *Statecraft and Classical Learning: The Rituals of Zhou in East Asian History*, pp. 33-63.
⑤ 《周礼注疏》卷19，《唐宋注疏十三经》第2册，第187页。

境之中，其对昭穆之理解更可能远绍自西汉一次影响深远的太庙礼仪争议。

此礼仪争议发生于汉元帝（刘奭）在位时期（前48～前33），当时丞相韦玄成与同僚上奏回应谏议大夫贡禹此前所呈关于太庙古制的奏章。[①] 由于鲁惟一和贝克定已据《史记》《汉书》所载详细考察此事，以下笔者将会集中讨论汉代儒臣的礼学思维如何导致一种新的庙制理念形成，以及相关礼学思维如何引发后续的庙礼争议。

汉元帝在位之时，虽然接纳了贡禹复兴成周七庙之制的主张，但直到贡禹于初元五年（前44）去世以前，此主张仍未得到落实。到了永光四年（前40），韦玄成等人连上数奏，要求再次讨论太庙古制的问题。[②] 在《毁庙议》一奏中，韦玄成等建议修正贡禹七庙之议。韦氏等认为七庙之制不合时宜，建议罢毁惠帝（刘盈，前195～前188年在位）、文帝（刘恒，前180～前157年在位）及武帝（刘彻，前141～前87年在位）之庙，以维持五庙之数，[③] 指出汉室并没有如周文王、周武王这样德业隆盛之祖，所以周代七庙之制并不适用于汉代。[④]

由韦玄成等人所奏可知，这批儒臣表达的是一种以皇室宗族本身为核心的庙制理念。韦氏于奏中提出"亲疏之杀，示有终也"，[⑤] 即认为理想的太庙应能按照亲疏之别展示庙数之限。按照其说法，太庙庙室当对称排列，出身不凡的

---

① Loewe, *Problems of Han Administration*, pp. 47-53; Danforth, "The Imperial Ancestral in China's Western Han Dynasty," pp. 112-168.

② Loewe, *Problems of Han Administration*, pp. 47-53.

③ 班固：《汉书》卷73，第3118页。

④ 鲁惟一和邓智睿皆有讨论韦玄成所上奏书对元帝时期太庙改革的影响力。见 Loewe, *Problems of Han Administration*, pp. 53-56；邓智睿《天下一家到一家天下：以唐宋庙议与君位强化为中心的讨论》，硕士学位论文，台湾师范大学，2011，第21～26页。

⑤ 班固：《汉书》卷73，第3118页。

始祖当置于中央，位于东向之位。始祖之左，则应为奇数
之昭系祖先，按辈分排列，以始祖之子为先，曾孙在后，
如此类推；始祖之右，则应为偶数之穆系祖先，以其孙为
先，玄孙在后，如此类推。如学者所指出的，始祖既为皇
族之根源，则以始祖为中心、昭穆依父子之序分列两旁的
太庙空间安排，旨在强调皇族统治的线性继承。[①] 就两汉
而言，以长安高祖庙为首的汉代太庙系统成为刘姓皇室父子
相继的礼仪标识。这应该是郑注父昭子穆理论的现实政治
来源。

韦玄成认为朝廷祫祭之时，所有汉室祖先不论昭穆皆可
受献于高祖庙。[②] 以祫祭为例，韦氏亦强调宗庙有凝聚皇族
人心之作用。就理念层面而言，元帝的庙制改革乃是在向以
宗法为本位的周代庙制回归。[③] 在西汉初年封建、郡县两存
的情况下，庙制受现实情况影响，难以体现周制宗法精神。
西汉郡国庙的存在与周制理想有所抵牾。韦氏等上奏以后，
元帝废除郡国庙，太庙的宗法精神才得以彰显。

元帝乃至后来成帝的庙制复古改革伴随着根本性的理念
变化，然而改革所形成的实际效果却难以考察。现存汉代文

---

① Patricia Ebrey, "The Early Stages in the Development of Descent Group Or-
  ganization," in Patricia Ebrey and James Watson, eds., *Kinship Organiza-
  tion in Late Imperial China: 1000-1940* (Los Angeles: University of Cali-
  fornia Press, 1986), p. 27.

② 班固：《汉书》卷73，第3118页。祫祭作为四时之祭的一种，在《礼
  记》中有所记载，尤其是在《王制》和《曾子问》中。汉代公羊家认
  为祫祭是所有祖先齐集太庙受祀之祭，即"合食"，此礼可追溯至商代
  的衣（音殷）祭。见沈文倬《宗周礼乐文明考论》，第11页。据《春秋
  公羊传》，鲁文公曾在即位第二年举行盛大的祫祭之礼。后世注疏认为
  祫祭是奢华之礼，但鲁文公并没有将之定为邦国之礼。《春秋公羊传注
  疏》卷13，《唐宋注疏十三经》第3册，第108页。

③ 有学者认为这一回归代表了汉代宗庙"私"属性的加强。与之呼应的
  是元帝永光四年具有公共展示性质的地方郡国庙之废除。见范云飞
  《从"周礼"到"汉制"——公私视角下的秦汉地方宗庙制度》，《史
  林》2020年第2期，第35页。

献虽有若干相关朝廷礼议记录，但缺乏关于西汉太庙设置的详细描述。换言之，我们无法得知元、成前后庙制的具体分别。东汉大儒蔡邕（132~192）曾简要回顾太庙历史，提出先秦"寝""庙"有别，认为太庙乃建立在祖先之寝附近。太庙是安放祖先神主之处，寝则用以重现祖先在世时的居住环境。① 蔡氏认为寝庙制之废当归咎于秦始皇（前247~前210年在位）分置寝庙。秦代将寝庙置于陵墓之旁，西汉皇帝又袭而用之，立寝于首都长安墓园附近。然而，蔡邕并没有说明西汉太庙的确切位置，只提到当时太庙建筑布局应该符合《王制》所载之制。② 根据汉代以后的地理文献，我们大概知道汉高祖庙设于长安城之内，而西汉其他皇帝庙则位于长安近郊的陵墓附近。③

　　蔡邕的太庙观点反映了其礼学正统观念。他进一步提出周代明堂乃圣王治理天下的表征，而太庙则是周代明堂的遗制。④ 这一说法有着两汉公羊学的影子。汉代公羊学擅于托名三代之制，以支持其思想与礼制改革。蔡邕的著作延续了这种倾向。西汉公羊学的代表经师董仲舒（前179~前104），依据先秦对周室遗制的诠释，发展出一套历史循环与天命转移

---

① 蔡邕：《独断》，《蔡中郎集》外集卷4，中华书局，1936，第20上~下页。

② 蔡邕：《独断》，《蔡中郎集》外集卷4，第8上页。蔡邕通过《王制》所记太庙空间布局来推理太庙建立位置，认为太庙应处于皇宫之内，具体为外朝第二门"库门"之内，第三门"雉门"之外。

③ 众多地理文献当中，最可靠的是《三辅黄图》及《汉书》颜师古注。见杨宽《中国古代陵寝制度研究》，上海古籍出版社，1985，第20~21、201~228页。

④ 蔡邕：《明堂月令论》，《蔡中郎集》卷10，第1上~下页。古代明堂指的是用以祭天的礼仪建筑。见 John Henderson, *The Development and Decline of Chinese Cosmology* (New York: Columbia University Press, 1984), pp. 75-85. 对明堂更仔细的研究，尤其是明堂建筑形式演变过程，见 Hwang Ming-chorng, "Ming-tang: Cosmology, Political Order and Monuments in Early China" (Ph. D. diss., Harvard University, 1996), pp. 7-10, 27-118. 周代明堂的功能与意义，见薛梦潇《"周人明堂"的本义、重建与经学想象》，《历史研究》2015年第6期，第22~42页。

的理论。① 董氏《春秋繁露》是现存汉代公羊学集大成之作。此书把太庙视为一个展示祠、礿、尝、烝四时之祭的礼仪空间。② 与其他汉代礼学文献略有差异，《春秋繁露》以礿祭为夏祭。③ 公羊学家解释此种差异，一般取历史主义的态度，认为商、周礼制有别，礿祭于商代为春祭，周代则转成夏祭，而以周制为准则。④ 后来的东汉春秋学家何休（129～182）亦将"礿"字定义为夏季煮熟谷物之义，以解释周室夏季举行礿祭之由。⑤ 何休与西汉公羊学家思路相同，均以周代遗制为三代正统，所以才会特别强调夏时礿祭的重要性。

西汉公羊学家期待朝廷依据公羊学所理解之周制改革当时礼制，包括朝廷庙仪在内，但经济层面的原因最终消磨掉了汉代儒者推行太庙改革的决心。《盐铁论》中的"文学"大臣在议论太庙问题时有公允之见，其指出全面改革太庙之制必定所费不菲，会造成朝廷的经济重担。⑥ 《盐铁论》反映的是汉昭帝（前86～前74年在位）时的朝廷政策。可见早在元、成改革之前，西汉朝廷已经有意降低庙祭支出。而最好的方法，当然是缩减太庙规格。

---

① 对董仲舒学术脉络以及汉代公羊学传统的完整介绍，见 Sarah A. Queen, *From Chronicle to Canon：The Hermeneutics of the Spring and Autumn, According to Tung Chung-shu*（New York：Cambridge University Press, 1996）, pp. 13-38, 115-126, 187-201。

② 苏舆：《春秋繁露义证》，中华书局，1992，第402页。沈文倬认为烝祭源于商代向皇室列祖献上新鲜及时令食物的习俗，即"荐新"。见沈文倬《宗周礼乐文明考论》，第11～13页。到了董仲舒的时代，大多数儒者视烝祭为四时之祭之一。

③ 《小戴礼记》之《祭统》则以礿祭为春季之祭。《礼记注疏》卷49，《唐宋注疏十三经》第2册，第148页。

④ 苏舆：《春秋繁露义证》，第406页。

⑤ 《春秋公羊传注疏》卷5，《唐宋注疏十三经》第3册，第39页。

⑥ 王利器校注《盐铁论校注》，中华书局，1992，第162～163页。又见 Essen Gale, *Discourses on Salt and Iron：A Debate on State Control of Commerce and Industry in Ancient China*（Taipei：Ch'eng-wen Publishing Company, 1967）, p. 79。

　　元、成改革以后，中央太庙规格大概受经济条件限制，没有什么特殊变化。在王莽（9~23 年在位）新朝的短暂统治下，王氏皇室太庙以奢靡著称。① 随后的东汉皇朝却改弦易辙，回归节俭之风。与西汉相比，东汉朝廷不甚看重太庙礼制的堂皇宏观。考古学家指出，东汉皇室墓园甚少出现如西汉一样平行排列的设计。② 这种对整齐样式兴趣的缺失同样见于太庙系统。东汉朝廷对规范太庙建筑并无兴趣，遑论进行儒臣所提倡的庙仪改革。东汉太庙礼仪变得节俭，或可归因于当时财政状况衰退。光武帝（25~57 年在位）首开先例，把所有先帝神主置于长安同一所汉高祖庙之中。③ 受草定天下资源所限，光武帝君臣很有可能只是将这一方案视为权宜之计。但这种集所有神主于一庙的做法，其影响力之深远超乎他们的想象。明帝（57~75 年在位）驾崩时，下诏严禁为其另建新庙，只要求将其神主安放在光武帝庙中受四时之祭。④ 章帝（75~88 年在位）驾崩时，亦同样严禁继位者为其建立新庙。⑤ 光武帝安放西汉历代先帝神主的做法，加上明、章二帝的遗诏，为太庙仪制建立了一种新典范：原本多庙并存之制为一庙多室之制所取代。东汉以降，各朝

---

① 王莽为其祖先建立的一众太庙，见 Loewe, *Problems of Han Administration*, pp. 56-62。考古发现为我们提供了王氏太庙建筑群的格局，在西安附近的发掘点，考古学家标示了十二处方形基底遗址为王氏太庙（其他三间为不明用途之祭祀类建筑）。见中国社会科学院考古研究所编《西汉礼制建筑遗址》，文物出版社，2003，第 6 页，图 1。
② 杨宽、杜葆仁及李毓芳均持此类意见。相关研究见雷百景及李雯概括西汉十一帝陵昭穆布局的文章。雷百景、李雯：《西汉帝陵昭穆制度再探讨》，《文博》2008 年第 2 期，第 48 页。又见沈睿文《西汉帝陵陵地秩序》，《文博》2001 年第 3 期，第 22 页，注 1。认为西汉十一帝陵不符合昭穆之序的说法，见崔建华《论皇权传承规范对西汉帝陵布局的制约》，《考古与文物》2012 年第 2 期，第 60~64 页。
③ 范晔：《后汉书》卷 1，中华书局，2003，第 27~28 页。
④ 范晔：《后汉书》卷 3，第 131 页。
⑤ 范晔：《后汉书》卷 3，第 159 页。

太庙绝大多数取一庙多室之制，庙中众室各存放一位皇帝神主，太庙祫祭时才共享于始祖之室。

除了简化太庙建筑布局以外，东汉朝廷亦甚少考订汉室昭穆之序。唯独光武帝在位期间，张纯等数名官员讨论过汉室继位次序问题。[①] 但正如鲁惟一所指出的，东汉礼议中的太庙昭穆问题"更多是一种修辞争辩，并不关心实际上的礼仪操作"。[②] 东汉经学家卫宏对东汉初年庙祭情况有相对细致之描述，并记载了当时祫祭的空间布局：

> 宗庙三年大祫祭，子孙诸帝以昭穆坐于高庙，诸隳庙神皆合食，设左右坐。高祖南面，幄绣帐，望堂上西北隅。帐中坐，长一丈，广六尺，绣裀厚一尺，着之以絮四百斤。曲几，黄金扣器。高后右坐，亦幄帐，却六寸。白银扣器。每牢中分之，左辨上帝，右辨上后。俎余委肉积于前殿千斤，名曰堆俎。子为昭，孙为穆。昭西南，曲屏风；穆东南，皆曲几。如高祖馔陈其右，各配其左，坐如祖妣之法。[③]

然而，卫宏这一材料的可信程度却值得斟酌。首先，此段文字乃出自清儒辑录汉代文献的辑佚本，并无文献原文可兹比对。[④] 其次，即使此段文字确为卫宏所撰，亦不一定能够反映汉代太庙祫祭的实际情况。细考文字所述内容，其基

---

① Loewe, *Problems of Han Administration*, pp. 28–30, 62–70.

② Loewe, *Problems of Han Administration*, pp. 28–30, 62–71.

③ 卫宏撰，孙星衍辑《汉旧仪》，中华书局，1985，第30页。

④ 清代学者从魏晋至唐代各类书籍中辑出一些汉代制度残存文字，但这些辑佚本许多并没有提及佚文的资料来源，为这些文字系年因而变得非常困难。卫宏文字的史源大概能够追溯到晋司马彪（约246~306）的《续汉书》，唐代类书如《初学记》及《艺文类聚》亦有引录，唯文字略有差异。

本布局多依违于《礼记·大传》等汉代礼学文献所载太庙格局，其中虽有对礼器、祭物等的细节描述，然而最重要的太庙规格却一应阙如。此外，蔡邕既已批评汉代太庙与周代理想庙制有异，卫宏这段关于祫祭的文字能否适用于汉代太庙常祭尤其是时祭，亦属成疑。① 去古愈远，加上重视程度有别，东汉儒臣对太庙制度的理解遂难与西汉前辈媲美。卫宏所描绘的太庙祫祭仪节，与韦玄成等西汉学者奏书相较，已不复见那种对复古理念的热衷与追求了。

唐代太庙争议

汉代以后数百年间，太庙礼仪争议依然持续不断。金子修一指出，在3~6世纪的中国，太庙礼仪在国家礼制中的重要性总体呈下降趋势。但是与此相对，这段时期的统治者仍视太庙礼仪为王朝乃至天子合法性的重要证明。魏晋时王肃（195~256）天子七庙之说的升格现象以及相关讨论所受到的关注，证明了太庙礼议仍有其重要性。魏晋交替之时，名儒王肃反驳郑玄五庙之说，认为常规天子宗庙应有七庙之数。② 王氏尤在《圣证论》一文中质疑《王制》郑注天子五庙之说，认为这等于把天子的礼仪地位降至诸侯。③ 虽然曹魏（220~266）朝廷在庙室上仍然维持五庙之制，晋代皇室（265~420）却采用了王肃七庙之说。④ 王氏七庙之说之所以

---

① 蔡邕：《宗庙迭毁议》，《蔡中郎集》卷9，第8上页。
② 高明士：《礼法意义下的宗庙——以中国中古为主》，《东亚传统家礼、教育与国法（一）：家庭、家礼与教育》，第26~27页。
③ 《礼记注疏》卷12，《唐宋注疏十三经》第2册，第148页；Wechsler, *Offerings of Jade and Silk*, pp. 45-49。
④ 相关原文已佚，此处转引自唐初所修《晋书》之记载。见房玄龄等《晋书》卷19，中华书局，1975，第602~608页。值得注意的是，曹魏为曹操（155~220）、曹丕（220~226年在位）及曹叡（226~239年在位）建立三所万世不毁之庙，后世儒者时有批评曹魏三庙不毁偏

为朝廷所重视，亦与他的人际关系有关。作为西晋开国君主司马炎的外祖父，王肃学说的升格有其政治原因。

郑玄与王肃礼学的分歧在 5～6 世纪更为明显。南北朝儒者相与聚讼太庙庙数问题。经学家张融（444～497）和马昭批评王肃礼学，主张庙数之制不必固定，认为"有其人则七，无其人则五"。[①]马昭甚至引用纬书《礼纬》以支持其说，这大概亦是受到郑玄影响。除庙仪外，此时郊祀仪节同样大有变更。金子修一提到南朝皇帝比北朝皇帝更倾向于举行亲祀。[②]一方面，南朝皇帝借亲祀显示自己统治南朝国土的合法性，以对照北朝统治下的苦厄之地。另一方面，北朝皇帝大抵亦厌倦繁复的中原礼节，故对郊祀等仪节烦琐的典礼兴趣阙如。而在太庙礼仪方面，北魏孝文帝（471～499 年在位）以降，北朝政权为了强调政权合法性，亦有一些回归郑玄学说的转向。[③]但是这一转向并不彻底。直至北周（557～581）与隋代（581～619）建立太庙四室之制，郑、王礼学之间的争议仍悬而未决。唐代（618～907）继隋而兴，太庙礼仪争议亦随之再起。

历史学家普遍认为唐代为以后各中央王朝的统治权威确立了典范。魏侯玮认为大多数原属皇室私礼的祭祀礼仪在 7 世纪时都在向"公礼"一端倾斜，太宗、高宗时许多皇家礼仪有公开展示以夸示天下一家的意味。[④]麦大维则提醒我们，

离了理想太庙之制。见万斯同《庙制图考》，《四库全书珍本》第 369 册，台湾商务印书馆，1976，第 66 上～67 下页。

① 《礼记注疏》卷 12，《唐宋注疏十三经》第 2 册，第 148 页。
② 金子修一：《中国古代皇帝祭祀の研究》，第 238～308 页，尤其是第 258～260、300～302 页。
③ 相关研究见赵永磊《塑造正统：北魏太庙制度的构建》，《历史研究》2017 年第 6 期，第 24～44 页；赵永磊《神主序列与皇位传承：北齐太祖二祧庙的构建》，《学术月刊》2018 年第 1 期，第 162～174 页。
④ Wechsler, *Offerings of Jade and Silk*, pp. 107-235.

从中唐开始，掌管唐代太庙的主要机构由外朝的太常寺转变为皇室私人性质浓厚的宗正寺。[①] 另外，亦有其他学者提出唐代太庙与庙仪的"私家化过程"（privatization process）。[②] 相比从"公私对立"视角出发研究唐代太庙的丰富成果，现时学术界甚少讨论唐廷当时的礼仪争议。笔者将考察这些礼仪争议中的数个关键点，进而揭示穿插其中的两种礼仪理念，并尝试追寻其发展过程。这一发展的结果，最终引发了礼制层面国家权力与儒家理念之间的张力。

　　唐代太庙祭祀系统相对完整，在数方面都起到了垂宪后世的作用。首先，除了孟春、孟夏、孟秋、孟冬的四时之祭外，唐廷在冬至之后正式加入"腊享"，[③] 使四时之祭变成春祠、夏礿、秋尝、冬烝、腊享的"五享"之制。《大唐开元礼》太庙仪即以五享制为定式。[④] 其次，五享之外，唐廷正式确立庙祭中的禘祭和祫祭。两祭均于太庙行礼。[⑤] 最后，

---

① McMullen, "Bureaucrats and Cosmology: The Ritual Code of T'ang China," in David Cannadine and Simon Price, eds., *Rituals of Royalty: Power and Ceremonial in Traditional Societies*, p. 208. 朱溢在麦大维观察的基础上将这一制度史变化阐释为唐宋变革中太庙私家化的证据。朱溢：《事邦国之神祇：唐至北宋吉礼变迁研究》，第195~234页。

② 高明士：《礼法意义下的宗庙——以中国中古为主》，《东亚传统家礼、教育与国法（一）：家庭、家礼与教育》，第23~86页；Wechsler, *Offerings of Jade and Silk*；金子修一：《中国古代皇帝祭祀の研究》，第309~430页；户崎哲彦：《唐代における太庙制度の变迁》，第82~96页。

③ 腊享源于1世纪的礼仪习俗，受汉代"五德终始说"影响。此礼源于皇帝于冬季向其祖先献上田狩所得的猎物。此礼东汉固已有之。《后汉书·祭祀志下》记光武帝建武二年（26）太庙祭祀，即有"春以正月，夏以四月，秋以七月，冬以十月及腊，一岁五祀"之说。见范晔《后汉书》志卷9，第3193页。中唐开元时期，此礼成为庙仪的常规部分。腊享的起源，亦见陈学霖《宋金二帝弈棋定天下——〈宣和遗事〉考史一则》，《宋史论集》，东大图书公司，1993，第217~218页，尤其是注6所揭示之相关研究。

④ 萧嵩等：《大唐开元礼》卷37，民族出版社，2000，第1上~22下页；卷38，第1上~13下页。

⑤ 现存《大唐开元礼》中有四卷记载禘、祫二祭，即《皇帝祫享于太庙》《祫享于太庙有司摄事》《皇帝禘享于太庙》《禘享于太庙有司摄

唐廷首创太庙一室之中并列数名皇后神主的先例。这多少反映了唐代君主的个人倾向。[①]受唐代君主个人倾向的影响，太庙神主排列比前代更为复杂，因而产生了各种新的争议点。

唐初模仿北周及隋代先例，在太庙分立四室以安放唐室祖先神主（见图1-1）。[②]武德元年（618），唐高祖李渊（566~635）追尊其四世之祖，并追封其祖李虎（551年卒）为景皇帝，[③]加庙号为太祖，以为郊祀配天之祖。李渊亦分别追封其父李昞、其先祖李熙和李天锡为元皇帝、宣简公和懿王。[④]李渊所立四室之制基本上符合郑玄太庙之说，但当时并未正式决定始祖人选。始祖室只能暂时悬空，以待将来裁决。

就祖先世系追溯而言，唐初的太庙规划其实相对保守。李渊只把世系追溯至与李唐有明确联系的李熙。[⑤]高祖朝之后，唐室开始重编皇室世系，上溯先祖宗系至陇西李氏。[⑥]

事》。萧嵩等：《大唐开元礼》卷39~42。又，今刊本《大唐开元礼》实有脱文。学者据敦煌吐鲁番出土文字复原了《皇帝祫享于太庙》中部分馈食仪节文字。见刘安志《关于〈大唐开元礼〉的性质及行用问题》，《新资料与中古文史论稿》，上海古籍出版社，2020，第5~6页。关于《大唐开元礼》的基本性质，见吴丽娱《营造盛世——〈大唐开元礼〉的撰作缘起》，《中国史研究》2005年第3期，第73~94页；《礼用之辨：〈大唐开元礼〉的行用释疑》，《文史》2005年第2辑，中华书局，2005，第110~120页。

① 朱溢：《事邦国之神祇：唐至北宋吉礼变迁研究》，第207~209页。

② 隋及唐初太庙在长安京城中之大概位置，见辛德勇《隋唐两京丛考》，三秦出版社，1991，第104~105页。

③ 王溥：《唐会要》卷1，中华书局，1955，第1页。

④ 王溥：《唐会要》卷1，第1页。

⑤ 陈寅恪：《唐代政治史述论稿》，河北教育出版社，2002，第163~175页。

⑥ 自陈寅恪提出李唐家族起源问题后，唐史研究界中一直有所争议。西方学界中魏侯玮较认同陈氏之说法，认为唐室贵族起源是有意虚构。Howard Wechsler, "The Founding of the T'ang Dynasty: Kao-Tsu (Reign 618-26)," in Denis Twitchett and John K. Fairbank, eds., *The Cambridge History of China*, Vol.3, Part I: Sui and T'ang China, 589-906 (Cambridge: Cambridge University Press, 1979), pp.150-151.

图 1-1　唐初四庙图

资料来源：万斯同《庙制图考》，《四库全书珍本》第 369 册，第 82 上页。

7 世纪中叶以后，唐室开始追封陇西李氏当中若干先人为太庙远祖。李渊虽加李虎以"太祖"名号，却没有确立其始祖之位。由于长安太庙仍有足够庙室，唐廷一直悬空始祖之室，只安放李虎神主于其余六室之中。然而随着时间推移，庙中神主越来越多，始祖问题的迫切性开始增强。

武则天（624~705）统治天下的时期，在兴建武周太庙（崇先庙）的同时，将长安李氏太庙由六室之数减至三室。①

---

① 武则天在位期间的庙仪转变，见金子修一《中国古代皇帝祭祀の研究》，第 325~331 页。

垂拱四年（688）正月，在武则天的旨意下，东都洛阳建立了新的李氏太庙，供奉高祖、太宗、高宗。这种武、李双太庙的制度，对维系武周政权稳定性起了重要作用。① 至唐中宗李显（684、705~710 年在位）神龙元年（705）复辟之时，长安与洛阳的李唐太庙早已年久失修。为了重振李氏尊荣，中宗恢复了长安太庙降格以前之旧貌，并重修洛阳太庙，以配合当时的两京制。② 然而，复修长安太庙引发了新的庙室与始祖争议。

中宗朝太庙始祖之议的主角为两位儒臣张齐贤及尹知章（活跃于 669~718 年）。张、尹以及其他一些官员认为李虎建立唐室之功虽远犹存，故坚持以之为始祖。另外一批官员则上溯唐室世系至 5 世纪早期西凉国开国之主李暠（351~417）。此人早前亦被唐廷正式承认为皇室远祖。③ 张齐贤和尹知章认为，始祖应为功业隆盛之祖，与大唐"王迹"之间有明显联系。根据"王迹"观念，张、尹二人认为李虎身为西魏（535~557）"八柱国"之一，除了其贵族背景与显赫声名以外，最重要的是其有功于李氏族群之巩固，从而奠下大唐基业。据此，李虎应该是唐室始祖的最佳人选。相反，即使李暠有建国西凉之功，但他于李唐之建立却无一贡献。张、尹一派遂认为李暠没有作为始祖的资格。尹知章于其奏疏中明确宣称应以功业作为选择始祖的主要条件。他提出始祖应是功业最盛而能流芳千古之先祖。其他功业较逊的祖先，均应在七世之后祧迁于庙外。张齐贤则认为，如果李暠值得成为始祖，那么高祖和太宗时理应先将其追封为"太

---

① 相关分析见李永《宗庙与政治：武则天时期太庙体制研究》，《学术月刊》2017 年第 8 期，第 152~158 页。

② 清代学者如徐松等已开始从宋代相关文献中爬梳唐代两京格局。根据清人研究与今天的考古发现，学术界已能更确切地掌握唐代都市规划，重建唐两京坊、市布局的面貌。重构唐代两京的经典之作，见平冈武夫编《唐代的长安与洛阳（地图）》，上海古籍出版社，1991。

③ 李暠为陇西李氏之一员。

祖",而非以李虎为之。但由于高祖、太宗从未这样做——事实上他们根本没有提过李暠这个人,那么就反证了李暠无足轻重。张齐贤进而指出,以李暠为始祖不但会亵渎李虎之祖灵,更会违反高祖及太宗祖训。[①]

有学者曾主张,唐中宗时期的太庙功业论有限制皇权的作用。[②] 尹知章的论点确实反映了唐前期太庙礼议对功业论的强调。除了限制皇权以外,当时社会的整体变迁恐怕也影响了太庙礼议。众所周知,唐初朝廷有意削弱中世门阀贵族的政治与社会力量。[③] 因应旧贵族门阀的逐步瓦解,以及相关制度的变革,当时社会愈发将个人名声和事业视为判定优劣成败的准则。[④] 这种准则在当时太庙礼议中也留下了痕迹:李虎之所以更适合成为李唐始祖,不仅因其为李渊祖父,同时亦因为他作为战功卓越的军阀而广为人知。换言之,李虎的始祖地位,既来自其血缘,更来自其功业。就血缘而言,李虎与李暠是平等的。然就功业而言,李虎更胜一筹。李虎,而非李暠,才是奠定李唐之基的祖先。

睿宗李旦(684~690、710~712年在位)于开元四年(716)去世时,其神主在太庙中的安排又掀起了争议。这次争议的焦点是,睿宗与中宗均为唐高宗之子,作为兄弟,他们的神主在太庙中是否应分属两世。[⑤] 当时的既定计划是,

① 王溥:《唐会要》卷12,第295~296页。
② 高明士:《礼法意义下的宗庙——以中国中古为主》,《东亚传统家礼、教育与国法(一):家庭、家礼与教育》,第50~53页。
③ 唐长孺:《魏晋南北朝隋唐史三论》,武汉大学出版社,1992,第370~404页。谭凯(Nicolas Tackett)把唐代贵族制瓦解归因于9世纪末的农民起义,尤以王仙芝和黄巢(835~884)为代表。见Nicolas Tackett, *The Destruction of the Medieval Chinese Aristocracy*(Cambridge:Harvard University Asia Center,2014),pp.187~234。
④ 陈寅恪已指出,真正具有任贤意义的科举体系实则建立于武周一朝。陈寅恪:《唐代政治史述论稿》,第182~183页。
⑤ 高明士:《礼法意义下的宗庙——以中国中古为主》,《东亚传统家礼、教育与国法(一):家庭、家礼与教育》,第50~53页。

弟弟睿宗神主安置于太庙之中，其兄中宗神主则另立别庙（位于太庙之西）安放，其理由是中宗并无后嗣。[①] 时隔不到一年，开元五年（717）正月，因为一次太庙损坏事故，朝廷再起争议。当时一位来自河南府的士人孙平子以太庙损坏为由，提出睿宗、中宗神主安排不公，应将中宗神主移置太庙。孙平子提出兄弟继承类同父子继承，应该分属两世。相继者虽有兄弟之亲，生前却有君臣之别。睿宗、中宗二帝之间分属君臣，义兼父子。就太庙礼制而言，这一关系较之兄弟纽带更为重要。[②] 根据孙平子之说，睿、中二帝神主在太庙内应分室安置。但是，以陈贞节和苏献为代表的太常寺官员坚持之前的安排。他们认为睿宗、中宗二帝就辈分而言同属一世，并强调在兄弟相及继位的情况下，"直接"继承父亲皇位者名义上只能有一位。在陈、苏等官员看来，睿宗大位乃是直接继承自唐高宗李治（649~683 年在位），而非其兄中宗。这样一来，中宗自然就被排除在太庙主祭的帝世谱系之外。[③]

在开元五年礼议之中，以太常博士为主的礼官基本支持陈、苏一派意见，认为一世一主之制乃是理所当然，复数同世系祖先共处一室为非礼之举。[④] 然而这些礼官回避了一个关键问题：为什么睿宗才是高宗的直系继承者，而非中宗？

---

① 刘昫等：《旧唐书》卷 25，中华书局，1975，第 950 页。

② 刘昫等：《旧唐书》卷 25，第 952~953 页。《旧唐书》关于孙平子上奏的记载相对简略，《新唐书》据《唐会要》补入奏文细节。此处叙述主要参考《新唐书》。欧阳修、宋祁等：《新唐书》卷 200，中华书局，1975，第 5695 页。

③ 欧阳修、宋祁等：《新唐书》卷 200，第 5695~5696 页。

④ 陈、苏以及博士冯质指出，依唐室世系，高宗位于昭列，其神主已置于相应庙室之中。如果严格以昭穆作为世系次序，则中宗及睿宗两位祖先神主只能同时置于高宗之室对面的某穆列庙室之中。他们认为一世之中并存两祖不可接受。中宗和睿宗生前虽相继登位，但并列二人神主只会徒添紊乱。欧阳修、宋祁等：《新唐书》卷 200，第 5696 页。

这一问题的症结在于睿宗乃是当朝天子唐玄宗李隆基（712～756 年在位）的亲父。考虑到睿宗与玄宗的血缘关系，礼臣推举睿宗在太庙祭祀位序中的优先度，自是不难理解。从经义角度而言，孙平子引春秋时鲁文公二年（前 625）鲁僖公、鲁闵公兄弟继承之例，以僖公越闵公而受祭比附中宗、睿宗太庙位序，提出"兄臣于弟，犹不可跻；弟尝臣兄，乃可跻乎？"，其质疑至为有力。① 但是，因为睿宗之祭祀涉及当朝天子个人权威，礼官乃坚持前见。唐廷最终决定维持原制，拒绝将中宗神主迁回太庙，并将孙平子远贬至岭南。

有意思的是，至开元中，唐玄宗又决定重整太庙，将之增建至九间庙室，并将中宗及宣简公李熙（674 年追封为献祖）神主重新安置于内。开元十年，玄宗先下一诏提出改造方案；次年春时，朝廷再颁制书，明确相关改造方案当在八月十九日前完成。② 在此期间，国子祭酒徐坚曾于十一年四月上表进言，提及玄宗以别庙祭享中宗"圣心未安，将革前规"。③ 玄宗在确立改革太庙的诏书中，也提到了对中宗神主的处境有所不安。姑勿论奏表诏书中的官方修辞属性，开元中太庙改革确为唐玄宗个人意志所主导，这点当无疑问。根据其自身对《孝经》之理解，玄宗宣称只有九室太庙才能体现"至德之谓孝"的人情。④ 纵使《王制》所载七庙之制行之已久，且于贞观九年（635）行用以后已是唐室成规，玄宗仍坚持其改革。⑤ 九庙之制不见于经典礼学，折中前代

---

① 欧阳修、宋祁等：《新唐书》卷 200，第 5695 页。鲁文公二年"跻僖公"一事作为经义在太庙礼议中时常出现，后文会再论及。关于"跻僖公"一事的基本解释，见杨伯峻编著《春秋左传注》，中华书局，1983，第 523 页。
② 刘昫等：《旧唐书》卷 25，第 953～954 页；并见王溥《唐会要》卷 12，第 298 页。
③ 王溥：《唐会要》卷 12，第 298 页。
④ 刘昫等：《旧唐书》卷 25，第 953 页。
⑤ 刘昫等：《旧唐书》卷 25，第 953 页。

经说，玄宗乃断以圣意，创立九室之制以处置中宗及其他祖先神主。事实上，按照玄宗诏书中"祧室宜列为正室，使亲而不尽，远而不祧"的说法推理下去，凡有新神主入庙，则只能通过增加庙室来解决。这一大胆改造完全违背经义，反映了玄宗个人意志在礼制建设中的决定性作用。当时朝臣虽有诠释庙制与庙仪的权力，但在玄宗意志主导下，也只能对明显不经的九室之制保持沉默。开元前期太庙改革过程，正体现了礼议中的皇权因素。

天宝十四载（755）爆发的安史之乱打断了开元制度的发展。玄宗晚年乃至其子肃宗李亨（756~762年在位）在位时期的战事使得唐廷无暇顾及礼仪事务。代宗李豫（762~779年在位）宝应元年（762）即位时，唐廷决定重立李虎为始祖。到了大历十四年（779）代宗驾崩时，朝廷又掀起新一轮的太庙礼仪争议。①

代宗过世以后，神主移往太庙供奉。由于太庙庙室已满，必须祧迁一位皇室远祖。主持代宗丧礼的礼仪使颜真卿（709~785）引用汉朝先例，建议唐廷重新厘清太庙昭穆世系次序，恢复太庙三昭三穆的旧制。②颜氏在奏疏中一意批评东汉庙制。实际上，他是借此指出唐代庙制的问题，尤其是玄宗时祧室皆列为太庙正室的不经之制。在太庙神主祧迁问题上，颜氏颇为重视祖宗功业之说。他指出"祖""宗"之名乃万世所尊仰。③贵为唐高祖李

① 关于代宗之死所涉礼仪问题，见 David McMullen，"The Death Rites of Tang Daizong," in Joseph P. McDermott, ed., *State and Court Ritual in China* (Cambridge: Cambridge University Press, 1999), pp. 150~196.

② 颜真卿：《论皇帝祧迁状》，《颜鲁公文集》卷2，《四部备要》第228册，中华书局，1936，第33~34页。此奏呈于大历十四年十月，正值代宗丧礼之时。

③ 颜真卿：《论元皇帝祧迁状》，《颜鲁公文集》卷2，《四部备要》第228册，第33页。

渊之父的元皇帝李昞，在太庙祭祀中虽有"代祖"之名但实无"祖"之功，其对唐室之建立并无贡献。且颜氏质疑太庙庙议中引用孝道之说过滥，提出："假令传祚百代，岂可上崇百代以为孝乎？"① 由此，他主张配合当时太庙建筑格局，将之划分为六间昭穆正室及三间祧室，太祖李虎、高祖李渊及太宗李世民三位因功业盛隆，藏于不迁之祧室。而后来进入太庙的祖先神主，均按昭穆庙室序列依次祧迁。其形制虽仍为九室格局，其礼意却与玄宗开元之制大为不同。②

　　和中宗朝儒臣尹知章相近，颜真卿相当重视太庙祖宗之功业，但他并非完全反对孝道精神，只是不满太庙争议中孝道说的泛滥。虽然颜氏主张以功业隆盛的李虎作为太庙常祀时之始祖，但他亦提出在三年一次的大祫祭中，李虎不应居于始祖之位。颜氏认为，祫祭时众神主齐集始祖之室受祀，李虎神主当置于昭穆之列，反而献祖李熙作为李虎之祖，其神主应该安置于始祖之位以彰孝道。③ 颜氏的逻辑是，李虎虽受天命而为李唐建基之祖，得以配天于郊祀，然而祫祭之时由于有辈分更高的祖先存在，李虎神主应暂时离开始祖之位。用颜氏的话来说，李虎神主是"暂居昭穆之位，屈己伸孝，敬奉祖宗"。④

---

① 颜真卿：《论元皇帝祧迁状》，《颜鲁公文集》卷2，《四部备要》第228册，第33页。

② 颜真卿所构想的太庙制度，在德宗初年由他编修的官方仪注《大唐元陵仪注》中亦见端倪。此仪注因收入杜佑《通典》而广为人知，学术界多有注意。集日本相关研究于大成的金子修一所编《大唐元陵仪注新释》（汲古书院，2013，第344页，图12），附有代宗神主入庙后的九室神主图，即反映了颜氏基本的太庙构想。

③ 颜真卿：《庙享议》，《颜鲁公文集》卷2，《四部备要》第228册，第33~34页。

④ 颜真卿：《庙享议》，《颜鲁公文集》卷2，《四部备要》第228册，第33~34页。

在孝道与功业之间，颜真卿试图找到一种平衡太庙礼意的方法。有学者曾指出，这种做法带有浓厚的儒家礼学印记。[①] 颜氏的做法在稍后时期得到了大儒韩愈（768～824）响应。德宗贞元十八年（802），韩愈上奏，建议唐廷承认献祖李熙在祫祭中的优越地位，并在祫祭中将李熙神主置于始祖之室，正东向之位。[②] 李虎与唐室其他祖先则因应李熙神主位置，各自依昭穆分列两旁。韩氏在奏中着重说明辈分与孝道在祫祭中的重要性。他指出李虎即使功业彪炳，但在太庙的礼仪空间中仍须敬让其祖李熙。故此，李虎神主在祫祭中的位置亦宜有所降格。[③]

对比颜真卿，韩愈更加恪守孝道原则。然而正如宋人朱熹所提示的，韩愈无意否定祖宗功业的价值。韩氏的做法实际上更加巩固了太祖李虎的礼仪权威。较颜真卿更胜一筹的是，韩愈提出两个重要概念，以调和太庙礼制中孝道与功业两种取向之间的张力。第一，韩愈提出不同庙室的礼仪地位相对独立。[④] 太祖李虎神主独置于始祖庙室时，其礼仪地位自然不受挑战，而太祖之神灵亦必独得其尊。第二，即使在祫祭中，李唐其他祖先神主移置始祖庙室受祀，李虎神主暂时将始祖之位让于李熙，但是祫祭场合毕竟稀少，与太庙四时常祭不能相比。韩氏将之精辟总结为："常祭甚众，合祭甚寡，则是太祖所屈之祭至少，所伸之祭至多。"[⑤] 换言之，三年一祭的祫祭只是特例。太祖李

① 冯茜：《中晚唐郊庙礼制新变中的儒学色彩——礼制意义上的"太祖"在唐代郊庙中的出现及其地位的凸显》，《文史》2014年第3辑，中华书局，2014，第241～254页。
② 韩愈：《禘祫议》，《韩昌黎集》卷14，商务印书馆，1958，第32页。
③ 韩愈：《禘祫议》，《韩昌黎集》卷14，第31～32页。
④ 见朱熹对韩愈《禘祫议》的批注。韩愈：《禘祫议》，《韩昌黎集》卷14，第32页。
⑤ 韩愈：《禘祫议》，《韩昌黎集》卷14，第32页。

虎的礼仪地位只会在这种特定场合有所降格。此外，即使李虎神主在祫祭中有所降格，其祖父李熙的尊贵礼仪地位也源自李虎之功业，亦即所谓"祖以孙尊"。这样的处理，长远来说反而加强了李虎作为常祭中始祖的权威地位。

晚唐其他学者在始祖问题上另有一些看法。德宗建中二年（781），陈京上奏捍卫李虎的始祖地位，① 指出李虎在禘、祫二祭中亦应安置于始祖之位。② 户崎哲彦指出陈京所议代表了一种以唐代太庙为"国家宗庙"的思维。陈京一派之所以在禘、祫二祭中推尊李虎，是因为李虎乃膺受天命的一方"诸侯"，其子孙则继此天命而开创"天下"。③ 户崎氏之说容或可商。但是很明显，陈京所取的祖先功业论与尹知章、颜真卿和韩愈所倡之说确有相通之处。

当越来越多唐代皇帝神主进驻太庙，孝道与功业取向之间的冲突便愈加紧张。唐室最终在贞元十九年（803）肯定李虎于太庙常祭和禘祫等合祭中的始祖地位，意味着终有唐一代，功业取向最终得到承认。④ 唐室太庙礼仪之争有了自己的结局。但是庙议论争中的一些基本问题，比如兄弟相及继位、太祖是否即始祖等，并没有在礼意层面得到根本解决。往后数个世纪，当新的政治与思想因素出现之时，这些问题遂重临庙堂，并引发了更广泛的讨论。

---

① 欧阳修、宋祁等：《新唐书》卷 200，第 5712 页。
② 欧阳修、宋祁等：《新唐书》卷 200，第 5713 页。
③ 据户崎哲彦所言，安史之乱以后，唐室之所以坚持以李虎而非李渊为始祖，亦有其政治考虑。简而言之，以当初隋室的"叛臣"李渊为始祖，恐怕会加深"通过武力建立新王朝是正当的"这种印象。这种武力功业论的礼仪展示，可能会导致时人混淆安史之乱与李唐建立王朝之路，进而对李唐统治的合法性基础产生怀疑。户崎哲彦：《唐代における禘祫论争とその意义》，《东方学》第 80 期，1990 年，第 82~96 页。
④ 欧阳修、宋祁等：《新唐书》卷 200，第 5716 页。

小　结

　　由周迄唐，作为皇室祭祀仪式核心的太庙礼制历经多次演变。在演变过程中，我们大概可以分辨出两种理念取向。第一种取向将太庙礼制与皇室先祖个人功业加以联系。只有对当朝有奠基之功、功业彪炳的祖先才能在太庙中万世不迁。自西汉元、成礼议始，下抵唐代以尹知章、颜真卿、韩愈等人为代表的功业取向历八百年而不绝。而汉代大儒郑玄的祧庙之说，则成为这种功业取向的经典依据。第二种取向以太庙为展示儒家孝道的重要场所。依照这种取向，皇室先祖的世系排列之所以重要，是因为它反映了严谨的血缘次序。支持这一派取向的学者强调通过太庙祖宗排序，彰显尊卑长幼之别，进而展现儒家孝道精神。自庙仪出现以后，这两种见解即贯穿于各种相关礼仪讨论之中。中晚唐以降，以颜真卿、韩愈等人为代表的礼臣主张在始祖问题上采取折中之策，一方面以功业高隆的太祖李虎为始祖，另一方面则于合祀时将皇室祖先供奉于太庙正室，以示孝道。随着晚唐儒家精神与理念的复兴，朝臣与地方精英更加强调某些既定礼仪发扬儒家价值的作用。[1] 北宋继承了这股晚唐风气。与朝廷礼仪日益烦琐成正比，礼学亦愈加受朝廷和学者重视。[2] 在儒家思想转型以及之后北宋"新儒家"诞生的大背景下，太庙争议进入了历史上最重要的阶段。

---

[1]　晚唐儒家精神之复兴的思想史通述，见 Bol, *This Culture of Ours*, pp. 108-147。亦见陈弱水针对柳宗元及其时代思想氛围做出的精彩个案研究，《柳宗元与唐代思想变迁》，江苏教育出版社，2010。

[2]　Meyer, *Ritendiskussionen am Hof der nördlichen Song-Dynastie（1034-1093）*, pp. 103-297；吴万居：《宋代三礼学研究》，"国立编译馆"，1999，第 460~507 页。

第二章
北宋太庙制度与祭祀

北宋早期局面深受五代十国以后的政治、思想传统影响,文化层面尤其如是。[1] 由于各种社会和政治问题,五代时期的军阀君主政体并未形成持久的文化规范以配合其军事统治。稳定的社会和强而有力的中央政府是复兴文化的两大前提,然而,当中国在 10 世纪前夕陷入四分五裂的局面时,这两个前提都难以实现。如果说晚唐以后在高级文人和官僚之中存在某种意义上的儒学复兴运动,那么这一运动在政权频繁更迭的大环境下确实受到了挫折。

相较于五代的纷乱局势,北宋前期见证了儒家文化的真正复兴。[2] 因应这一大环境变化,社会上层又出现了对祭祖礼仪的重视与追求。[3] 自 10 世纪末开始,宋廷及其统治者越来

---

[1] 通过论证五代权力结构之于北宋政治体制的影响,王赓武为研究宋代早期历史提供了一种动态视野。Wang Gungwu, *The Structure of Power in North China during the Five Dynasties* (Kuala Lumpur: University of Malaya Press, 1963), pp. 2-6.

[2] 自晚唐到北宋的儒学复兴运动向为学界所注意。除前文曾引包弼德研究外,陈植锷、漆侠、刘复生诸先生均有专书论及,此处不一一赘引。

[3] 有关北宋时期对祭祖礼仪的日益关注,见 Ebrey, *Confucianism and Family Rituals in Imperial China*, pp. 53-56; McDermott, *The Making of a New Rural Order in South China*, pp. 100-102; 拙文 "Inventing a New Tradition: The Revival of the Discourses of Family Shrines in the Northern Song," *Journal of Song-Yuan Studies*, Vol. 47 (2019), pp. 85-136; 以及吾妻重

分其祖：宋代太庙礼仪之争

越关注皇室的祭祖礼仪。关于皇室祭祀礼仪的核心意义，宋人李觏（1059~1109）有一个很贴切的说法："祭之本……天子得四表之欢心以事其先王者是也。"①随着对祭祖礼仪和相关儒教规范兴趣的日益增长，太庙议题也进入了宋廷视野。11世纪前半叶，太庙制度再次成为北宋礼官和礼仪机构的关注焦点。②

宋代礼仪机构与礼官

鉴于皇室祭祖礼仪的重要性，10世纪晚期至11世纪前半叶，宋廷设置了各种部门和职位去处理礼仪事务。其中尤以负责整顿和规范朝廷仪制的太常礼院最为关键。③太常礼院在8世纪末成立之初本属临时机构，9世纪以后，则演变为常置的礼制部门。笔者已有专文分析唐宋以后太常礼院的沿革，④下文会简单交代一下北宋礼仪机构的特色。

当北宋王朝在建隆元年（960）建立的时候，宋廷倾向于沿袭晚唐以后以太常寺和太常礼院为常设礼仪机构的惯例。名义上，太常礼院隶属太常寺，但在实际的运作当中，礼院主导了大部分礼仪事务。⑤《宋史·职官志》"太常寺"

二 《宋代の家庙と祖先祭祀》，小南一郎编《中国の礼制と礼学》，朋友书店，2001，第505~575页。

① 李觏：《师友谈记》，中华书局，2002，第40页。很明显，李说是《孝经》中天子以孝治百姓得其欢心的演绎。

② 有些学者认为与北宋并峙的辽代亦有自己的七庙宗庙设置。辽代宗庙原不在本研究视域之内。根据最近研究可以补充的是，辽代文献中出现的"七庙"，比如柴册仪中的"七庙"，很可能是将辽帝御容设于毡帐或毡车之中方便祭拜的行宫"庙"。这种"庙"本质上和中原太庙不是一种制度。见孔维京《辽代"七庙"与皇家宗庙祭祀考论》，《史学月刊》2021年第6期，第16~29页。

③ 脱脱等：《宋史》卷164，中华书局，1985，第3882~3884页。

④ 见拙文《专达的闲职——唐至北宋太常礼院沿革考》，香港中文大学历史系中国历史研究中心、新亚研究所编《中国古代政治制度与历史地理——严耕望先生百龄纪念论文集》，齐鲁书社，2020，第177~204页。

⑤ 见拙文《专达的闲职——唐至北宋太常礼院沿革考》，《中国古代政治制度与历史地理——严耕望先生百龄纪念论文集》，第146~169页。

条有云:"宋初,旧置判寺,无常员,以两制以上充。丞一人,以礼官久次官高者充。别置太常礼院,虽隶本寺,其实专达。有判院、同知院四人,寺与礼院事不相兼。"① 正是这一现象的总结。事实上,礼院在相当长的一段时间内都是整治皇室礼仪的关键机构,直至 11 世纪晚期官制改革,宋廷才确定以太常寺为整顿皇室礼仪的核心部门。②

太常礼院以外,礼部因为负有领知贡举的重责,并不经常参与讨论皇室礼仪。反而三馆之崇文馆因为收藏了一些朝廷典册,加上馆职多由饱学之士充当,每逢大典礼之时,崇文馆与太常礼院常常合议事务。③ 元丰官制改革之前,每当涉及太庙事务,太常礼院亦往往与宗正寺合作,厘定有关太庙制度和仪式的条文。北宋早期,宗正寺一般由皇室宗亲带领。④ 景祐三年(1036),鉴于宗室人口增长迅速,宋仁宗(1022~

---

① 《宋史》卷 164,第 3883 页。《宋史·职官志》乃据宋人官、私材料编成。这一段话拼凑出来的宋初礼仪机关图像,与其说是实录,不如说是理念和现实的混合体。这里关于太常礼院"专达"之权的描述属于实际存在的现象,其史源为王珪等编《两朝国史志》"凡礼仪之事悉归于太常礼院"一说。《两朝国史志》说转引自徐松辑《宋会要辑稿》,世界书局,1964,第 3 册,职官一三之一。

② 关于 11 世纪晚期官制改革的扼要分析,见 Paul Jakov Smith, "Shentsung's Reign and the New Policies of Wang An-shih, 1067-1085," in Denis Twitchett and Paul Jakov Smith, eds., *The Cambridge History of China*, Vol. 5, Part I: *The Sung Dynasty and its Precursors*, 907-1279 (Cambridge: Cambridge University Press, 2009), pp. 457-464。

③ 拙文《专达的闲职——唐至北宋太常礼院沿革考》,《中国古代政治制度与历史地理——严耕望先生百龄纪念论文集》,第 156~157 页。

④ 葛仲胜:《宗正寺少卿壁记》,《丹阳集》卷 8,《四库全书》第 1127 册,上海古籍出版社,1987,第 3 页。关于宗正寺编制概述,见《宋会要辑稿》第 3 册,职官二〇之一;《宋史》卷 164,第 3887 页。一般情况下,宋廷自皇室宗族中择选一人为宗正寺长官,真宗以后尤然。《宋会要辑稿》第 3 册,职官二〇之二至四。另见 John W. Chaffee, *Branches of Heaven: A History of the Imperial Clan of Sung China* (Cambridge: Harvard University Asia Center, 1999), pp. 21-22。

1063 年在位）设立了新的机构大宗正司以辅助宗正寺。① 大
宗正司掌管宗室成员的教育，为宗室中的贫困者提供津
贴，② 同时亦负有监督包括太庙仪式在内的祖宗祭祀活动
之责。③

　　考虑到太常礼院在朝仪制定过程当中的关键作用，
不难想象太常礼院的礼官——在宋代史料中一般被称为
"太常博士"——是如何积极地参与相关礼议。值得注意
的是，史籍中经常出现的"太常博士"有两类：一类标
示北宋前期官僚体制中的本官官阶；一类指的是宋代差
遣制度下的实职礼官。④ 前者指涉官员的俸禄和品位。这个
意义下的太常博士，是大多数文官仕途初期被赋予的品阶之
一。所谓"太常博士"即本官官阶"太常寺博士"的简称，
阶品为二十三阶。⑤ 北宋时期，挂衔太常寺的"太常"名衔
标示了通过应举入仕、在中央任职"有出身"的"朝官"
品阶。与之相对，太常礼院的太常博士则为实任差遣。在太

①　《宋会要辑稿》第 3 册，职官二〇之一六；《宋史》卷 164，第 3888~
　　3890 页。Chaffee, *Branches of Heaven*, pp. 40-44, 84-86。

②　宋晞：《宋代的宗学》，《青山博士古稀纪念宋代史论丛》，省心书房，
　　1974，第 161~181 页。

③　Chaffee, *Branches of Heaven*, p. 103.

④　关于北宋前期官制本官与差遣并行的简述，见 Charles Hartman, "Sung
　　Government and Politics," in John W. Chaffee and Denis Twitchett, eds.,
　　The Cambridge History of China, Vol. 5, Part Ⅱ: *Sung China*, 907-
　　1279 (Cambridge: Cambridge University Press, 2015), pp. 49-80, 尤
　　其是第 59~62、66~68 页。关于宋代官僚整体机制，见 Winston Lo,
　　*An Introduction to the Civil Service of Sung China: With Emphasis on Its Per-
　　sonnel Administration* (Honolulu: University of Hawai'i Press, 1987),
　　pp. 58-70, 115-121。中国学者自邓广铭、邓小南诸先生始，日本学
　　者自宫崎市定、梅原郁以后，于宋代官制多有阐发。龚延明先生在
　　为《宋代官制辞典》所撰前言"宋代官制总论"中对宋代官制前人
　　研究与特色有精辟撮要，见《宋代官制辞典》，中华书局，2017，第
　　1~49 页。

⑤　龚延明：《元丰前后两宋文官寄禄官阶对照表》，《宋代官制辞典》，第
　　759 页。

庙礼议中积极进言的身影，多属于这一类太常博士。

太常礼院的太常博士组成了负责实质事务的主要礼官群体，他们的工作以编纂、修订礼典和仪注为主。在北宋官僚体系的差遣制中，礼院首长通常称为知礼院或判礼院。他们负责征集礼院礼官的意见，并上呈朝廷。许多知名的北宋士大夫担任过知礼院或判礼院，这两个职位在官僚体系中的重要性，由此可见一斑。[1] 至于太常寺的长官，由于其非实任官性质，在北宋前期鲜少参与讨论、制定皇室礼仪。同样的，隶属太常寺的太庙斋郎和太庙室长，作为通过荫补和保任制度赐予高级官员子弟的名衔，也不参与议礼事务。[2] 但在某些情况下，太庙斋郎和太庙室长会担任宗庙祭祀的赞礼人员。[3] 太常寺系统中的一些本官名衔如奉礼郎、太祝等，亦为荫补高级官员子弟之用。元丰改制以后，太常寺成为实任部门，本官变成了职事官，奉礼郎、太祝亦会协助管理庙祀及相关仪式。[4] 本质上来说，上述太常寺系统中的这类官

---

[1] 关于北宋礼院长官的基本构成，亦可参见新近发表的拙文 "Ritual Officials and the Rise of Confucian Ritualism in the Eleventh Century," *T'oung Pao* 108（2022），pp. 158-199，尤其是附录表三所整理的礼院长官名录。

[2] 宋代官方记录中，有相当多的例子都说明了这两个头衔多由恩荫所得，见李焘《续资治通鉴长编》卷 23，中华书局，1986，第 526 页；卷 44，第 930 页；卷 83，第 1893 页；卷 104，第 2424 页；卷 109，第 2549 页；卷 131，第 3100 页；卷 187，第 4509 页；卷 273，第 6697 页；卷 391，第 9508 页。关于北宋恩荫制度，见梅原郁《宋代の恩荫制度》，《宋代官僚制度研究》，同朋舍，1985，第 423~500 页；Lo, *An Introduction to the Civil Service of Sung China*, pp. 103-109。至于人事行政中的保任制度，见 E. A. Kracke, *Civil Service in Early Sung China: 960-1067*（Cambridge: Harvard University Press, 1953），pp. 102-189。

[3] 《宋会要辑稿》第 3 册，职官二二之一九至二〇；第 1 册，礼一五之四。《续资治通鉴长编》卷 83，第 1893 页。太庙斋郎和室长职责见龚延明《宋代官制辞典》，第 303~304 页。

[4] 《宋会要辑稿》第 3 册，职官二二之一七。宋代官方档案亦载有这些官员参与朝仪的记录。见《宋会要辑稿》第 1 册，礼二之二三、二六；礼一七之二二、六一至六三（庙祀、郊祀）；礼四之五至七（日月星辰祭祀）。

员都可以称为"行政级礼官"（executive ritual officials）。[①]无论官制改革前后，作为行政官员的他们都无权参与太庙议礼这类重大礼仪讨论。

宋代统称为"两制"的士大夫团体，即所谓翰林学士和中书舍人，在礼议中也扮演了重要角色。北宋朝廷流行的临时性集议制度进一步促进了太常礼院礼官和两制官员之间的交流。宋仁宗明道、景祐时期所改进的新集议制敕文之中，即有专条明申礼院礼官与两制并尚书省官合议之制。[②]在大部分集议场合，有关官员的意见会被征集起来统一传达给皇帝。[③]终北宋一代，太常礼院、改制后的太常寺礼官，加上馆阁学士与两制官员，构成了礼议的核心团体。

宋代太庙与庙祀的基本制度

宋代的士人和官僚普遍视太庙为皇室专利。[④]宋代太庙的官方历史可追溯到建隆元年，当其时，开国君主赵匡胤（927～976，960～976 年在位）令官员为赵氏宗族建造太庙。

此外，阁门司部门的宣赞舍人亦会协助举行庙仪，尤其是作为出席仪式的文武官的向导。《宋会要辑稿》第 4 册，职官三四之一至四。

① 太常礼院亦会招揽一些"行政级礼官"负责编修礼书、议礼档案，以及具体仪式安排工作。这类官员一般被称为"礼院编纂礼书"或"礼院生"。见龚延明《宋代官制辞典》，第 106 页。

② 《宋会要辑稿》第 2 册，仪制八之一〇。

③ 一般而言，宋代皇帝召开集议以讨论重大政策，礼仪议题尤其如是。宋代集议制概要，见平田茂树《宋代政治结构研究》，第 12～13、161～167 页；太常礼院在集议制中的地位和演变，见拙文《专达的闲职——唐至北宋太常礼院沿革考》，《中国古代政治制度与历史地理——严耕望先生百龄纪念论文集》，第 157～159 页。

④ 嘉祐年间，一位皇室宗亲欲为其亲戚建立家庙，欧阳修反对，认为只有天子才能建设太庙，亲王不当在自家属地建设祖庙。范镇：《东斋记事》，中华书局，1980，第 58 页。

两位曾于五代礼仪机构任职的官员——张昭和任彻，建议朝廷以庙室的形式建设五庙。① 张、任认为，一个恰当的太庙建筑布局，应包括二昭、二穆和一座始祖庙——后者保留给对建立宋朝有功的赵氏祖先。② 鉴于宋代系由太祖本人建立，张、任主张，应暂且空出始祖庙室，待太祖身故后，再迁主入庙。③ 宋廷采纳了张、任方案，分别追尊太祖四代祖先庙号：太祖高祖父赵朓（828~874）称僖祖，曾祖父赵珽（851~928）称顺祖，祖父赵敬（872~933）称翼祖，父亲赵弘殷（899~956）称宣祖。④

张昭和任彻的方案奠定了宋代太庙布局的基本蓝图。二人的方案基本循用五代以后沿袭的唐代太庙制度。⑤ 为了强调新朝的合法性，张、任将自己的主张和古代圣王如尧、舜、禹等的祭祀概念联系起来，使之正当化。⑥ 基于自身对古礼实践的想象，他们宣称，自己的宋代太庙设计在理念、实践方面皆"深合礼文"。⑦

由于缺乏考古证据，张昭和任彻提议的五庙布局，其具体制度基本无法重现。不过，早期宋代礼官如张、任者，似乎对太庙的建筑构造所知不多。聂崇义，一位当时任职太常博士的专职礼官，在其编纂的《三礼图集注》中未能提供任何关于太

---

① 《宋会要辑稿》第 1 册，礼一五之二二；《续资治通鉴长编》卷 1，第 8 页。
② 《续资治通鉴长编》卷 1，第 8 页。
③ 《续资治通鉴长编》卷 1，第 8 页。
④ 《续资治通鉴长编》卷 1，第 10 页。关于这些宋代祖先的简介，见 Chaffee, *Branches of Heaven*, pp. 21-22。
⑤ 曾巩在一篇政论文章中概括了张、任设计的太庙制度蓝图。曾巩：《本朝政要策：宗庙》，《元丰类稿》卷 49，《四部丛刊》，商务印书馆，1936，第 869 册，第 5 上~下页。
⑥ 《宋会要辑稿》第 1 册，礼一五之二二。
⑦ 《宋会要辑稿》第 1 册，礼一五之二二。张、任所指的"礼文"似乎是郑玄《王制》注。

庙的图样。① 聂氏在同书中绘制了若干其他皇室礼仪建筑，包括明堂、圜丘和方丘等，却独独遗漏了太庙之图。②

聂崇义之所以略去太庙之图，一个可能的解释是聂氏认为太庙之制近于明堂制度。在其明堂图下的解说文字中，聂氏依唐代《周礼》贾疏、《礼记》孔疏宣称"宗庙制如明堂"，③ 并引贾疏文为证，说明宗庙与明堂皆有五室、十二堂和四门。④ 就五室结构这一点而言，聂氏的明堂图与张昭、任彻的官方宗庙方案吻合。当然，聂氏《三礼图集注》的明堂图（见图 2-1）并不能反映宋代太庙的实际空间安排。它仅能展示北宋早期礼官是如何将皇室礼仪建筑图像化的。

自建隆元年宋代太庙建立以来，朝廷开始着意梳理前朝礼仪故事中的相关细节。开宝四年（971），宋代的第一部官方礼典编纂成书，题曰《开宝通礼》。这部礼典蕴含了大量五代礼仪故事。⑤ 不过，由于《开宝通礼》早已散佚，宋初太庙的详情已不得而知。可以确定的是，当时的礼官对太庙礼仪感到相当困扰。麦立昂曾讨论朝廷在皇室礼仪上遭遇的挫折如何反映在有关郊祀和雅乐制定的议论之中。⑥ 与太庙相关的礼仪实践，亦是宋代礼官面临的困境之一。虽然宋代太庙已建成，朝廷礼典亦已编好，但是太庙礼仪的行用却往往不合

---

① 聂崇义：《三礼图集注》，《四库全书》第 129 册；《提要》，第 1 上~3 下页。
② 图及聂崇义的注文见《三礼图集注》卷 4，《四库全书》第 129 册，第 2 上~3 下页（周代明堂）；卷 4，第 11 上~14 下页（圜丘与方丘）；卷 4，第 24 上~下页（秦代明堂）。圜丘和方丘一般被视为在郊祀中分别用以祀天和祀地的场所。
③ 聂崇义：《三礼图集注》卷 4，《四库全书》第 129 册，第 2 上页。
④ 聂崇义：《三礼图集注》卷 4，《四库全书》第 129 册，第 3 上页。
⑤ 关于《开宝通礼》的介绍，见楼劲《关于开宝通礼若干问题的考察》，《中国社会科学院历史研究所学刊》第 4 集，商务印书馆，2007，第 420~430 页。
⑥ Meyer, *Ritendiskussionen am Hof der nördlichen Song-Dynastie* (1034 – 1093), pp. 163-253.

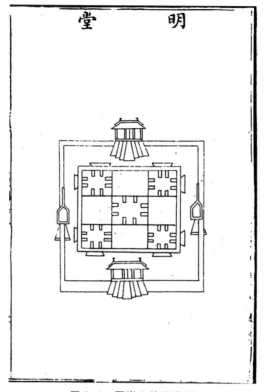

图 2-1　聂崇义的明堂图

资料来源：聂崇义《三礼图集注》卷 4，《四库全书》第 129 册，第 3 上页。

规范。比如说，尽管中唐以后已明确认定腊享为时享五享之一，但是，考虑到仪式可能为皇帝和帝室财政带来额外负担，宋初朝廷并未定期举行腊享。宋真宗以后，原应于季冬举行的太庙腊享已经不甚流行。[①] 和太庙无关的季冬大腊祭百神之礼，倒是每年定期于南郊举行。[②] 直到 11 世纪晚期，宋神宗就庙仪推行全面的改革，宋廷才修正了时享体系。

---

① 宋初腊享行用情况，见拙文《北宋太庙时享争议中的礼学理念》，《饶宗颐国学院院刊》2021 年第 8 期，第 223~226 页。

② 《宋会要辑稿》第 1 册，礼一九之二三。

宋廷在 11 世纪前半叶对原庙的重视，更是进一步扰乱了太庙仪节日常运作。原庙指另类皇室祭祀建筑，原为特定礼仪活动而设。宋真宗大中祥符九年（1016）以祭祀赵家皇室先祖赵玄朗（圣祖，一位想象的道教神明）之名而建设的原庙景灵宫，本为配合其神道设教的天书仪式之用。[①] 景灵宫建成以后，这座道教宫观旋即成为大部分皇室祭祖的礼仪场所。自真宗以降，数位北宋皇帝都祭祀景灵宫中供奉的皇室祖先御容和塑像。[②] 尽管有些礼官批评原庙中的道、佛祭祖礼俗有违儒家礼仪规范，原庙建筑在北宋时期依然发展蓬勃。[③] 较之太庙，原庙更吸引皇帝本人。一方面，因其宗教背景，原庙仪式容许为先人来世祈福；另一方面，原庙相较太庙祭祀更为简单灵活，相应礼仪行用没有那么繁难。宋廷很快承认了原庙建筑及相关仪式的正当性。仁宗明道二年（1033），朝廷甚至同意以古代"閟宫"之名为帝、后别立原庙。[④] 閟宫所举行的仪式沿用宗庙仪典，部分仪节在今存的宋代礼典，尤其是神宗礼仪改革时编纂的礼典当中，仍能觅得一些踪迹。[⑤]

太庙礼仪与原庙道、佛仪式之间的拉锯战持续存在。相

---

① 《续资治通鉴长编》卷 79，第 1802 页。关于宋代原庙尤其是景灵宫的行用，见山内弘一《北宋时代の神御殿と景灵宫》，《东方学》第 70 期，1985 年，第 46~60 页；彭美玲《两宋皇家原庙及其礼俗意义浅探》，《成大中文学报》第 52 期，2016 年，第 67~114 页，尤其是第 82~83 页。

② Patricia Ebrey, "Portrait Sculptures in Imperial Ancestral Rites in Song China," *T'oung Pao* 83 (1997), pp. 52-61, 65-67.

③ 深受儒家影响的学者与官员常常批评原庙中的祖先御容和其他图像。见拙文 "Inventing a New Tradition: The Revival of the Discourses of Family Shrines in the Northern Song," *Journal of Song-Yuan Studies* 47 (2019), pp. 92-96.

④ 《续资治通鉴长编》卷 112，第 2620 页。

⑤ 关于宋代原庙中举行的仪式，见 Patricia Ebrey, "Portrait Sculptures in Imperial Ancestral Rites in Song China," *T'oung Pao* 83 (1997), p. 67.

较于原庙仪式，太庙庙仪复杂、烦琐，使得太庙礼仪支持者往往处于下风。根据北宋后期的官方礼典《政和五礼新仪》，宋代太庙仪式和典礼包括五大类，分别为时享五种、祫享、荐新、朔祭和郊祀前期之朝享。① 现存的《政和五礼新仪》版本以仪注形式保存了太庙庙仪的基本步骤、祭器、祭牲、黍稷、荐羞，以及礼仪场所的空间布局。这部典型仪注标示的时享太庙仪大概包含下面八个部分：

　　1. 时日：决定祭祀的日期，一般由太史局择日；
　　2. 斋戒：作为祭祀前十日的准备仪式；
　　3. 陈设：摆设祭器、乐器，确定礼官与赞者的位次；
　　4. 车驾自正殿诣太庙：皇帝御驾由正殿（在北宋一般为大庆殿）行至太庙的编排与路线；
　　5. 省牲器：前享一日，视察祭器、乐器和各种祭品（祭牲、黍稷、荐羞）；
　　6. 晨裸：享日清晨，以郁鬯灌地，作为开幕仪式；
　　7. 馈食：正式进献熟食和齐、酒；
　　8. 车驾还内：皇帝御驾回正殿。②

　　以上礼典所载的步骤只涵盖了太庙时享的主要程序和事项，许多细节已经省略了。考虑到庙仪烦琐程度，厌倦了这些仪节的皇帝，偶尔会推迟甚至摒弃其中部分仪式。一个关于宋太祖初进太庙时戏剧性反应的故事，部分反映了皇帝看

　　① 在宋代所有礼典和官方记录中，以徽宗时期的《政和五礼新仪》所收录的宗庙礼典和仪式记载最为全面。郑居中等：《政和五礼新仪》卷97~105，《四库全书》第647册。关于这部礼典，笔者在第五章有更深入的讨论。
　　② 《政和五礼新仪》卷103~104，《四库全书》第647册，第1上~9下页。

待宗庙仪式的态度。故事提到太祖在新建太庙里见到笾豆簠簋等祭器，询问左右这些器物有何用处。侍臣回答说，这是庙祀用的礼器。太祖闻言大笑说道："吾祖宗宁识此?"[1] 即令侍臣撤去礼器，以常膳进献祖先。再加思虑过后，太祖才下令恢复宗庙祭器的原初陈设。

宋太祖对宗庙祭器的反应并非偶然事件。清代学者秦蕙田（1702~1764）曾批评宋仁宗不重视太庙时享。且不论秦氏这一批评本身的适用性，庙仪的复杂确实妨碍了北宋皇帝履行祭祖责任。[2] 当监察御史蔡禀批评宋仁宗忽略太庙时享时，仁宗辩解道："朕朝夕奉三圣御容于禁中。"[3] 仁宗偏好在宫中举行更为便捷的图像祭祀——实际祭祀举行地点很可能是某类原庙场所，这一反应正可表明庙仪是如何在实践中衰落的。

和皇帝抗拒太庙祭祀的反应相反，北宋礼官之间围绕太庙庙仪的讨论和争议甚为兴盛。礼官之所以日益关注庙仪，表面是为了使皇室祭祀重归儒家规范，进而复兴儒家宗庙之礼，但在表象之下，一些政治和思想因素发挥了重要作用。在影响北宋早期太庙议论的各种因素之中，尤以宋代两位开国君主之间的兄弟继承关系以及庆历年间孝道理念的回归为关键。

兄弟继承与孝道理念

开宝九年（976）十一月，宋太祖暴毙而亡。当其时，至少在表面上太祖尚未指定官方皇位继承人。其弟赵匡义（939~997），即后来之宋太宗（976~997 年在位），在紧急

---

① 《续资治通鉴长编》卷 9，第 211 页。
② 秦蕙田：《五礼通考》卷 92，新兴书局，1970，第 5651~5653 页。
③ 《续资治通鉴长编》卷 143，第 3423 页。

之时登上帝位。宋太祖之意外身逝，及其两位成年儿子赵德昭（951～979）、赵德芳（959～981）的存在，都可能成为太宗继位合法性的质疑源头。有传言甚至说太宗弑兄篡位。[①]举其大概而言，太宗证明了自己是新王朝经验丰富的统治者。在位二十余年间，太宗建立了中央集权政府，并且通过组织以文官为主的官僚体系，确保了内政的稳定。

　　由于宋朝在抗衡北方契丹辽中处于军事劣势，太宗最终将国家的政策重心由军事输出转移到文化追求上。[②] 他发起了规模盛大的文教工程，特别是卷帙浩繁的典籍汇编项目。[③]与此相应，太宗又通过科举及其他途径，招徕了大量的文人和文官。和太祖偏好军事事务不同，太宗更倾向于文化活动。太祖建立了宋朝，太宗则以文化事业巩固、修正这一国家形态。儒家学者和文人，尤其是在南方各州任职者，获得了参与太宗文化工程的机会。太宗逝世时，当时的官僚团体普遍承认太宗为太祖的合法继承人，认可他作为一个统治者在国家建立中的贡献与功劳。

　　太宗死后，其谥号以及在皇室祭礼中的地位旋即成为朝

---

① 此即著名的"斧声烛影"之谜。此事最早的明确记载出自一部北宋晚期笔记，文莹《湘山野录续录》，中华书局，1984，第74页。有关此事的细节研究，见李裕民《揭开"斧声烛影"之谜》，《宋史新探》，陕西师范大学出版社，1999，第16~29页。关于太祖之意外逝世及太祖和太宗之间的传位风波，见 Lau Nap-yin and Huang K'uan-chung, "Founding and Consolidation of the Sung Dynasty under T'ai-tsu（960 - 976），T'ai-tsung（976 - 997），and Chen-tsung（997 - 1022），" in *The Cambridge History of China*, Vol. 5, Part I: *The Sung Dynasty and its Precursors, 907-1279*, pp. 242-244, 以及脚注130提到的各研究。

② 这一从军事转向文治的过程伴随着太宗两次伐辽的失败，对辽政策由战略进攻转为战略防御。详见曾瑞龙《经略幽燕》，香港中文大学出版社，2005。

③ 关于太宗的文献汇编工程，见 Johannes L. Kurz, *Das Kompilationsprojekt Song Taizongs*（r. 976-997）（Bern: Lang, 2003）; Kurz, "The Politics of Collecting Knowledge: Song Taizong's Compilations Project," *T'oung Pao* 87, 4-5（2001），pp. 289-316。

廷的争议话题。咸平元年（998）三月，判太常礼院李宗讷带领礼院官员进言，提议朝廷借太宗神主迁入太庙之时机，重新审议宋代皇室祖先称号和排序。① 礼院的提议掀起了一场激烈讨论。这一讨论背后自然会涉及太祖、太宗兄弟继承的敏感议题。其他部门的士大夫依据汉代礼仪文献，坚持太祖、太宗属于不同世代。户部尚书张齐贤主张，在宗庙祭祀中，太宗应被视为太祖的子辈，而相应的，太宗的儿子、新任皇帝真宗（997~1022 年在位），则应被视为太祖的孙辈，即使就血统而言，真宗实为太祖之侄。②

张齐贤的看法代表了传统儒家对皇室继统的理解，即将兄弟继承理解为父系继承，以配合儒家对父子孝道的强调。如前章所言，在唐代睿宗与中宗兄弟继统争议当中，大部分礼官视二人同属一世。从实践层面来说，唐廷后来决定将中宗神主藏于夹室，避免了复数祖先列于同一昭穆的情形。但是，宋代的情况更为复杂。由于太祖、太宗二人共同为国家奠下基础，又均曾长期统治国家，而在位期间其君权统治也甚为强势，从功业角度来说，太祖、太宗都具有充分的政治认受性基础，因而难以仿效唐睿宗、唐中宗先例处理太祖、太宗的情况。

为了处理太祖、太宗兄弟继统礼仪序次，宋真宗下令太常礼院详检相关礼仪文献。开始的时候，礼院礼官建议朝廷将太祖、太宗昭穆定为同代，换言之，二人皆昭，或者二人皆穆。③ 这个方案的问题是缺乏确凿礼经文字为证。礼官虽然援引了《春秋左传正义》中"父子异昭穆，兄弟昭穆故

<hr>

① 《宋会要辑稿》第 1 册，礼一五之二四；《宋史》卷 106，第 2566~2568 页。
② 张齐贤引用了《王制》及《汉书》文本以支持其论点。《宋会要辑稿》第 1 册，礼一五之二四。
③ 《宋会要辑稿》第 1 册，礼一五之二五；《宋史》卷 106，第 2567 页。

同"这一句话来说明兄弟同昭穆的合理性，① 但是这句话却是出自唐初学者孔颖达（574~648）领衔撰成的《左传》疏文。② 其文字并非出于三礼文本，亦不见于唐前注疏。由于礼经文本缺乏判定兄弟继统昭穆世次的明确说法，真宗朝礼官只好从前代礼典和史料中搜罗先例，包括《史记》、《旧唐书》和隋代编成的《江都集礼》。③ 通过对这些史籍中前代礼仪"故事"的追溯，希望为兄弟同昭穆的设定正名。

太常礼院礼官的建议显然未能使真宗满意。不久以后，真宗就下了新的诏令，召集两制和尚书省四品以上的官员就兄弟继统的太庙礼仪次序展开广泛讨论。④ 其他机构和部门的高级官员，尤其是两制学士官员的参与，将接下来的讨论变成了一场集议。通过扩大讨论群体，真宗希望在父亲太宗、叔父太祖的兄弟继承问题上取得定论。

在咸平元年夏季的集议会议上，主流官员坚持支持在庙仪中以太祖、太宗为不同世代。⑤ 他们陈列了若干理由。首先，基于功业导向的原则，有些官员重申："古者祖有功，宗有德，皆先有其实，而后正其名。"⑥ 由于太祖和太宗都对宋

---

① 《宋会要辑稿》第 1 册，礼一五之二五。
② 《春秋左传正义》的原文见《春秋左传正义》卷 18，《唐宋注疏十三经》第 3 册，第 194 页。
③ 礼院礼官在援引《旧唐书》中的唐代先例时，声称在唐代太庙中睿宗和中宗同列于昭。然而，正如笔者第一章所论，这并非事实全貌。唐玄宗初期采纳的是陈贞节和苏献的折中方案，于开元四年将中宗神主迁离太庙。通过在皇室的继统脉络中排除中宗，唐廷回避了睿宗、中宗兄弟继承可能带来的潜在争议。
④ 《宋会要辑稿》第 1 册，礼一五之二五。
⑤ 《宋会要》并未记录集议的日期。不过，据《续资治通鉴长编》，太祖、太宗位次的最终方案于咸平元年六月颁定，此处暂将集议日期定为咸平元年夏季。《续资治通鉴长编》卷 43，第 913 页。
⑥ 《宋会要辑稿》第 1 册，礼一五之二五。《宋史》关于整场礼议的记载概略不全。已有学者考证《宋史》这一段并非抄自《文献通考》。汤勤福、王志跃：《宋史礼志辨证》，上海三联书店，2011，第 422~423 页。笔者估计这部分大概乃删削《三朝国史志》中保留的相关档案而

朝定鼎有丰功伟绩，官员遂认为两者的神主在宗庙中应各为一世，以彰显各自功业。倘如二人位列同世，则太宗"不得自为世数"。考虑到宗庙的象征意义，这恐怕有损太宗作为皇室继统开端的礼仪地位。[①]进一步说，"太宗"这一称号本身便昭示了一种礼仪权威，称"太宗"者不应在太庙中有处于从属位置之嫌疑。以父子相继模式排列太祖、太宗，象征朝廷承认了两位创业之主各自独立而平等的创业功德。按照两制官员的说法，如将太祖、太宗神主置于同一世代，等于将太宗的礼仪身份贬为太祖之附庸，亦即贬抑了太宗的创业功绩。

在功业导向的基本原则之下，两制官员质疑了先前主张兄弟神主并列的礼官议论，特别是孔颖达等唐儒的相关疏文。他们认为，孔颖达对兄弟继统、神主并列的提倡只适用于诸侯国，如春秋时期（前770～前476）的鲁国。[②]然而周代的诸侯实非皇帝。考虑到天子和诸侯地位和礼数上的差距，宋廷效仿周代诸侯国的礼仪习惯并不合适。再者，尽管孔疏提及兄弟之间可以同昭穆，但疏文并没有说兄弟继统的皇室祖宗之间不应该区别昭穆。[③]太祖去世以后，从丧礼到郊天，再到太宗自身的即位诏书，这一系列礼仪之中，太宗都视其已故兄长如父。[④]通过诉诸太宗本人即位后的礼仪举

___

来。有些学者根据《宋史》中这段已经删削的文字，将两制及尚书省官员的议论当作了真宗所下的最终诏书。见邓智睿《天下一家到一家天下：以唐宋庙议与君位强化为中心的讨论》，第64页。然而在《宋会要》的完整记载中，明确记录了这些议论是"为人臣者"上书皇帝的建议。此外，《宋会要》记载开首亦提及了整篇文字系由官员奏议而来，非是出自诏书。

① 《宋会要辑稿》第1册，礼一五之二五。
② 《宋会要辑稿》第1册，礼一五之二五。
③ 《宋会要辑稿》第1册，礼一五之二五。
④ 《宋会要辑稿》第1册，礼一五之二六。比如说，由于太宗为太祖服丧二十七日（即子为父服丧二十七个月的简化版），真宗朝官员声称，太宗的丧服举措已经说明了太宗视其兄长如父。

措，真宗朝官员建议朝廷应上承太宗遗意，将太祖、太宗区别为父、子两代。

咸平集议以后，真宗对划分太祖和太宗为两代还是颇为犹豫。一些官员看到皇帝仍未有最终决定，又再次提出之前将太祖、太宗神主置于同室昭穆的方案。翰林学士宋湜提出，由三代至于唐朝，尽管兄弟相继的前例甚多，却没有一例可以充分支持兄弟先后继位的"别昭穆"举措。[①] 宋湜尤其不满的是，作为太祖侄子的真宗竟要在太庙礼仪场合中自称"孝孙"。[②] 兴许是宋湜的大胆直率触动了真宗，年轻的皇帝决定将宋湜的上书交给太常礼院再议。

礼院官员提交的一份最终奏议满足了真宗的要求。他们提议用折中办法处理太祖和太宗在太庙中的礼仪位置。一方面，礼官强调昭穆区别不同世代的功能。[③] 他们援引《祭统》经文，重申昭穆是辨别家庭关系，尤其是父子关系的礼仪工具；此外，礼院引用本朝官方礼典《开宝通礼》注解文字，申明"父为昭居上，子为穆居下。父子异位，以崇本也"。[④] 另一方面，礼院又提出昭穆只适用于血统层面的异代继承。在兄弟继位的特殊情况下，先后即位的两位皇帝的礼仪序列，不应当被约束父系继承序列的昭穆所规限。礼院

---

① 《宋会要辑稿》第 1 册，礼一五之二六。反而论之，在 3 世纪，晋代的儒家学者贺循提过在兄弟继统中兄弟应该同昭穆。贺循提出一个假设以揭示将兄弟继承昭穆等同于父系继承的根本问题。他的假设是，如果采用兄弟异昭穆的方案，每一个兄弟死去其神主都当迁入太庙，而相应则要迁走七庙系统中的一位先祖，即所谓"毁庙"。这种情况下，"比有兄弟四人相袭为君者，便当上毁四庙乎？"见贺循《弟兄不合继位昭穆议》，《全晋文》，严可均辑《全上古三代秦汉三国六朝文》，世界书局，1963，第 88 下页。

② 《宋会要辑稿》第 1 册，礼一五之二六。

③ 《宋会要辑稿》第 1 册，礼一五之二六。原文见《礼记注疏》卷 49，《唐宋注疏十三经》第 2 册，第 536 页。

④ 注解即《开宝通礼义纂》，转引自《宋会要辑稿》第 1 册，礼一五之二六。

引用了各种两晋、唐代故事以阐述为何在兄弟继统的情况下，"兄弟不合继位昭穆"。① 除了历代先例，礼院官员还援引了唐代朝仪仪注如《郊祀录》和《续曲台礼》作为其论据。② 礼院官员在爬梳文献方面的努力正好显示了前朝礼例如何为宋代礼议提供了各种解释资源。③ 通过诠释儒家经典，特别是《礼记》和《春秋公羊传》，礼院礼官终于为兄弟神主共藏一室之制拟定了一套表面上自洽的理据。④ 真宗最后接受了礼院方案，将太宗、太祖的神主并置于一室，取"同位异坐"之制。⑤

关于真宗朝的这场太庙礼仪之争，很重要的一点是它让礼仪议题与政治利害关系之间的张力浮出了水面。真宗之所以对裁决太祖、太宗的礼仪序列犹豫不定，恐怕是源于其本人对太祖、太宗世系间潜在紧张关系的忧虑。早期宋人的确意识到了太祖和太宗之间的传位危机。⑥ 真宗在位初期，由于当时的政治气氛还是相当敏感和紧张，任何关乎传位象征的礼仪编排，都有可能引发难以预料的影响和风波。因此之故，真宗处理其父亲太宗礼仪身份时的恭敬谨慎，既反映了其平衡太祖、太宗礼仪地位的用心，亦有顾及宗室成员心理因素的考虑在内。一方面，随着真宗即位，太宗的血统垄断皇位自是预料中事。然而真宗仍然坚持尊崇太祖在宗庙中的礼仪地位，以作为对目睹皇室祭祖的太祖系宗室之心理补偿。另一方面，真宗亦想尽力避免贬抑其父亲在宗庙中的礼仪身份

① 《宋会要辑稿》第1册，礼一五之二六。
② 《宋会要辑稿》第1册，礼一五之二七。
③ 北宋对前朝尤其是中晚唐礼例的借用颇复杂，综合性论述见楼劲《宋初三朝的礼例与礼制形态的变迁》，吴丽娱主编《礼与中国社会：隋唐五代宋元卷》，中国社会科学出版社，2016，第269~321页。
④ 《宋会要辑稿》第1册，礼一五之二七。
⑤ 《续资治通鉴长编》卷43，第913页。
⑥ Chaffee, *Branches of Heaven*, pp. 26–27.

的声音，以免有损自己的政治正当性。最后由礼院所提供的
折中方案能够让真宗满意，正是因为它回应了皇帝这两方面
的需求。

咸平元年的礼仪之争也展现了另一种明确取向，即在庙
仪上采取以功绩为本的进路。论争中不同立场的官员都诉诸
太宗的政治功绩，以及太宗作为一位强势、独立统治者的权
威。两制官员忧虑置太祖、太宗于同室会贬损太宗的礼仪身
份，乃至于其创业功绩为太祖所遮蔽。而在后来的讨论中，
礼院官员又以同样理由说服真宗采纳共藏一室的方案。在礼
院官员看来，朝廷并列太宗、太祖神主于一室，才能更好地
彰示太宗参与创立并独力巩固宋朝的功绩。

真宗朝以政治功绩来理解太庙礼仪的思想其来有自。我
们在上一章的汉、唐先例中已经看到了一些例子。此外，真
宗时期也代表了北宋文官政治和选举制度所谓"任贤主义"
（meritocracy）的成熟期。[①] 这一时期官僚和选举制度中"任
贤主义"的升格是否与太庙论争中的功绩本位倾向直接相
关，实在难以论证。但是，宋代一些颇富理想精神的儒家学
者明显不太满意咸平庙议。刘敞（1019～1068）直斥咸平元
年支持太祖、太宗共藏一室的说法为"妄"。[②] 在刘敞看来，
太宗既受国于其兄太祖，便应被视为后者名义上的子嗣。[③]
同样的，宋代道学运动早期提倡者杨时（1053～1135）亦抨
击咸平元年太庙礼议中的功绩本位倾向。杨时认为："若以

---

① 谭凯曾指出北宋"任贤主义"的发达与所谓国族观念（national ideas）
的建立有很大关系。见 Nicolas Tackett, *The Origins of the Chinese Nation：
Song China the Forging of an East Asian World Order*（Cambridge：Cam-
bridge University Press，2017），p. 12.
② 刘敞：《为兄后议》，《公是集》卷 41，《四库全书》第 1095 册，第 6
下页。
③ 刘敞：《为兄后议》，《公是集》卷 41，《四库全书》第 1095 册，第 6
上页。

为有功德然后祭，是子孙得拣择其祖宗而尊之也。"① 杨时认为，这种进路颇为功利，无法展示真正的孝道。

真宗时期的礼官在太庙礼议时虽功德是从，不过接下来的仁宗统治时期见证了孝道理念的崛起。乾兴元年（1022）真宗逝世以后，其妻刘太后自乾兴元年到明道二年（1033）垂帘听政。其时主政者实为刘后。明道二年刘后逝世。宋仁宗亲政以后，基本仍在维系当时的朝廷局势。礼仪方面，仁宗通过了太常礼院提议，以太祖、太宗、真宗三庙为万世不迁之庙。三位祖宗神主，四时祭于宗庙、郊祀。② 这种礼仪安排，在宋代的官方记录中称为"三圣并侑"。中书门下在回应太常礼院关于"三圣并侑"时享细节的建议中，称颂仁宗"三圣并侑"之法为"至孝之宗"。③ 仁宗及其礼官尤其重视真宗庙祭，这被视为皇帝私人孝心的象征。

庆历年间，随着新局势的形成，尤其是与西夏关系的日益恶化，仁宗开展了一系列的政治和体制改革，史称"庆历新政"。④ 庆历新政伴随着儒家文化的复兴，挑战了当时政治、思想、文化诸层面的各种习俗和概念。其中自然也包括了皇室祭祖礼仪。这一点在庆历年间的太庙礼仪之争中可见端倪。

康定元年（1040），即庆历新政开始的前一年，直秘阁赵希言建议朝廷改造太庙基本建筑架构。根据赵希言的奏议，宋代太庙原来设置为：庙堂分割为十六间室，由东至西，中间的十四间为七室，分别入藏七位祖先神主，至于东

---

① 杨时：《杨时集》，中华书局，2018，第 274 页。
② 《续资治通鉴长编》卷 116，第 2732~2734 页。
③ 《续资治通鉴长编》卷 116，第 2734 页。
④ 有关庆历新政渊源和发展的分析，见 Paul Jakov Smith，"A Crisis in the Literati State: The Sino-Tangut War and the Qingli-Era Reforms of Fan Zhongyan," *Journal of Song-Yuan Studies*, Vol. 45 (2015), pp. 59-137.

西尽头的两间，则为夹室。① 赵希言对这个布局并不满意。其理由有二：第一，他批评目前的布局将所有祖先集于同一庙堂之中，未能为每位祖先提供享受祭献的独立空间；第二，他质疑为何各庙室室门不题庙号。② 他认为，朝廷应该恢复周代古制，为皇室祖先建设七座庙堂，每堂各一寝室。③ 这种制度称为"都宫"。④ 重建七庙的费用自然不菲，然而赵希言认为"费比宫殿，未足为多"。⑤ 在赵氏看来，翻修太庙以彰显仁宗孝道，乃是朝廷的当务之急。

　　同判太常寺宋祁在回应赵希言的批评和建议时，明确质疑所谓太庙"都宫"制的可行性。⑥ 宋祁指出，置所有祖先神主于同一庙室的做法由来已久，而"都宫"庙制乃源自郑玄《王制》注，并无一定遵从之必要。在宋祁看来，郑注只是一家之言，并不是绝对权威。此外，宋祁以为相较于复数的独立太庙，将众多神主藏于一庙的做法更为恰当。⑦ 宋氏之说，可能有着方便管理的考虑在内。宋祁还特别批评了赵

---

① 《宋会要辑稿》第 1 册，礼一五之二九。
② 《宋会要辑稿》第 1 册，礼一五之二九。
③ 赵氏认为如果朝廷不能分立七庙，那么可采取一折中方案："则于今庙室前起立一庙堂，以后殿十二间为寝，更于庙内立一祧庙，仍逐室门题书庙号。"《宋会要辑稿》第 1 册，礼一五之二九。
④ 晋人孙毓在向晋武帝进奏宗庙制度时，提到古礼"宗庙之制，外为都宫，内各有寝庙，别有门垣"。杜佑：《通典》卷 47，中华书局，1988，第 1306 页。"都宫"这一术语本指包围群庙之墙，后引申为群庙并立之制。
⑤ 《宋会要辑稿》第 1 册，礼一五之二九。
⑥ 宋祁任判太常寺在康定元年十一月。这一年判太常寺才开始有"兼礼仪事"的差遣之职。判太常礼院谢绛同月建言："太常寺本礼乐之司，今寺事皆本院行之，于礼非便。请改判院为判寺，兼礼仪事。"故有宋祁之任。谢氏说法正好说明了原来太常礼院在礼仪事务上的一家独大。即使有了判太常寺之职任，各种礼仪奏状及报告，仍由判太常寺和判礼院同签。《续资治通鉴长编》卷 129，第 3056 页。
⑦ 《续资治通鉴长编》卷 129，第 3059~3060 页；《宋会要辑稿》第 1 册，礼一五之二九至三〇。

希言为僖祖神主别立祧庙的建议，提出："僖祖至真宗，方及六世，不应便立祧庙。"① 尽管祧庙为恒久不迁之庙，宋祁大概仍视置僖祖神主于祧庙为一种礼仪地位的贬抑，唯恐这种改动会影响仁宗的孝道。

康定元年十二月，朝廷采纳了宋祁维持原有太庙制度的建议。显而易见，宋祁与赵希言所用的措辞，和咸平元年兄弟继统礼议中的议论迥异。尽管宋祁和赵希言各持己见，但二人在讨论太庙制度过程中都高倡孝道理念。刘子健曾论及，宋代明堂祭天尤其是仁宗举行的明堂仪式中，蕴含了强烈的孝道意识。② 笔者认为，在讨论太庙制度时，仁宗朝官员亦汲取了同样的孝道理念。③ 嘉祐年间的一场礼议中，同判宗正寺赵良规基于相同的孝道观念，提议改革太庙。其建议却为朝廷所否决。④ 终仁宗一朝，朝廷都没有对太庙进行根本改造。仁宗本人往往倾向于保持庙制及庙仪原状。不过，庆历以降孝道论述在太庙礼议中的崛起显而易见。活跃于庆历至嘉祐年间的宋敏求（1019～1079）已敏锐指出，在庆历时期，朝廷于太祖谥号补增了一"孝"字。⑤ 这一补充

---

① 《续资治通鉴长编》卷 129，第 3060 页。

② 刘子健（James T. C. Liu）：《封禅文化与宋代明堂祭天》，《两宋史研究汇编》，联经出版事业公司，1987，第 3~9 页。

③ 近来研究指出，北宋中期以后，随着科举扩大化，士大夫倾向于将孝道和政治参与结合起来，强调孝道中以官禄奉养父母的重要性。"禄养"遂成为士大夫孝道观念的核心，其定义了儒家士大夫作为官员和孝子的双重身份。相关研究见 Cong Ellen Zhang（张聪），*Performing Filial Piety in Northern Song China: Family, State, and Native Place*（Hololulu: University of Hawai'i Press, 2020）。

④ 赵良规在奏状中暗示太祖的神主在太庙大祫之中应在正东向之位。礼部尚书王举正反对赵良规的观点，认为太祖之上仍有四位祖先，建议朝廷遵从传统虚东向之位的做法。《续资治通鉴长编》卷 189，第 4568~4569 页。

⑤ 宋敏求：《春明退朝录》，中华书局，1980，第 41 页。宋敏求个人并不同意朝廷对太祖谥号的更定。他认为太祖功业盛大，不应只局限于孝德。

正是当时时代气氛的反映。

　　嘉祐八年（1063）仁宗去世以后，太常礼院建议太庙中新建一室，以安置仁宗神主。在太祖、太宗神主藏于同室的情况下，礼院官员孙抃（996~1064）强调额外增建一室的必要性。① 不过，当时的翰林学士司马光（1019~1086）反对孙抃的提议。司马光建议，与其为仁宗神主别添一室，不如将僖祖神主迁离太庙。他认为僖祖对宋朝奠基并无可以辨识的功绩，其神主不应长期藏于太庙正室。换言之，司马光认为僖祖并非真正受命于天的帝王。② 他进而论说，一旦僖祖神主被迁离正室而移至夹室，其他皇室祖先神主就能随应升迁，而空出来的一室，正好供藏仁宗神主。③ 此外，这种改变亦有助于确认太祖作为太庙始祖的礼仪身份。司马光依据汉、晋、唐三代太庙制度，认为必须维系三昭、三穆庙制。对他而言，迁离僖祖的神主"于先王典礼及近世之制无不符合"。④ 作为后世公认的卓越历史学家，司马光的庙议具有历史性的一面。先王典礼固然紧要，但是汉唐以后的近世之制以及实际操作情况，也须慎重考虑。

　　孙抃和其他太常礼院官员反对司马光的论点。礼院认为，僖祖神主在庙祀中具有举足轻重的地位。不出意外，礼院就此诉诸三代的文化权威。尽管礼院也承认，太庙之制需要依时变易，然而对于司马光奏议中罗列的历史先例，他们不置可否。⑤ 以孙抃为首的礼官以为，在周代语境中："所谓太祖，

---

① 《宋会要辑稿》第 1 册，礼一五之三四至三五；《续资治通鉴长编》卷 198，第 4809 页。
② 《续资治通鉴长编》卷 198，第 4810 页。
③ 司马光：《祫庙议》，《温国文正司马公集》卷 26，《四部丛刊初编缩本》第 46 册，商务印书馆，1967，第 240 页。
④ 司马光：《祫庙议》，《温国文正司马公集》卷 26，《四部丛刊初编缩本》第 46 册，第 240 页。
⑤ 《宋会要辑稿》第 1 册，礼一五之三五；《续资治通鉴长编》卷 198，第 4811 页。

亦非始受命之主，特始封之君而已。"① 孙抃对"受命之主"和"始封之君"的辨别或是受到了晚唐礼官柳冕（约 730~804）的启发。柳冕曾提出，无论"受命之主""始封之君"是天子抑或诸侯，任何官方承认最早的先祖，称曰"太祖"都是恰当的。② 大概是受到柳冕"始封之君"概念的影响，孙抃提出虽然僖祖作为"始封之君"出身卑微、身份含糊，但他毕竟是官方承认的第一位赵宋祖先。③ 考虑到宋代太庙当时的情况，孙抃忧虑如果朝廷公然废除僖祖的始祖身份，将会有违"先王之礼意"，亦即朝廷所提倡的孝道。④ 宋仁宗的养子、继位人宋英宗（1063~1067 年在位）为孙抃所说服。终其一朝，英宗都保留了僖祖在太庙中的庙室。

除司马光、孙抃以外，只有零星官员参加了嘉祐八年太庙议论。⑤ 这和治平二年至三年（1065~1066）的"濮议"相比，激烈程度可谓天壤之别。这场围绕英宗已故生父称谓的"濮议"论争涉及大量官员，前人已有透彻研究。⑥ 在濮

---

① 《续资治通鉴长编》卷 198，第 4811 页。
② 《旧唐书》卷 26，第 1004~1005 页。高明士认为"始封之君"是指王朝创业者。只看柳冕议论的话，这个结论不太恰当。柳冕只是说"始封之君"是诸侯先人，所谓"故虽诸侯，必有先也，亦以尊太祖焉"，并没有说诸侯之先必须是政治上具有丰功伟绩的创业者。高明士：《礼法意义下的宗庙——以中国中古为主》，《东亚传统家礼、教育与国法（一）：家庭、家礼与教育》，第 39 页。
③ 《宋会要辑稿》第 1 册，礼一五之三五；《续资治通鉴长编》卷 198，第 4810 页。
④ 《宋会要辑稿》第 1 册，礼一五之三五。
⑤ 司马光的一位同僚，翰林学士卢士宗，在嘉祐八年联合司马光上奏，支持僖祖神主迁离太庙。《续资治通鉴长编》卷 198，第 4810 页。两制的一些官员也参与了此场庙议，不过，《续资治通鉴长编》和《宋会要》没有提及他们的姓名。总体而言，嘉祐八年庙议只限于部分两制官员。
⑥ 在诸多相关研究中，比较重要的是 Carney Fisher, "The Ritual Dispute of Sung Ying-tsung," *Papers on Far Eastern History*, Vol. 36（1987），pp. 109-138; Meyer, *Ritendiskussionen am Hof der nördlichen Song-Dynastie（1034-1093）*, pp. 254-288, 439-448; Michael McGrath, "The Reigns

议中，以司马光和吕诲（1014～1071）为首的一批御史台和谏院官员，促请英宗在称谓上尊奉其养父仁宗，而非其生父濮王；[1]而以韩琦（1008～1075）和欧阳修为首的执政大臣，则坚持应当尊重英宗与其生父的个人情谊，并反映在濮王尊称之上。[2]

正如先行研究所指出的，御史和宰执双方都借用了儒家价值观来支持己方礼仪主张。一如嘉祐八年的太庙礼议，濮议同样看重孝道理念。濮议之初，一班理想主义官员提醒英宗重视太庙皇室祖先继统的名分问题。当中尤以司马光最为突出。[3]他带头强调英宗作为入继皇帝，应当履行继承祖宗"大统"的孝道职责。[4]有意思的是，司马光在嘉祐八年推尊太祖的礼仪地位时，采取了功业为本的进路。而在治平二年说服英宗履行对仁宗及养母曹太后行恭敬之礼时，他转

---

of Jen-tsung（1022-1063）and Ying-tsung（1063-1067），" in *The Cambridge History of China*, Vol. 5, Part 1: *The Sung Dynasty and its Precursors*, *907-1279*, pp. 340-343；关于濮议在宋代党争中的政治意义，新近的研究请见 Martin Kroher, "'With Malice Toward None' to 'A House Divided': The Impact of Changing Perceptions of Ritual and Sincerity on Elite Social Cohesion and Political Culture in Northern Song China, 1027-1067"（Ph. D. diss., Harvard University, 2014）, pp. 406-491。

[1] 《续资治通鉴长编》卷 205，第 4971～4976 页。

[2] 察觉到英宗尊奉生父濮王的意愿，韩琦和欧阳修建议，不以儒家皇室继统的传统称谓"皇伯"称呼濮王，而尊称为"皇考"。McGrath, "The Reigns of Jen-tsung（1022-1063）and Ying-tsung（1063-1067），" in *The Cambridge History of China*, Vol. 5, Part 1: *The Sung Dynasty and its Precursors*, *907-1279*, p. 342.

[3] 关于司马光在濮议中的角色、立场和影响，最清晰的论述来自 Ji Xiaobin, *Politics and Conservatism in Northern Song China: The Career and Thought of Sima Guang（A. D. 1019-1086）*（Hong Kong: Chinese University Press, 2005）, pp. 94-109。

[4] McGrath 追溯濮议至司马光在治平元年春季提交的一份奏议。该奏议实由吕诲提出，进呈曹太后。《续资治通鉴长编》卷 199，第 4837 页。不过，《续资治通鉴长编》他处亦记载了司马光在濮议之初向朝廷"独奋笔立议"，时间大概在治平二年春季。《续资治通鉴长编》卷 205，第 4971 页。

而以孝道为修辞。司马光恳切建议英宗：如果皇帝以身
作则，尽孝子的责任，"则陛下仁孝之名流于万世，英睿
之德达于四表，宗庙永安，子孙蒙福"。① 和他在嘉祐八
年庙议中的议论相较，司马光在濮议中将孝与太庙以及太
庙祖先神灵的安定性联系起来，希望影响英宗和宰执大臣
的决定。事实上，他的对手在奏议中亦运用了同样的孝道
修辞。②

英宗的统治并不长久。治平四年，英宗的逝世又引发
了新的太庙争议。这一回，太常礼院转而提议自太庙祧迁
僖祖神主，以空出一室藏置英宗神主。礼部尚书张方平
（1007~1091）赞同礼院提议。张氏重视太庙布局的象征
力量，提出庙制不仅可以规范皇室宗族的世次，亦可"极
仁义之本"。③ 他进一步提出禘祫之祭中亦应移去僖祖神
主。新皇帝宋神宗采纳了张方平的提议，将僖祖神主迁离
太庙正室。治平至熙宁初年，以功德为本的进路取得了昙
花一现的胜利，僖祖神主被短暂迁离太庙正是其体现。不
过，围绕宗庙的争议并未尘埃落定。从整体上来说，仁宗
朝以后逐渐高涨的孝道修辞对皇室礼仪的影响日渐加深。
在稍后的时期，宋廷迎来了由王安石和宋神宗先后主导的
大变法时代。在新的时代中，礼仪立场与个人学术旨趣更
紧密地结合在一起。太庙礼议不久就以更巧妙和更复杂的
形式重归庙堂。

---

① 《续资治通鉴长编》卷 200，第 4855 页。
② 比方说，在韩琦早期的一份进奏中，他建议朝廷就濮王及其三位夫人
   的典礼展开讨论。韩氏在其中专门提到了太庙职责的重中之重在于体
   现孝行。《续资治通鉴长编》卷 201，第 4872 页。
③ 《宋会要辑稿》第 1 册，礼一五之三六。张方平奏议原文见其《太庙
   祧僖祖议》，《乐全集》卷 34，《四库全书》第 1104 册，第 13 上~
   下页。

小　结

自宋初以后，以太常礼院为核心的礼官团体以及其他相关官员便因为宋代太庙礼仪聚讼不休。从张昭到司马光的议论，都能看见唐代太庙议论在北宋礼议中的延续与发展。如咸平元年围绕太祖、太宗兄弟继统的礼议所示，就庙制而论，礼官群体普遍采纳了以功德为本的进路。这也和礼官所强调的礼仪实践性相关。不过，到了仁宗在位期间，大概自明道年间以降，孝道修辞在官员奏议中便愈形凸显。礼仪官员，尤其是任职于太常礼院的礼官，亦往往以孝道理念阐释庙仪。僖祖作为于宋朝建立毫无建树的祖先，因其第一祖先的身份，尊奉其神主能够象征皇室后人孝行，遂为官方认作"始祖"。赵希言、宋祁、孙抃，乃至后来的礼学家刘敞、杨时等，他们的议论，都是这种孝道观念和修辞的示范。

但是，我们亦应注意到，宋廷议决宗庙制度时，其特征是折中功业、孝道两方面的理念。相较于唐代庙议，宋代的太庙议论掺杂了更多政治利益因素。由于宋廷严格限制皇室宗族成员的政治权力，太庙为这些宗室提供了一种礼仪补偿。在这种情况下，北宋前朝的太庙之争让人想起了人类学家特纳（Victor Turner）对社会结构（structure）和"社群"（communitas）所提出的两分法。特纳认为，政治或社会结构中处于边缘位置的群体，有时候会成为礼仪中的优越群体。事实上，这些群体在政治社会结构中的边缘性成为他们优越礼仪地位的先设条件。① 在宋代太庙语境中，一个有趣

---

① 如特纳扼要总结："那些在结构中处于低下地位的人，在仪式中追求象征意义上的'在结构中处于较高地位'；而那些在结构中处于较高地位的人，在仪式中追求象征意义上的'在结构中处于低下地位'，即使

的设想是，宋太祖在太庙礼仪地位上受到的肯定，乃是为了平衡太祖系宗室政治权力层面的边缘化。北宋自太宗以降，太祖的后代即被排除于最高权力以外，再无入继帝统之可能。[①]朝廷倾向于升格太祖的礼仪地位，将有助于缓解太祖后人对太宗血统垄断皇位的不满。这或许就是为何礼官不厌其烦，反复以功业理念强调太祖在太庙中的至高角色。即使是反对功业论者如刘敞，亦不能不承认由太祖到太宗之间的权力转移，必须为宗庙世次所"格"（规范）。否则，人们将会质疑：太宗究竟受命于何人？而其统治的权力又从何而来？这些问题都会引致合法性危机。[②]如果不能回答这些关键问题，太宗后人的统治恐将受到质疑。

为了平衡政治利害和礼仪实践，宋代礼官和其他官员小心翼翼地处理太庙礼制，以配合他们对儒家规范尤其是孝道理念的理解。不过，关于宗庙礼仪具体应该如何配合孝道，更精密的理论阐发还需等到熙宁二年（1069）王安石启动新法以后才形成。王安石对太庙制度的关注在 11 世纪晚期引发了一连串的事件。其中最具代表性者，就是发生于熙宁五年和元丰二年（1079）的两次重大礼议。

在达到目标的路上经历苦难，也在所不惜。" Victor Turner, *The Ritual Process*: *Structure and Anti-Structure*（Chicago: Aldine Publishing Company, 1969), p. 203. 译文参考自维克多·特纳《仪式过程：结构与反结构》，黄剑波、柳博赟译，中国人民大学出版社，2006，第 206 页。

① Chaffee, *Branches of Heaven*, pp. 25-30.

② 刘敞：《为兄后议》，《公是集》卷 41，《四库全书》第 1095 册，第 754~755 页。

第二部分

宋代太庙：礼仪争议、朋党政治与思想分歧

第三章
熙宁五年宋代始祖争议

　　熙宁、元丰时期，宋神宗推行后世号称"熙丰新政"的包括行政、官制、财政在内的全面改革。其间，礼议的政治语境经历重大转折。熙宁五年、元丰二年的两场礼议激化了太庙之争。在这两场礼议精密繁晦的礼学论辞中，礼官之间针对始祖以及其他祖先礼仪地位的分歧更形参差。本章考察熙宁五年争议中宋代士大夫的礼仪理念，并阐示这些理念如何为北宋晚期的朋党政治打开新的视野。传统观点视北宋朋党政治为王安石领导之改革派与保守官员之间的政治对立。① 这种流行观点反映了一些事实，却未为全面。通过梳理熙宁五年的宋室庙制礼议，笔者将考索礼官的思想宗旨，以之说明他们的思想如何超越所谓的朋党政治边界，进而补充传统对北宋朋党政治的理解。

熙宁五年始祖争议始末

　　宋神宗朝一般被视为宋代历史的分水岭。神宗是一位

---

① 北宋的政治家倾向于以极端词汇去建构朋党，以达到说服皇帝支持己方、排除敌方的目的。实践上，宋代的朋党政治颇为复杂，不同的利益集团周旋其间。关于宋代的朋党政治和政治领域中的朋党之争，详尽的研究可参见罗家祥《北宋党争研究》。

高瞻远瞩的皇帝，即位不久便汲汲于推行根本性的改革。
熙宁二年春，神宗任命王安石为参知政事。① 熙宁年间，在
神宗的鼎力支持和信赖下，王安石积极管理国家事务，引入
一系列的变法政策，其中也包括了皇室祭祖礼仪的改革。② 早
在熙宁二年之时，王安石和宋神宗就开始推行宗室制度改
革，裁损五服以外宗室成员的皇室恩惠。③ 当时改制的用意
本在于改善财政问题，这也是王安石变法的本意。随着变法
渐渐步入正轨，财政事务主要由新设的制置三司条例司统筹
处理。此时，王安石乃将目光转向皇室祭祖礼仪。熙宁五年
三月，中书门下上书皇帝，针对太庙中的始祖问题提出意
见，进而提出重新审订太庙制度。④ 其奏疏曰：

> 万物本乎天，人本乎祖。先王庙祀之制，有疏而无绝，
> 有远而无遗……若夫尊卑之位，先后之序，则子孙虽齐圣
> 有功，不得以加其祖考，天下万世之通道也。窃以本朝自
> 僖祖以上，世次既不可得而知，则僖祖有庙，与契稷疑无
> 以异。今毁其庙，而藏其主夹室，替祖考之尊而下祔于子

① 刘成国：《王安石年谱长编》，中华书局，2018，第 840~842 页。关于
宋代宰执的职务和权力，见 Kracke, *Civil Service in Early Sung China*,
pp. 30-32。
② 王安石新法研究资料可谓汗牛充栋，如 James T. C. Liu, *Reform in Sung Chi-
na: Wang An-shih (1021-1086) and His New Policies* (Cambridge: Harvard
University Press, 1968), pp. 4-7; Paul Smith, "Shen-tsung's Reign and the
New Policies of Wang An-shih, 1067-1085," in Denis Twitchett and Paul Jakov
Smith, eds., *The Cambridge History of China*, Vol. 5, Part I: *The Sung Dy-
nasty and its Precursors, 907-1279*, pp. 347-483; Bol, *This Culture of Ours*,
pp. 212-253; 邓广铭《北宋政治改革家王安石》，生活·读书·新知三联
书店，2007，第 154~241 页；漆侠《王安石变法》，上海人民出版社，
1979，第 100~168、269~287 页；东一夫《王安石新法の研究》，风间书
房，1970，第 394~920 页。针对王安石新法研究的前人综述，见李华瑞
《王安石变法研究史》，人民出版社，2004，第 327~599 页。
③ Chaffee, *Branches of Heaven*, pp. 68-71.
④ 《宋会要辑稿》第 1 册，礼一五之三七。

孙，殆非所以顺祖宗孝心、事亡如存之义。求之前载，虽
或有然，考合于经，乃无成宪。因情礼制，实在圣时。①

以上奏疏虽以中书门下名义呈上，实际为王安石本人草
拟。② 王安石的拟案很快由朝廷交付两制诸学士详议。熙宁
五年四月，在拟案呈上一个月后，神宗下诏学士院聚集两制
官员，重新探讨始祖问题。③ 在这场议论中，翰林学士元绛
（1008~1083），知制诰王益柔（1015~1086）、陈绎（1021~
1088）、曾布，直舍人院许将（1037~1111）、张琥等都拥护
王安石修订太庙布局的提议。④ 他们提交了一份详尽的奏疏，
建议奉僖祖为始祖，并将其庙室设于整个太庙的中央。这份
奏疏所揭示的理路在之前的太庙礼议中亦出现过。元绛等人
提出僖祖应被奉为始祖，是因为僖祖以前的祖先已不可追
溯。他们提出如果有人主张太祖的太庙礼仪地位比僖祖更为
优越，那么"天下之人不复知尊祖，而子孙得以有功加其祖
考也"。⑤

---

① 《宋会要辑稿》第 1 册，礼一五之三七。顾栋高（1679~1759）定此奏
　议于熙宁六年，见氏著《王荆公年谱》，吴洪泽、尹波主编《宋人年
　谱丛刊》第 3 册，四川大学出版社，2003，第 1999 页。李焘曾详细解
　释此奏议日期。根据朝廷文书汇编体例推测，李焘证明该份奏议的上
　书日期实为熙宁五年，而非六年。见《续资治通鉴长编》卷 232，第
　5629 页。
② 奏文草稿在王安石文集中仍可得见。见王安石《庙议札子》，《临川先
　生文集》卷 42，《四部丛刊初编缩本》第 51 册，第 269 页。
③ 《续资治通鉴长编》卷 240，第 5838 页；《宋会要辑稿》第 1 册，礼一
　五之三七。
④ 《续资治通鉴长编》卷 240，第 5838 页。
⑤ 《宋会要辑稿》第 1 册，礼一五之三七至三八。《东都事略》中的《元
　绛传》亦录有此奏疏，文辞略有不同。王称：《东都事略》卷 81，文
　海出版社，1967，第 3 册，第 4 下页。这份奏疏被录入元绛个人传记，
　证明了元绛作为一位文才出众的文人，拟定了该份奏疏的草稿。关于
　《东都事略》作为史料与李焘《续资治通鉴长编》之间的文献关系，
　见陈述《〈东都事略〉撰人王赏称父子》，《中央研究院历史语言研究
　所集刊》第 8 本第 1 分，1939 年，第 129~138 页。

王安石、元绛等人认为，在祖先祭拜当中，不应过分拔高功业和个人成就，因为强调功业将有悖孝道。前代王朝祖先之中，于建立王朝有丰功伟绩者如周文王、周武王之辈，其成就应归功于其"本统"，即周人始祖后稷。就此意义而言，宋之僖祖与周之后稷，在开创伟大皇室血脉这一点上，性质相同。由是，从世系角度而言，既然周之后稷是周之始祖，那么宋之僖祖亦应被尊奉为太庙始祖。元绛等人以为：比起个人成就，祭祖仍应以辈分为先。唯有通过后者，尊祖背后的礼意才能为人所认识。

也有人反对元绛的论点，特别是与其同为翰林学士的韩维（1017~1098）。和元绛建议升格僖祖礼仪地位相反，韩维强调以个人成就与功业作为始祖称号的必要条件，并主张正式承认太祖为始祖。韩维认识到僖祖在宋室帝系中的优先地位，所以集中强调功业论，企图转移皇帝的关注重心。他的建议基本沿袭司马光嘉祐八年时的太庙礼议。韩氏坚持太庙东向之位应保留给冠有"太祖"庙号的祖先。因为该庙号本身就旨在尊奉奠基王朝的首位祖先。由于僖祖并非宋朝开国君主，朝廷不应以僖祖神主取代太祖神主。此外，针对元绛所强调的"本统"，韩维指出，僖祖父亲的身份已不可得知。换而言之，僖祖出身并不显赫，无法与古代王朝先祖如契、后稷等比拟。后二者出身贵族集团。根据传说，契与后稷在世之时已创下各种功业，声名远播。①

在熙宁五年礼议中，韩维又讨论了始祖庙在禘祫之祭中的空间安排。有趣的是，韩氏在之前一份奏议中主张祫祭时应虚置始祖东向之位。这份在韩维文集中题为《议祫享虚东

---

① 《续资治通鉴长编》卷240，第5840~5841页；《宋会要辑稿》第1册，礼一五之三七。韩维奏议的原文见韩维《议僖祖庙状》，《南阳集》卷25，《四库全书》第1101册，第4上~7下页。

向位状》的奏议，大概撰于嘉祐四年。[①] 然而，熙宁五年韩维在回应元绛等人议论时，却肯定禘祫之祭中僖祖应置于东向之位，以彰显正确的礼仪秩序。[②] 就熙宁五年礼议来看，韩维似乎是改变了看法，尝试向支持僖祖的官员让步，采取折中策略。但是就整体而言，韩氏仍倾向于贬抑僖祖的礼仪地位。

孙固（1016～1090）进一步论证和扩展了韩维升格太祖礼仪地位的建议。和韩维相较，孙固对始祖议题的意见更为直截了当。在其奏议中，孙固断言僖祖配不上太庙始祖之位。根据孙固的意见，只有为天下做出巨大贡献的伟人才能成为庙祀的主要对象。鉴于僖祖的贡献——如果他有任何贡献的话——相当模糊，不应以特殊规格供奉僖祖神灵。

孙固的奏疏代表着熙宁五年礼议第一阶段的结束。这一阶段的主要参与者是中书门下和两制的高级官员。在其奏疏末，孙固请求皇帝或采用其建言，定太祖为始祖；或召集主要礼仪机构的官员做进一步讨论。朝廷采纳了后者，将元绛、韩维等奏疏交予太常礼院及判太常寺各礼官详审。判太常寺宋敏求上言朝廷：由于他在治平四年间已就僖祖祧迁问题提出建议，他不敢为当下的争辩做出结论，恐防自身既定立场影响了这次重大的朝廷礼议。[③] 判太常寺宋敏求的缺席，使太常礼院在始祖争论中承担了更多责任。在接下来的讨论

---

① 韩维：《议祫享虚东向位状》，《南阳集》卷22，《四库全书》第1101册，第1上~3下页。嘉祐四年韩维作为礼官曾与同僚张洞联合上奏，议论禘祫时诸皇后神主合食太庙之礼。《续资治通鉴长编》卷190，第4587页。《议祫享虚东向位状》文首曰"臣等窃以宗庙之尊太祖"云云。

② 韩维：《议僖祖庙状》，《南阳集》卷25，《四库全书》第1101册，第7下页。

③ 《续资治通鉴长编》卷240，第5848页。

中，礼院礼官的角色愈形重要。

熙宁五年下半年，更多官员——尤其是礼院礼官——被卷进始祖争议，开启了礼议第二阶段。熙宁五年七月，同知礼院赵彦若就始祖方位提出一个现实问题。他指出，鉴于太庙目前只有八室，如果朝廷真要奉僖祖为始祖，就需要额外建设一室，以安置僖祖神主。[①] 秘阁校理王介（1015~1087）随即上书，反对赵彦若扩建庙制的建议。[②] 王介的大前提是皇室祭祖应规限受祭的祖先数量；否则，皇帝便需要祭祀数之不尽的先人。古代圣贤定七代祖先为皇室宗庙最远世次，定九代祖先为皇室为之祭祀的最远世代。王介声明："七庙自显祖之外而祧，亦犹九族至高祖而止也，皆以礼为之界也。"[③] 此外，王氏还呼应和发展了韩维、孙固在构思始祖礼仪身份时的功绩本位进路。他认为所谓始祖，就定义而言，或为拥有封国的"始封之君"，或为"受命而王"的王者。[④] 僖祖既然两者皆非，便没有资格身居始祖之位。

"始封之君"和"受命而王"（"受命之主"）这一组概念，在嘉祐八年礼议中亦曾出现。当年孙抃和太常礼院据之为僖祖的始祖礼仪地位辩护。在他们看来，僖祖作为"始封之君"，不一定要具备"受命而王"的开国君主地位。王介早有文名，久历馆职。在熙宁五年上书时，他对嘉祐八年礼议恐已有所了解。其在上书中言及"始封之君"和"受命而王"，并非出奇之事。但是与嘉祐八年礼议中的孙抃和太常礼院不同，王介认为"始封之君"和"受命而王"并无本质区别，两者都隐喻了相应的政治实体。据此，王介提

① 赵彦若：《乞增太庙九室以奉僖祖奏》，《续资治通鉴长编》卷236，第5748页。
② 《续资治通鉴长编》卷236，第5748页。
③ 《宋会要辑稿》第1册，礼一五之四一。
④ 《宋会要辑稿》第1册，礼一五之四一。

出："以太祖为祖考，则僖祖之庙疑非契、稷始封之比。"①
在上书的后半部分，王介建议自太庙祧迁僖祖神主，以僖祖
的身份，实不配享有宗庙万世不迁的特殊待遇。②

　　王介在其上书末尾申明："臣虽非两制，然而睹国家大
议，其〔岂〕容嚜嘿？"③ 他的上书鼓励了其他官员参与这
一次"国家大议"。熙宁五年十月，同判太常寺兼礼仪事张
师颜，同知礼院张公裕、梁焘（1034～1097）作为礼仪机构
代表正式进奏。在这份集体奏议中，他们明确否定了僖祖的
始祖身份，并尤其反对元绛将僖祖比附周代后稷。后稷是备
受推崇的伟人，他授民耕种，其"后稷"之名即所谓"黍
稷之君"，证明了他是值得周室尊崇的伟大人物。此外，这
些礼官又提及，《诗经·周颂》中记载了后稷的功业。在他
们看来，《周颂》中的《昊天有成命》《生民》《思文》等
诗足以证明后稷作为先祖为周室后来统治天下所奠定的功
德。④ 相较之下，僖祖没有任何贡献可以追溯。

　　赵彦若、梁焘、张师颜、张公裕这些主要礼官尽管否定
僖祖功德，却仍参照僖祖"先公"之尊贵身份，提出另筑别
庙，尊奉其神主。同理，在熙宁五年始祖庙议中，部分礼院
的年轻官员并没有彻底倒向反僖祖一派，而是选择了寻求折
中方案。同知礼院苏棁反对韩维、孙固和王介的观点，主张
升格僖祖至始祖位置。不过他建议，考虑到僖祖对王朝的贡
献之"迹"晦暗不明——尤其是在与商、周始祖契和后稷的
比较之下，在举行涉及僖祖神灵的庙仪时，应稍杀其礼。苏
棁建议朝廷升祔僖祖神主于景灵宫，以体现其在宗庙礼仪上

① 《续资治通鉴长编》卷236，第5749页。
② 《续资治通鉴长编》卷236，第5748～5750页。
③ 《续资治通鉴长编》卷236，第5750页。
④ 《续资治通鉴长编》卷240，第5849页。

的仪节差异。①通过将僖祖神灵藏置于受道教祭祀影响的原庙空间，苏栻试图在帝室世次中僖祖的优先位置与其缺乏实质政治事功之间找一个平衡点。

由于迁移僖祖神主将对整个皇室祭祀体系造成深远影响，苏栻建议朝廷遵从宋初召集临时性集议的做法，收集来自尚书省诸司百官的评论和报告。如果可以的话，苏栻也建议朝廷向"卜筮者"谋求意见。②大概是因为王安石本人希望限制礼议讨论范围，朝廷最终无视了苏栻的建议。③

除了梁焘、张师颜、苏栻等人，其他礼官亦曾上书朝廷就僖祖神主一事提出自己的意见。礼院检详文字杨杰、同知太常礼院宋充国和同判太常寺兼礼仪事周孟阳要求确立僖祖的礼仪地位，主张僖祖是始祖之位的最佳人选。通过区别始祖和太祖两种称谓，杨杰、宋充国和周孟阳别开蹊径以处理辈分和政治事功之间的冲突。他们的理论主要基于郑玄《仪礼》注。在《仪礼》注中，郑玄定义"始祖"为"始封之君"，"太祖"为"感神灵而生"。④由于僖祖开创了宋代帝系，他可以被视为始祖，并于朝廷祭祀中配祀"感生帝"。⑤

另一位同判太常寺兼礼仪事，即章衡（1025～1099），亦主张僖祖的礼仪身份当为宋代始祖。首先，章衡以为僖祖以上的皇室世系既不可追溯，那么就当以僖祖为始祖，以示孝德。⑥其次，鉴于古代圣王无一不上推帝系至其"本统"，在裁定世次的时候，比起个人功业，更应重视孝德。⑦以上

① 《续资治通鉴长编》卷240，第5854~5855页。
② 《宋会要辑稿》第1册，礼一五之四六。
③ 朱溢：《事邦国之神祇：唐至北宋吉礼变迁研究》，第185页。
④ 《续资治通鉴长编》卷240，第5856页。《仪礼》郑注的原文见《仪礼注疏》卷30，《唐宋注疏十三经》第2册，第242页。
⑤ 《续资治通鉴长编》卷240，第5858页。
⑥ 《续资治通鉴长编》卷240，第5859页。
⑦ 《续资治通鉴长编》卷240，第5859页。

两点显然都在呼应元绛的论述。再次，如果祧藏僖祖神主于顺祖（僖祖之子）之右，而非处于中央，如此父辈神主祔于子孙侧旁，有损父亲身份，直接违背了孝德理念。最后，章衡指出，朝廷不宜为僖祖别立新庙，因为这种做法有渎祭祖礼仪中的神灵意志，而于礼经无所凭依。[①] 以章衡意见做结，熙宁五年礼议暂时告一段落。然而问题仍悬而未决。

礼官的思想旨趣与政治立场

始祖庙议一直持续到熙宁五年下半年。礼仪机构官员在第二阶段讨论中发挥了积极作用，他们提出的礼仪议案常常能够照顾到礼仪行用中的技术性细节。从赵彦若到章衡，熙宁五年庙议中礼官们的意见纷纭不一，即使在礼仪机构内部也没有达成共识。熙宁五年十一月，神宗在和中书门下尤其是王安石本人进行再次讨论后，确定正式崇奉僖祖为始祖。[②] 熙宁六年正月，僖祖的神主终于被迁入太庙始祖之室。[③]

熙宁五年的始祖争议乃由王安石提出，亦由王安石终结。在熙宁五年十一月一次面见神宗的私下讨论中，王安石承认儒家经典并无尊奉无功德祖先的直接理据。不过，王氏转而强调"义理"，主张血缘传承在祖先崇拜中比功业更优先。[④] 通过重申元绛奏疏中引用的《礼记》"万物本乎天，人本乎祖"这一句，王安石从形而上层面强调僖祖的礼仪地位。在回应神宗有关始祖议题的疑惑时，王安石解释，即使缺乏功业，甚至造成了罪业，传说中的大禹之父鲧仍能位居

① 《续资治通鉴长编》卷 240，第 5859 页。
② 《续资治通鉴长编》卷 240，第 5861 页。
③ 《续资治通鉴长编》卷 242，第 5891 页。僖祖之妻于建隆元年已被追尊"文懿"皇后谥号。
④ 《续资治通鉴长编》卷 240，第 5864 页。

夏朝郊祀时的中央之位。王安石据此批评功业取向进路，提出："王者天太祖。若以有功，则郊鲧岂得为有功也？"① 通过转述荀子（前313~前238）对天与太祖的概念分析，并配合熙宁五年礼议的语境，王安石有意混同"始祖"和"太祖"这两个礼仪称号。由此出发，王氏将始祖之议升华到了天道、人道之别，形成了自己的一套诠释理路。② 根据王安石的说法，在人道的层面，绝大部分先人的个人成就确实能够影响乃至决定其礼仪地位。但是，第一位祖先，亦即最远的先人，却应以天道的道理崇奉之。"始祖"这一称号正是旨在标识第一位祖先。而这位祖先的礼仪地位，只取决于其在血缘排序上的首要位置。③ 换言之，血缘排序乃天道所安排。天道决定了谁能够成为始祖。后来的子子孙孙，即使贵为帝胄，也是由这一位天道决定的始祖所出。

王安石希望升格僖祖在宋室帝系中的地位，反映了他以天道理论纠正皇室祭祖礼仪的本意。这种理论方法和王氏字学本有相通之处，而于当时并后世亦招致了穿凿附会之讥。我们这里并不想陷入关于王安石天道说的哲学分疏。笔者认为，相关分疏和理解王氏熙宁五年的礼议立场并不一定有直接关系。④ 从礼仪理念而言，笔者倾向于将王氏天道观理

---

① 《续资治通鉴长编》卷240，第5864页。
② "王者天太祖"句最早见于《荀子·礼论》。清代学者王先谦训"天"为动词，意指"配天"。王先谦：《荀子集解》卷13，中华书局，1988，第349页。这一"配天"之说乃循唐人杨倞注而来，杨注见荀况撰，杨倞注《荀子（附校勘补遗）》卷13，《丛书集成初编》，商务印书馆，1936，第406页。
③ 王安石现存龙舒本文集中所收的《郊宗议》，保存相关议论最为全面。王安石：《王文公文集》卷31，中华书局，1962，第1上~2下页。
④ 针对王安石天道说及礼论精密之分析，参见史颖然君硕士学位论文《北宋中期祭天礼仪改革与圣王传统》中"王安石'天道'四义辨"这一专章。笔者虽然不甚同意此文中的某些分析，但是此章从理论高度重构王安石天道论，仍然值得注意，特此提出。史颖然：《北宋中期祭天礼仪改革与圣王传统》，硕士学位论文，香港中文大学，2020，第86~101页。

解为一种作为规范祭祖礼仪的根本性原则。值得注意的是，这种规范原则源于更宽泛层面上王安石对"法度"的理解。①

　　嘉祐四年，王安石上书仁宗，提出以"法度"作为其规划变法的核心概念。② 王安石对"法度"的理解，既来自他对传统流俗因循苟且之风的批评，亦源出他以礼仪为规范社会关键的理念。③ 在其所著《礼乐论》中，王安石明确指出礼乐的精神即在于"法度刑政"。比如说，他论及"是故先王之道可以传诸言、效诸行者，皆其法度刑政，而非神明之用也"。④ 尽管在王安石的时代，宋朝政府已经颁行了许多专门律令和法典，王安石仍然认为政府缺乏法度。在大部分情况下，"方今之法度，多不合于先王之法度故也"。⑤ 王安石主张政府应本于先王之政，以正当的法度规范社会。由于

---

①　"法度"一词就字面而言乃指法律和政治措施。如刘子健所阐述，王安石赋予了该词治理、规制的宽泛意义。在刘子健的英文专著中，他将"法度"翻译为"regulatory systems"。见 Liu, *Reform in Sung China*, p. 42。

②　此即著名的《上仁宗皇帝言事书》，《临川先生文集》卷 39，《四部丛刊初编缩本》第 51 册，第 243 页。关于这一上书在王安石政治思想发展中的重要意义，见东一夫《王安石新法の研究》，第 955~957 页。此外，据刘成国先生研究，王氏文集中另有数篇议论文字如《取材》《兴贤》等，可与《上仁宗皇帝言事书》对勘。见刘成国《王安石年谱长编》，第 473~474 页。

③　王氏对流俗的批评，最重要的文献为他在 1058 年写就、答友人王回的私信《答王深甫书》。王安石：《临川先生文集》卷 72，《四部丛刊初编缩本》第 51 册，第 463~464 页。

④　王安石：《礼乐论》，《临川先生文集》卷 66，《四部丛刊初编缩本》第 51 册，第 423 页。Liu, *Reform in Sung China*, p. 42. 有些学者考察了王安石文章中对"先王"一词的运用，认为与其他北宋儒者相比，王安石的"先王"并没有特别含义。张元：《从王安石的先王观念看他与宋神宗的关系》，《宋史研究集》第 23 辑，中华丛书编审委员会，1993，第 273~299 页。然而就《礼乐论》而言，"先王"所定的制度和规范，在王安石本人眼中仍为某种实用而确切之物。

⑤　王安石：《拟上殿札子》，《临川先生文集》卷 41，《四部丛刊初编缩本》第 51 册，第 261 页。Liu, *Reform in Sung China*, p. 43.

其对法度的强调，有些批评王安石者据此强调王氏的法家倾向，认为王安石暗示了统治国家须与儒家道德政治保持一定距离。

然则所谓的正当"法度"，除了刑、政以外，其内核究竟是以什么构成的？在《老子论》中，王安石讨论了"道"的原则和不同实践。① 他的主要论点是：老子所宣称的无为论是错误的。根据王安石所说，即使道确实是含糊而抽象的，古代的圣人仍能以其痕迹——"礼乐刑政"之"四术"，去治理万物。由于"四术"蕴含了道的痕迹，一个合格的统治者应肩负起凭借这些痕迹"所以成万物者也"的责任。② 比较王安石在《礼乐论》和《老子论》中的用词，其所谓"法度"的核心，本质即为"礼乐"。就学理层面而言，"礼乐"指一种有效的治国之术，该治国之术与汉代以后儒家所推测、建构的"三代"政治息息相关。③ 换言之，王安石假设宋代政府可通过复兴先王礼仪传统来重建相关理想"法度"。就这一角度而言，王安石极力提倡矫正并确立僖祖的礼仪地位，是其复兴古代"法度"宏图之关键步骤。④ 正因如此，如熙宁五年始祖争议所示，王安石的礼仪理念以复古精神为号召，强调先王礼意与相关礼仪设计。

王安石复兴先王礼意的思想得其追随者呼应，特别是同被归类为改革派的元绛。和王安石相类，元绛的奏疏亦强调"先王尊祖之意"。⑤ 尽管元绛被许多亲旧法党士人视为阿谀

---

① 王安石：《老子论》，《临川先生文集》卷 68，《四部丛刊初编缩本》第 51 册，第 435~436 页。
② 王安石：《老子论》，《临川先生文集》卷 68，《四部丛刊初编缩本》第 51 册，第 436 页。
③ 王安石：《周礼义序》，《临川先生文集》卷 84，《四部丛刊初编缩本》第 51 册，第 529 页。
④ 关于王安石重建古代法度的总体意向，见东一夫《王安石新法の研究》，第 937~940 页。
⑤ 《宋会要辑稿》第 1 册，礼一五之三八。

王安石、积极拥护新法的"小人"，^① 但在一些同代人眼中，他却成功塑造了积极正面的形象。其起草政令、诏书的文采甚至为其政敌所推许。^② 苏颂（1020~1101），一位才华横溢的文学家与天文学家，曾为元绛撰写神道碑。其中，他将元绛刻画为高官典范。诚然，宋代的碑志一般都难免溢美之辞；^③ 不过，元绛的神道碑也包含了客观事实，特别是元绛的仕途履历和社会对他的期望。由于苏颂的政治立场较为中立，且其本人并无明确的党派倾向，^④ 他为元绛撰写的神道碑为后世历史学家提供了一份相对客观的元绛政治生涯写照，包括其在朋党政治中的折中倾向，以及他的行政才能。^⑤ 不过，这份详尽的碑志并未提及元绛在熙宁五年争议中的作用，恐怕苏颂对元绛的思想旨趣不甚关注。

元绛很有可能草拟了熙宁五年四月拥护王安石意见的奏疏。《续资治通鉴长编》的作者李焘认为元绛奏疏实为"安石所主"，^⑥ 其说并非无据可依。元绛的奏议不仅沿袭了王安石"僖祖以上世次不可得知"的理路，还循用了王安石在解答神宗疑问时所援引的例子，即鲧虽为无功德祖先，却仍

---

① 王称：《东都事略》卷81，第3册，第5下页。唐炯曾在奏疏中明确称呼元绛为王安石的"厮役"。《续资治通鉴长编》卷237，第5778页。
② 元绛之工于文辞，为同代名流普遍称许。王称：《东都事略》卷81，第3册，第5下页。《宋史》卷343，第10907页。
③ 关于宋代碑志的普遍特色，见 Angela Schottenhammer, "Characteristics of Song Epitaphs," in Dieter Kuhn, ed., *Burial in Song China* (Heidelberg: Edition Forum, 1994), pp. 253-306.
④ 大部分情况下，苏颂在庙堂政治斗争中持中立立场。不过，他和他的家人与改革派圈子关系较紧密。上文提及的礼仪改革派苏枓正是苏颂的兄弟。此外，苏颂的墓志铭系由曾布（1035~1107）之弟曾肇（1047~1107）写。众所周知，曾布的政治立场倾向于改革派。见曾肇《赠苏司空墓志铭》，《曲阜集》卷3，《四库全书》第1101册，第31下~41下页。苏颂亦曾任职于太常寺。
⑤ 苏颂：《太子少保元章简公神道碑》，《苏魏公文集》卷52，王同策等点校，中华书局，2004，第781~783、786~787页。
⑥ 《续资治通鉴长编》卷240，第5861页。

为其子大禹尊崇一事。[①] 其他赞成元绛熙宁五年奏疏的两制官员包括许将、王益柔、陈绎和曾布，他们全部采纳了与王安石及元绛相近的理据。这些两制官员达成了一种共识，即以先王的礼仪实践为准则，赞成以僖祖为始祖。毋庸多言，这正是王安石一贯强调的理路。

但是，从政治层面来看，这些拥有不同背景的官员，其政治立场不尽相同。许将的例子尤其能说明这种差异。作为神宗的可靠心腹以及当时一位最具才华的交涉家，许将的朝官经历始于集贤院和太常礼院。在这两个部门，他累积了丰富的经学和礼仪知识。[②] 就基本政治立场而言，他更偏向王安石领导的新法改革派。熙宁年间，王安石曾赞成升迁许将至位于权力核心的中书部门，可见其对许氏的重视。[③] 但是在神宗面前，王安石亦曾批评许将草拟制诰的文才乏善可陈。[④] 此外，许将任知开封府时，也曾被两位改革派朝臣——蔡确（1037~1093）和舒亶（1041~1103）弹劾，遭到贬黜。[⑤] 晚年的许将曾力阻哲宗采纳新党宰执章惇（1035~1105）、蔡卞（1048~1117）发掘司马光墓这一臭名昭著的提议。[⑥] 无论如何，许将与改革派之间很难说是亲密无间。元修《宋史》将许将形容为缺乏"定论"、易于改弦易辙的人。[⑦] 就许多方面而言，许将的表现更像是一位左右妥协的政治家，而非王安石新法的死忠追随者。

---

① 《续资治通鉴长编》卷 240，第 5839 页；王安石：《庙议札子》，《临川先生文集》卷 42，《四部丛刊初编缩本》第 51 册，第 269 页。
② 《宋史》卷 343，第 10908 页。
③ 曾敏行：《独醒杂志》，朱易安等编《全宋笔记》第 4 编第 5 册，大象出版社，2006，第 23~24 页。
④ 《续资治通鉴长编》卷 240，第 5789~5790 页。
⑤ 《宋史》卷 343，第 10908 页。
⑥ 如许将所说："盗墓非盛德事。"《东都事略》卷 96，第 3 册，第 5 下页；《宋史》卷 343，第 10910 页。
⑦ 《宋史》卷 343，第 10923 页。

在支持王安石和元绛熙宁礼议的礼官中，王益柔常被视为反对新法的守旧派。王益柔与旧法党元老及思想家如司马光、邵雍（1011~1077）等素来保持良好的私人关系。① 王益柔有可能是司马光巨著《资治通鉴》的第一位读者。② 清代学者甚至视王益柔为司马光的学术同调。③ 地域因素或能解释王益柔与保守派之间的紧密关系：王益柔是土生土长的洛阳人，而洛阳在当时正是旧法党元老司马光以及亲保守派思想家邵雍闲居之地。④ 此外在朝堂上，王益柔亦曾公开批评王安石挟六艺巧说、文饰奸邪。⑤

尽管王益柔的政治立场迥异于王安石，但在学术理念上二人却有相近之处。一如王安石批评传统注疏言不及义，王益柔亦曾对汉唐以后的学术脉络表达类似不满。根据尹洙（1001~1047）的说法，王益柔年轻时，好为文抨击传统注疏记诵之学，以及前人的过度诠释。王氏本人更倾向于直究孔子思想旨归。⑥ 元修《宋史》亦引及尹洙称赞王益柔文才之语。耐人寻味的是，《宋史》所引尹氏之语删去了关于王益柔批判传统学术脉络的若干关键叙述。⑦ 很明显的是，《宋史》的修撰者并不重视王氏的学术创新性。与《宋史》相同，

---

① 《东都事略》卷53，第2册，第4页；《宋史》卷286，第9634页。

② 《宋史》卷286，第9635页。

③ 王梓材、冯云濠编《稿本宋元学案补遗》，北京图书馆出版社，2002，第105页。

④ 洛阳当时有所谓的"耆英会"，其核心成员基本为保守派元老，包括富弼（1004~1083）、文彦博（1006~1097）、席汝言、王尚恭（1007~1084）、赵丙、刘几（1008~1088）、冯行己（1008~1091）、楚建中（1010~1090）、王谨言（1011~1087）、王拱辰（1012~1085）、张问（1013~1087）和司马光。周密：《齐东野语》卷20，中华书局，1983，第367页。

⑤ 《宋史》卷286，第9635页。

⑥ 尹洙：《送王胜之赞善一首》，《河南集》卷5，《四部丛刊初编缩本》第45册，第23页。

⑦ 《宋史》卷286，第9635页。

后来的历史文献多依据王益柔的政治立场来建构他的刻板学术形象。历史学家往往忽略了王益柔的反传统精神和他与王安石之间的私人情谊。① 如果认真审视王益柔的思想意旨，我们就能理解为什么在始祖争议中，王益柔这位政治上的保守派不遵从宋廷传统礼仪实践，而是支持王安石和元绛了。

另外两位赞成王安石和元绛奏疏的是知制诰陈绎和曾布，两人一般被视为奉王安石之命而行事的改革派。② 和元绛相同，陈绎是一位著名的文学家，其文才曾引起英宗注意。英宗时期，他被任命为实录检讨。③ 在上呈皇帝的一份奏疏里，陈绎扼要提出了以"稽古"为五"国是"之一，认为"观古所以治今"。④ 在熙宁五年的礼议中，陈绎支持恢复僖祖始祖之位，并强调这种做法体现了对"古"的纯粹追求。如果我们了解陈绎的基本学术理念，就能明白他这一反应实属理所当然。换言之，陈绎并不只是将僖祖正名位之礼议视为单纯经学层面上的咬文嚼字，而且将这一举措视为矫正社会秩序，使之贴近古制的必要手段。⑤

尽管陈绎政治上大体属于改革派，但他与保守派官僚之间仍有不少来往。知名的保守派哲学家邵雍就曾请陈绎为其

---

① 二人之间的私人情谊，尤其是诗文上的往来，于现存王安石文集中可见端倪。见王安石《和王胜之雪霁借马入省》《和子瞻同王胜之游蒋山》《次韵王胜之咏雪》，《临川先生文集》卷7，《四部丛刊初编缩本》第51册，第90页；卷16，《四部丛刊初编缩本》第51册，第134页；卷19，《四部丛刊初编缩本》第51册，第147页。

② 《宋史》卷329，第10614~10615页；卷471，第13714~13717页。

③ 《宋史》卷329，第10614页。

④ 陈绎的奏疏早已散佚。幸好，苏颂文集所收录的陈绎墓志铭保留了英宗时期这份奏疏中的部分文字。苏颂：《太中大夫陈公墓志铭》，《苏魏公文集》卷80，第911~912页。

⑤ 陈绎曾为新建成的中书门下府第撰文《新修东府记》。他在文中表述了自己对名、位与社会秩序之间关系的看法。该文收录于吕祖谦编《皇朝文鉴》卷81，黄灵庚等编《吕祖谦全集》第13册，浙江古籍出版社，2008，第482~484页。

父亲邵古撰写墓志铭。① 同样的，尽管曾布倾向于王安石及其新法，然而终其一生，他都与苏轼（1037～1101）交情甚笃，即使苏轼经常批评王安石新法。

支持王安石方案的礼官亦有着不同政治背景，比如杨杰、宋充国、周孟阳和章衡。章衡虽是新法改革派重臣章惇的侄子，然而与其叔父的政治立场并不相同，亦非事事依从王安石。章衡有一次谴责三班院改制在人事制度中可能引起的制度混乱。尽管王安石支持改制一方，章衡依然坚持已见，在中书政事堂与王安石直接对峙。② 此外，章衡亦被列为福建学者陈襄的门人，而陈襄曾强烈批评王安石青苗法。③ 章衡在保守派士大夫陈襄身上学习到了什么，已不可考。不过毋庸置疑，陈襄对章衡寄予厚望。在写给这位弟子早年的一封书信里，陈襄勉励章衡追求经典、圣人与天之间的内在关联。④ 陈襄对章衡的教诲，正与王益柔对古代圣人旨归的强调相吻合。在陈襄看来，研究古礼是学者探讨古代圣人宗旨的必要手段。事实上，以陈襄为代表的福建学派，自庆历以后就对古礼极其关注。⑤ 章衡之所以同意王安石强调先王礼意的观点，很可能也是因为受到了陈襄古礼理念的影响。⑥

和章衡相较，宋充国和周孟阳与所谓"党争"的关联似

---

① 陈绎：《邵古墓铭》，吕祖谦编《皇朝文鉴》卷143，黄灵庚等编《吕祖谦全集》第13册，第743～744页。
② 《宋史》卷347，第11008页。
③ 陈襄：《古灵集》卷3，《四库全书》第1093册，第7上～16下页。黄宗羲、全祖望：《增补宋元学案》，中华书局，1970，第5下页。《四库全书》编者极力赞赏陈襄在熙宁年间王安石势力最鼎盛之时，上言弹劾王安石的胆识。陈襄：《古灵集》，《四库全书》第1093册，第1页。
④ 陈襄：《送章衡秀才序》，《古灵集》卷18，《四库全书》第1093册，第9上～下页。
⑤ 关于福建学者对古礼的关注，见拙文《学统四起下的北宋古礼运动：陈烈事迹的一个思想史考察》，《新史学》2019年第2期，第111～167页。
⑥ 《续资治通鉴长编》卷240，第5860页。

乎较少。二人在治平年间都曾任职太常礼院。① 宋充国是名
相宋庠（996～1066）之子。宋庠曾任仁宗朝参知政事，同
时亦是一位礼仪专家。皇祐年间，宋庠是大臣私庙的主要提
倡者之一。在皇祐时期上呈仁宗的一份奏议中，宋庠提及：
"夫建宗祐、序昭穆、别贵贱之等，所以为孝，虽有过差，
是过于为孝。殖产利，营居室，遗子孙之业，与民争利，顾
不以为耻，逮夫立庙，则曰不敢，宁所谓敢于争利，而不敢
于为孝也。"② 显然，宋庠视孝道为祭祖的至高准绳。以此
推演，他以始祖礼仪地位为至尊，亦属常理。就这一点而
言，宋充国身为宋庠之子，继承了其父的理念。在熙宁五年
争议中，他主张追尊僖祖为始祖，体现了宋庠"敢于为孝"
则不为大过的理念。③

　　杨杰的情况更为复杂。杨氏是淮南路无为军人。这一地
区有着深远的佛教影响。杨杰的思想带有明显的佛教色彩。④
不过他在礼学方面颇有长才，亦普遍为同代人所承认。据杨
杰文集编者赵士豵所述，杨杰精于词章，他的诗深受欧阳
修、王安石和苏轼影响。⑤ 此外，他亦是宋初教育改革家胡
瑗（993～1059）的学术"讲友"。⑥ 或者可以这么说，杨杰
多元的学术背景使得他在跨越党派政治边界时更为自由。杨
杰熟谙各式各样的朝廷礼仪，特别是与大祀、中祀相关的雅
乐。⑦ 熙宁五年礼议中，杨杰和宋充国、周孟阳一同主张升

① 《续资治通鉴长编》卷 203，第 4911 页。
② 《续资治通鉴长编》卷 169，第 4071～4071 页；《宋会要辑稿》第 1 册，
　礼一二之一。
③ 《续资治通鉴长编》卷 240，第 5858 页。
④ 黄启江：《北宋居士杨杰与佛教——兼补〈宋史〉杨杰本传之缺》，
　《汉学研究》第 21 卷第 1 期，2003 年，第 253～277 页。
⑤ 赵士豵：《无为集序》，杨杰撰，曹小云校笺《无为集校笺》，黄山书
　社，2014，第 1 页。
⑥ 王梓材、冯云濠编《稿本宋元学案补遗》，第 27 页。
⑦ 杨杰撰，曹小云校笺《无为集校笺》卷 15，第 515～530 页。

格僖祖的礼仪地位。杨杰亦曾提出太祖神主在太庙恒久不迁，以象征太祖开国立业的丰功伟绩。但是总体而言，杨、宋、周三人在礼议主张上仍然属于折中的一派。

熙宁五年礼议中支持宋太祖作为始祖的另一方，成员主要来自保守派阵营。韩维、孙固、梁焘和王介全都属于王安石新法的坚定反对者。神宗在位初期，韩维和孙固二人皆曾明确反对王安石升迁至参知政事。韩维原为王安石好友。熙宁五年，由司马光、韩琦及吕公著（1018~1089）组成的反改革阵营反对王安石继续任相，且推荐韩维为参知政事候选人。[1] 韩维后来被视为保守派元祐党人的核心成员，自然不足为怪。他的姓名被刻于恶名昭彰的元祐党籍碑，[2] 该碑由王安石女婿蔡卞之兄蔡京（1047~1126）颁立。[3]

与韩维相同，孙固也是一个坚定不移的保守派。尽管早

---

[1] 《宋史》卷341，第10874页。

[2] 关于元祐党籍的具体人数和党人姓名，南宋初年已起争议。绍兴四年，吏部侍郎陈与义——也是一位著名的诗人——就曾提出寻访党籍真本，以为党人平反。《宋会要辑稿》第5册，职官七六之四六。给事中张纲亦曾提出徽宗时有两本党人碑记，一本计98人，一本计309人。前者为崇宁年间的早期版本。见张纲《看详元祐党人状》，《华阳集》卷18，《四库全书》第1131册，第10上~下页。韩维、孙固于崇宁本上已榜上有名。清代学者王昶（1725~1806）在其传统金石学巨著《金石萃编》中考证了碑上原刻党人名单，并就个人事迹略加注释。这一名单题为《元祐党籍碑姓名考》。见王昶《金石萃编》卷144，《续修四库全书》第890册，上海古籍出版社，1995，第13上~33上页。关于韩维和孙固作为元祐党人的履历，《宋史》本传所记不详，可并参清代学者陆心源《元祐党人传》卷1，《续修四库全书》第517册，第12上~13下页。

[3] 关于蔡京的生涯及在北宋政治斗争中的角色，见《宋史》卷472，第39册，第13721~13728页。不过，值得注意的是《宋史》对蔡京生平的记载多有舛误。关于蔡京生平的详细研究，见 Charles Hartman, "A Textual History of Cai Jing's Biography in the Songshi," in Patricia Ebrey and Maggie Bickford, eds., *Emperor Huizong and Late Northern Song China: The Politics of Culture and the Culture of Politics* (Cambridge: Harvard University Asian Center, 2006), pp. 517 –564。

年与王安石私交甚笃，他对熙宁新法却多有批评。① 熙宁五年礼议之时，孙固任职天章阁待制，该馆阁职位为他提供了大量与皇帝商谈国家政策的机会。保守派元老韩琦特别称赞孙固熙宁五年所进呈的奏议，因为该奏敢于驳斥王安石主导之意见。② 从学理上来看，孙固的奏议严厉抨击了那些预设先王礼意一成不变的官员。在孙氏看来，古礼既然本于人情，就应该因应当代需求而有所调节。他直斥支持王安石的人为"慕古而违当世之宜者也"，③ 孙固认为，汉唐期间曾经施行的具体礼例，比想象出来的三代制度更让人信服。

王介的思想旨趣与孙固一致，二人都质疑熙宁五年礼议中对手对古礼的刻板诠释。和孙固着眼于汉唐礼例不同，王介援引了先王之例说明为何太祖应被奉为始祖。值得点出的是，王介与孙固均曾提出《礼记》中的《祭法》一篇未必能够反映先王礼仪实践。④ 孙固的礼学立场尤其激进。他认为自秦朝焚灭儒学文献、破坏礼法规范以后，礼经就不复全经之貌。经汉代儒者整理的礼经经文掺入了他们的私家言论和注释。⑤ 故此，孙氏质疑《祭法》作为礼议立说理据的可靠性。

---

① 《东都事略》卷81，第3册，第6上~7上页。明代史学家柯维骐（1497~1574）提及孙固宁可牺牲与王安石的私人情谊，亦不欲奉承王氏，受其功名利禄之诱导。柯维骐：《宋史新编》卷115，《二十四史外编》第96册，天津古籍出版社，1998，第7上页。关于柯维骐《宋史新编》的史学价值，见陈学霖《柯维骐〈宋史新编〉述评》，《宋史研究集》第20辑，中华丛书编审委员会，1990，第489~526页。

② 《东都事略》卷81，第3册，第6上页；《宋史》卷341，第10875页。

③ 孙固在奏疏中重复了这句话两次。《续资治通鉴长编》卷240，第5841、5844页。

④ 《宋会要辑稿》第1册，礼一五之四一。

⑤ 《续资治通鉴长编》卷240，第5843页。王介与孙固对《祭法》的质疑反映了北宋中期某些朝廷礼官对汉唐以降礼经文本的不信任。从熙宁、元丰直至北宋灭亡，学者针对《祭法》文本的质疑连绵不断。出身世家的博学之士吕本中（1084~1145）乃至于认为整篇《祭法》皆为汉人伪造。见吕本中《紫微杂说》，《全宋笔记》第3编第6册，第65~66页。

　　王介虽然敌视新法，私下却与王安石交情甚笃，亦相当欣赏王安石本人的学术。王安石在变法之前，曾为王介升迁撰写了一份措辞颇佳的制书，可见王安石一定程度上颇为欣赏王介。在这份制书中，王安石赞赏王介是一位修洁不阿的儒者。① 尽管二人政治立场相异，熙宁九年王介死后，王安石仍为王介撰写了一首挽词。诗中王安石忆述他与王介萌芽于年少时期并持续终生的深厚友谊。② 由是观之，后世历史叙述将王介归类为王安石的学术"讲友"，③ 也就不足为奇了。

　　梁焘在其漫长的礼官生涯里，不时与太常礼院的同事产生分歧。尽管梁焘倾向于贬抑僖祖太庙中的礼仪身份，他也同时表达了对宋代庙制既有规范的不满。与韩维、孙固相异，梁焘并不认为当时的太庙制度足以匹配朝廷文治。他憧憬着一套更为符合古代典范的庙制和相应仪式。④ 在古代礼仪和当世实践争持不下的大背景中，梁焘还是倾向于前者。政治上，梁焘是保守派；思想上，他则支持复兴古礼。就对先王礼意的理解而言，梁焘与王安石之间的距离，恐怕要比他与韩维、孙固之间的距离更近。

　　如果政治立场并不足以解释官员之间对礼仪理解的歧异，那么还有什么其他关键因素应该被纳入考虑？答案就在前文所述的先王法度以及礼仪复古精神之中。11 世纪中叶以后，以三代为典范的复兴古礼主张就相当流行。仁宗时期，尤其是庆历以降，对古礼的宣扬、讨论愈益蓬勃。治平二年编修

---

① 王安石：《王介秘书丞制》，《临川先生文集》卷51，《四部丛刊初编缩本》第 51 册，第 322 页。尽管王介与王安石私交甚笃，他仍恪守自己反变法的政治立场。顾栋高：《王荆公年谱》，《宋人年谱丛刊》第 3 册，第 1982 页。

② 王安石：《王中甫学士挽辞》，《临川先生文集》卷35，《四部丛刊初编缩本》第 51 册，第 229 页。

③ 王梓材、冯云濠编《稿本宋元学案补遗》，第 865、874 页。

④ 《宋会要辑稿》第 1 册，礼一五之四四。

的《太常因革礼》明确体现了宋代礼官回向三代之治的意愿。[1] 尽管欧阳修和其他撰修《太常因革礼》的礼官并未能依据先王礼意订定一套全面的礼典，他们却为复兴古礼运动树起了一面旗帜。北宋中后期，在复兴古礼的名义下，抽象的经国之术和具体的礼仪改革终于在概念层面上联系了起来。[2]

将熙宁始祖争议放在 11 世纪晚期礼仪复古主义的脉络中观察，可以发现后仁宗时代的朝廷礼议如何围绕"古"的概念展开具体仪节讨论。比如说，在孙固和陈绎为始祖礼议所撰写的奏疏里，"古"都指向三代统治初期。不过，两人对"古"理解上的差异，则体现了士大夫对先王之治的不同认识。在王安石政治改革的全盛时期，朝廷官员对王氏力推的新法自然持有不同政治立场。但是，在当时普遍求新求异学风的影响下，无论是所谓新法党还是旧法党，都很难完全忽视关于"古"的概念以及古代"法度"的讨论与反思。熙宁五年始祖庙议中，双方之间的歧异与其说由政治立场决定，不如说出于各自对古礼理念的不同理解。一言以蔽之，在礼议这一特定场域中，政治立场和思想旨趣这两套框架并不必然重合。熙宁五年礼议中，大部分礼官跨越了所谓党派政治界限。即使是支持升格太祖礼仪地位的反变法派官僚韩维与孙固，亦援引了"先王之礼"的例子来使其功业本位取向正当化。归根结底，围绕始祖议题的讨论难免涉及协商过程。在这个过程当中，不同的古礼构思相互激荡、角力。但是在绝大部分礼议参与者眼中，古礼的优越性无可争议。唯一的问题是，这些礼仪能在多大程度上重现于宋季之世。

---

① 欧阳修：《太常因革礼·序》，《丛书集成初编》第 1043 册，商务印书馆，1936，第 1 页。

② 相关分析见拙文《从"变唐之礼"到"章献新仪"——北宋前期"新礼"问题与〈太常因革礼〉》，《汉学研究》第 37 卷第 1 期，2019 年，第 50~52 页。

较之广泛受人关注的党派政治斗争，礼仪争议显然没有那么激烈。这些争议背后反映的思想歧异，因此不如前者一般具有高辨识度。综合上文，笔者这里尝试将参与熙宁五年礼议的官员区分为三类士大夫，以便说明他们之间的思想异同：第一类士大夫强调太祖的政治功德和贡献，以功德作为必要的始祖资格；第二类士大夫提出通过升格僖祖礼仪地位达到复兴古礼的目的；第三类士大夫大量援引经典，试图以折中方案减少古代礼意和当代行用之间的张力。表 3-1 列出了这三类士大夫的基本政治立场。

表 3-1　熙宁五年始祖争议中各类士大夫礼仪旨趣与政治立场

太祖派	僖祖派	折中派
韩维（保守）	王安石（改革）	苏枞（~改革）
孙固（保守）	元绛（改革）	宋充国（改革/保守）
王介（~保守）	许将（改革/保守）	周孟阳（改革/保守）
	陈绎（改革）	杨杰（?）
	王益柔（~保守）	梁焘（保守）
	曾布（~改革）	张公裕（?）
		张师颜（~改革）
		章衡（~保守）

注：改革：政治改革派；保守：反对改革派，政治保守派；?：政治立场未知；~改革：亲改革派；~保守：亲保守派；改革/保守：政治立场在改革派与保守派间游离。

　　以上的分类绝不代表存在一套固定不变的礼仪立场分类体系可以套用在所有士大夫身上。所谓的分类只是一种分析工具，以突出体现他们在熙宁五年礼议中的基本思想旨趣。①

---

① 刘子健在其论宋代改革的名著中，依据北宋晚期士大夫官员的政治表现提出了几种基本"行为模式"。Liu, *Reform in Sung China*, p. 71. 但是刘氏也着重提醒这种分类法主要是为了提供分析框架，而不代表每一个士大夫个体可以完全套用其类型。此处及下文以思想作为分类标

总的来说，韩维、孙固、王介等支持以太祖为始祖的官员，在宣扬太祖太庙礼中的优越地位时，一般都采取了功绩取向的论证理路。正如孙固和王介所反复强调的，朝廷应遵从既往虚置始祖之位的制度以待太祖神主，因为那属于"祖宗之意"。[①]他们认为，将始祖之位从太祖转移到僖祖，将会导致国家的"国是"发生转向，并增加政府的相应开支——这是韩维与孙固所阐述的基本观点。[②]三代古礼虽然普遍被视作盛大的至高礼制，然而在太祖派官员眼中，其行用可能性却颇成疑。苏辙（1039~1112）和吕大防（1027~1097）之间关于南、北郊是否应该合祭的对话尤能展示这类疑虑。当吕大防质问苏辙郊祀合祭是否违背三代礼意时，苏辙答道：

> 今舍三代而从汉、唐者，非止一事矣：天子七庙，今乃一庙九室；庙祀一帝一后，今诸后并配。<u>事各适时，岂必三代！</u>[③]

只要当下切用，那么三代之礼也是可以放弃或搁置不论的。熙宁五年礼议中拥护太祖礼仪地位的士大夫，虽然大部分没有苏辙这么坦白，但是倾向于采取维持现有礼制的立

准亦如是。如梁焘、章衡这类士大夫，考虑其个人前后不一，甚至互相矛盾的礼仪立场，并不能完全化约为某一类型。

① 《宋会要辑稿》第1册，礼一五之四四。

② 关于宋代保守派对政府开支的取态，见 Peter Bol, "Government, Society, and State: On the Political Visions of Ssu-ma Kuang and Wang An-shih," in Robert Hymes and Conrad Schirokauer, eds., *Ordering the World: Approaches to State and Society in Sung Dynasty China* (Berkeley: University of California Press, 1993), pp. 128-192; Xiao-bin Ji (冀小斌), *Politics and Conservatism in Northern Song China: The Career and Thought of Sima Guang (A.D. 1019-1086)* (Hong Kong: Chinese University Press, 2005), pp. 10-19, 181-185。

③ 苏辙：《龙川略志》卷8，中华书局，1982，第51~52页。下划线为笔者所加。

场。笔者将这一类士大夫统称为礼仪层面的"因循主义者"
（conventionalists）。和因循主义者相反，另一批士大夫视僖
祖礼仪身份之升格为先王礼意复兴之象征。我们可以称之为
"古礼复兴主义者"（revivalists）。如上文所分析，所谓"古
礼复兴主义者"并不意味着政治立场上与王安石新政同调。
许将、陈绎和王益柔都具有复杂的政治面貌。

　　就熙宁五年礼议结果而言，王安石最终以牺牲太祖的
始祖礼仪地位为代价，提高了僖祖的威望。王氏本人是否
将这次礼议视为挑战当时"国是"的一次契机，颇难论
证。不过在具体礼制议题上，比起宋代故事，王安石显然
更看重所谓先王之例。有趣的是，在熙宁礼议之前，在一
份关于太庙规制的奏议中，王安石却质疑远绍三代仪制的
必要性，反而建议遵守宋代先帝所确立的传统制度。[1] 以
此观之，熙宁五年礼议中王安石之所以坚持以僖祖为始祖，
或许也应该考虑到他自青年时代以后对因循主义士大夫群
体所持的敌对态度。我们在王安石当政以前的一些私人信
件中可以清楚观察到他对"流俗之士"抱持的敌意，尤其
是嘉祐三年他写给友人王回的著名书信《答王深甫书》。
在这封自我辩护的书信中，王安石提出，自任提点江东刑
狱以后，"日得毁于流俗之士，顾吾心未尝为之变。则吾
之所存，固无以媚斯世，而不能合乎流俗也"。[2] 在王安石
看来，熙宁五年拥戴太祖礼仪地位的官员大概也属于"流

---

① 王安石：《议入庙札子》，《临川先生文集》卷41，《四部丛刊初编缩
　　本》第51册，第263页。
② 王安石：《答王深甫书》，《临川先生文集》卷72，《四部丛刊初编缩
　　本》第51册，第464页。庆历二年（1042），王安石二十二岁高中进
　　士时，在写给友人孙侔的书信中已经开始有意识地把自己和"众人"
　　区隔开来。王安石：《送孙正之序》，《临川先生文集》卷84，《四部
　　丛刊初编缩本》第51册，第533～534页。但是王氏对这一区隔的明确体
　　认，只有在《答王深甫书》中才能发现。二信系年见刘成国《王安石
　　年谱长编》，第109～110、443～445页。

俗之士"。作为"古礼复兴主义者"代表的王安石，站在
其眼中因循旧制的"流俗之士"对面，毋宁说是理所当然
之事。

与王安石、韩维、孙固这些个人派系意识强烈的士大
夫官员相比，大部分参与熙宁五年礼议的礼官，无论其政
治立场如何，都展露了以古礼为本、寻求折中的意向，大
概可称为"折中主义者"（centrists）。建议立僖祖为始祖
的年轻官员苏棁即基于《史记》对赵氏谱系的记载，拟出
了一套新礼仪方案。在这套方案里，国家郊祀之时，僖祖
的神主将祔于赵氏世系最久远的两位祖先之神主（柏翳和
造父）。苏棁坦承这套新方案不合礼经，然而"免于渎
祖"。① 其他拥僖祖派官员如宋充国、周孟阳和杨杰，则提
议朝廷分别奉僖祖为始祖、太祖为太祖。他们主张太祖、太
宗、真宗三庙万世不迁，以合于商周三宗、二祧（商：太
甲、太戊、武丁；周：文王、武王）万世不迁之制度。② 此
外，尽管梁焘、张师颜和张公裕引用了仁宗治平四年诏书
证明太祖处居始祖庙室的正当性，他们亦尝试援引古制以
消弭僖祖缺席太庙始祖之位可能招致的不满。③ 具体而言，
他们建议建造一座别庙，以藏置僖祖神主。他们宣称这种
制度符合周制，据《周礼》所载，周制设有"守祧"专职
掌守先祖神灵。④

从修辞层面而论，"折中主义者"在议礼时和"古礼复
兴主义者"相近，都倾向于强调古礼。然而在熙宁五年始祖
庙议中，导致礼官之间分歧的乃是对"古礼"行用性的不同

① 《宋会要辑稿》第1册，礼一五之四六。
② 《宋会要辑稿》第1册，礼一五之四八。
③ 《续资治通鉴长编》卷240，第5850～5852页。
④ 《续资治通鉴长编》卷240，第5852页；《宋会要辑稿》第1册，礼一
五之四五。描述"守祧"职掌的原文见《周礼注疏》卷17，《唐宋注
疏十三经》第2册，第168页；卷21，第211页。

理解。熙宁礼官尽管在现实做法层面上多取折中之法，在理念层面上却仍冀求贴近圣王礼仪和教言的理想状态。他们和"因循主义者"形成了明显对比，后者更着眼于维系宋朝开国以后的现有礼制。

小　结

有些历史学家尝试从北宋太庙制度变迁中寻求政治意涵。考虑到王安石对宋代传统法度即所谓"祖宗之法"的不满，[1] 他之所以执着于以僖祖为始祖，的确可能有政治考虑。由于太祖普遍被视为宋代"祖宗之法"的奠基者，王安石以僖祖神主取代太祖神主，可以被解读为一种从象征层面上削弱现存法度背后权威的尝试。无论王安石及其追随者发起熙宁五年礼议的初衷为何，随着太祖礼仪地位在皇室太庙礼仪中的贬损，"祖宗之法"的权威性亦可能受到削弱——至少在目睹熙宁五年太庙仪制变迁的精英士大夫心中确实如此。太祖神主与始祖至尊之位脱钩，这一做法有可能标示了某种现实政治的根本转向。

但是，在缺乏确凿史料证据下，上述这种政治隐喻颇难坐实，遑论借此分析熙宁五年礼议各参与士大夫的政治立场了。相比汲汲于发掘礼议的政治意义，笔者希望揭示这场礼议和朋党政治关系不大，其本质上是一场相对独立的思想史事件。始祖庙议中，歧见纷出，正好展示了朋党政治高峰时期的思想取向。从思想取向来看，"古"的概念、古礼理念以及古礼实践追求才是重点。在一份早期奏疏中，王安石宣

---

① 宋代士大夫一般以"祖宗之法"指称宋太祖和宋太宗时代所确立的传统法度。如邓小南先生所说，宋代士大夫对"祖宗之法"的确切认识要到仁宗时期才成形。邓小南：《祖宗之法：北宋前期政治述略》，生活·读书·新知三联书店，2006，第340~423页。

称："然窃恐今日之天下，尚宜取法于先王，而以中世人君为戒也。"① 熙宁五年礼议展示了北宋中后期礼官乃至士大夫思维中的某种集体意识：这种意识旨在重建礼经所载的先王礼制，进而重新定义官方正统思想的走向。

---

① 《续资治通鉴长编》卷217，第5287页。王安石此处隐晦地批评了当时的法度，认为其所取法的汉唐中世统治者是负面例子。

第四章
元丰礼制改革与元丰二年"昭穆"争议

　　熙宁五年，朝廷正式承认了僖祖的始祖之位。围绕僖祖太庙礼仪身份和地位的讨论预示了元丰以降一系列正礼运动。拥戴僖祖为始祖的礼官以及其他部门官员成为熙宁末至元丰时期鼓吹全面改革皇室祭礼之先声的发起者。这场改革主要集中在修订郊社和太庙祭礼，宋代官方记录一般将其指称为"元丰郊庙奉祀礼文"。元丰元年是这一礼制改革的开端。是年，朝廷于太常寺设立新礼制部门太常郊庙奉祀详定礼文所（以下简称"礼文所"），① 且又扩充提点南郊事务所，将编修明堂式所并入其中。② 这些制度更迭为接下来的礼制改革奠定了基础。元丰礼制改革期间，出现了一系列缜密而周详的议论，这些议论的讨论对象包括了大量郊社和宗庙礼仪，如朝廷祭祀的具体演示、南郊礼中礼仪空间的象征意义，以及郊庙祭祀中所使用的礼器和祭品。③

　　在上一章，笔者提出北宋礼官在熙宁五年礼议中的主要分歧应该归因于他们对古礼乃至"古"这一概念理解的分歧。这种分歧在元丰礼制改革期间逐渐式微。尽管礼文所礼

---

① 《续资治通鉴长编》卷287，第7012页。
② 《续资治通鉴长编》卷287，第7029页。
③ 《宋会要辑稿》第2册，礼二八之五五。另见《续资治通鉴长编》卷291，第7124、7136~7137页；卷292，第7138~7139页。

官政治背景各异，在复兴古礼的大前提下，他们亦能达成基本共识。简而言之，参与元丰礼议的礼官多将当时的郊庙礼仪视为不合宜。元丰礼制改革的关键议题已不再是应该如何理解古礼，而是应该如何具体实践古礼。

元丰二年，随着礼制改革臻至顶峰，一场围绕太庙祖先礼仪位次的重大礼议终于爆发。① 和熙宁五年始祖庙议相较，学界对元丰二年礼议及其影响的关注并不多。管窥所见，笔者为首位发表相关研究成果的学者。本章的一些基本要点，已见于笔者的一篇英文会议论文。② 令人鼓舞的是，近年来有些学者也关注到了元丰二年礼议的重要性，并陆续发表了不少成果。③ 与现有研究侧重于经学理路分析不同，笔者更关注元丰二年这场礼议的历史语境，以及其在相关礼仪理念发展中的意义。在这场礼议中，礼文所的三位礼官——陆佃

---

① 《宋史》将此礼议系于元丰元年。《宋史》卷 106，第 2574 页。根据《续资治通鉴长编》，元丰二年正月，神宗命陆佃兼任礼文所官员，负责更订郊庙礼制。在此之前，陆佃为《说文解字》官方定本编修者之一。见《续资治通鉴长编》卷 296，第 7195 页。按照常理而言，陆佃只有在兼任礼文所官员之后才有可能参与礼议。而张璪也是在元丰二年正月才加入礼文所的。《续资治通鉴长编》卷 302，第 7349 页。因此，笔者根据礼议双方参与者的入职年份，将礼议系于元丰二年。

② 见笔者 2012 年的会议论文，Cheung Hiu Yu, "The 1079 *zhaomu* Debate: The Song Ritual Controversy over Ancestral Rites," Western Branch Meeting of the American Oriental Society, 2012。会议资讯见 http//westernbranch. americanorientalsociety. org/meetings/aoswbprogram2012. pdf。就元丰五年礼议做进一步研究后，笔者将修订后的论述整合到博士学位论文第三章之中。该博士学位论文于 2015 年在网上公布：https://core. ac. uk/download/pdf/79576263. pdf。

③ 华喆：《父子彝伦：北宋元丰昭穆之议再评价》，《中国哲学史》2017年第 3 期，第 18~29 页。华文与笔者 2012 年、2015 年的部分研究成果不谋而合。笔者在 2012 年的英文论文中已经全面考察了南宋卫湜《礼记集说》中关于元丰二年礼议的重要材料。华喆在他的论文中也提到了这份材料，但他指出这些材料并不影响他的基本论点。冯茜新近出版的《唐宋之际礼学思想的转型》（生活·读书·新知三联书店，2020），辟有专章讨论元丰二年礼议，亦充分利用了《礼记集说》中的材料，其中有不少精彩分析。

（1042~1102）、张璪（？~1093）和何洵直（治平四年进士）——因为宋室祖先在宗庙中的昭穆序次产生了争执。值得注意的是，以上三位礼官在传统史官笔下一般被归入亲近王安石的改革派系。他们对赵宋帝室先祖昭穆的构想，不仅形塑了后人对宗庙空间格局的理解，亦影响了后代礼官和儒家学者如何通过礼仪空间格局去表现家族关系。

元丰郊庙礼文所与元丰太庙改革方案

元丰初年，宋神宗开始推行行政与官制改革。① 与此同时，他亦开始关注皇室祭礼。自登基以后，神宗就对皇室祭礼多有不满。元丰元年正月，神宗采纳了谏官黄履（1030~1101）的建议，决定开展礼制改革。② 恐怕是受到了王安石《周礼》学的启发，神宗将礼制改革视为复兴先王之政的必要一环。③ 据《文献通考》，礼官杨完曾将神宗礼制改革期间的奏疏、礼文和礼学论著编成三十卷，题为《元丰郊庙奉祀礼文》。④ 可惜的是，这部一手记录自 13 世纪晚期以后便亡佚。⑤ 不过，我们仍能依据礼官私人文集及礼经注解中的

---

① 神宗根据王安石的字学，自若干个选项中挑选了"元丰"作为年号。叶梦得：《石林燕语》，中华书局，1984，第 5 页。

② 《续资治通鉴长编》卷 286，第 6999 页。

③ 见 Peter Bol，"Wang Anshi and the *Zhouli*," *Statecraft and Classical Learning: The Rituals of Zhou in East Asian History*, pp. 229-251。

④ 马端临：《文献通考》卷 187，中华书局，1986，第 1598 页。宋代目录学家晁公武（活跃于 12 世纪）在其《郡斋读书志》中将此书记为三十一卷。不过，宋代的另一位目录学家陈振孙（活跃于 1211~1249年）则将杨完之记为三十卷。陈振孙：《直斋书录解题》卷 6，广文书局，1968，第 15 页下页。《郡斋读书志》中多出的一卷应为目录。见孙猛校证《郡斋读书志校证》，上海古籍出版社，1990，第 83~84 页。

⑤ 杨完的编集继承了前人以"仪注"、"因革礼"和"新仪"形式汇编礼书的惯例。北宋礼典的文献传统倾向于依附现存的礼制典范。如《太常因革礼》、《礼阁新编》和《庆历祀仪》皆是作为宋代官方礼典《开宝通礼》的补充说明而存在。不过，传统的礼制典范有时会妨碍新式

相关条文，部分重建元丰礼制改革的历史。

元丰礼制改革在宋代礼仪史中有着至为关键的作用。这次改革全程由神宗主导。从元丰元年到五年，神宗以礼文所为中心，召集了一批知名翰林学士和礼官参与礼文修撰，包括黄履、李清臣（1032~1102）、王存（1023~1101）、孙谔（1065~1096）、陈襄、何洵直和张璪等。[①]除此以外，神宗另外委派了如杨完一般的礼仪专家，进一步检讨礼文所官员所拟礼文，[②]并命令其他部门官员审核礼文所拟出的初步方案。和熙宁时期的礼议相较，元丰礼制改革更多地体现了神宗复兴古礼的个人意志。[③]在许多情况下，神宗亲自指示礼文所官员就他认为有舛误的礼仪发表意见，尤其是郊庙礼。[④]

礼学的发展，而杨书作为元丰礼制改革的记录，正是挑战了当时行用的礼制典范。苏颂曾以朝廷名义，根据杨书的文献记录，编撰了一部吸收元丰礼制改革成果的官方礼典，题为《元丰新礼》。根据南宋初年叶梦得的私人记录，这部书分为"有司""仪注""沿革"三门，大概以官方礼典《开宝通礼》为基础，将杨完《元丰郊庙奉祀礼文》中的文献分类整合入《开宝通礼》之中。然而据叶氏所言，此书并不见行用。叶梦得：《石林燕语》，第8页。

① 《续资治通鉴长编》卷287，第7012页；孙猛校证《郡斋读书志校证》，第83页。

② 《续资治通鉴长编》卷287，第7012页。

③ 前人留意到神宗个人意志在熙丰尤其是元丰政治中的作用。这一点从神宗对待王安石的态度，及对宰执大臣的提拔中可见一斑。见 Smith, "Shen-tsung's Reign and the New Policies of Wang An-shih, 1067-1085," in Denis Twitchett and Paul Jakov Smith, eds., *The Cambridge History of China*, Vol. 5, Part I: *The Sung Dynasty and its Precursors*, 907-1279, pp. 447-464；罗家祥《北宋党争研究》，第97~108页。新近的一篇专论为古丽巍《"无论于旧，不间于新"：论北宋熙丰之际的政局转换》，《中华文史论丛》2020年第3期，第177~218、388~389页。南宋初年浸染道学的学者汪应辰（1118~1176）已经留意到神宗本人主导了元丰官制与行政改革的整体过程。汪应辰：《石林燕语辨》，叶梦得：《石林燕语》，第202页。

④ 欧阳修的女婿庞元英（活跃于1080年）即将郊祀礼视为神宗改革礼制的核心。见庞元英《文昌杂录》，《全宋笔记》第2编第4册，第160~161页。

尽管礼文所官员政治背景各有不同，他们在主张复兴古礼方面可谓志趣相投。作为元丰礼仪改革中多项礼文的主要拟制者，同时也是熙宁五年庙制讨论的参与者，领衔礼文所的陈襄是一位典型的古礼复兴主义者。终其一生，他都在致力于效法古代先圣，以达到"致治如古"的目标。[①] 考虑到陈襄复兴古礼的宗旨，他在年迈之时仍然积极参与礼制改革，也就不难理解了。

作为新法的中坚追随者，黄履以诬陷保守派官员、挑拨改革派党魁之间关系而恶名昭彰。不过，黄履虽然被许多同辈人视为投机取巧之辈，却是一位古礼专家，尤其熟谙郊祀礼。据史料所载，黄履在裁定神宗礼制改革里最具争议的议题时发挥了关键作用，即南、北郊祀是否应该合而为一。[②] 通过回溯三代礼制实践，黄履主张不同体制的郊祀应分别在南郊、北郊举行。[③]

张璪与何洵直在礼学专长及敌视旧法党两方面均与黄履相近。二人都与改革派有往来。张璪之兄张环与王安石交好，张璪升任中书机要，保守派即将之归因于张环与王安石之间的私交。[④] 政治上张璪亦支持王安石新法。元丰五年，

---

① 刘彝：《陈先生祠堂记》，《古灵集》卷 25，《四库全书》第 1093 册，第 29 下页；《东都事略》卷 85，第 3 册，第 7 上页。朱熹留意到了陈襄复兴古制的志趣，在其编撰的《三朝名臣言行录》中收录了陈襄相关言论。朱熹：《三朝名臣言行录》卷 14，《四部丛刊》第 1101 册，第 1 上～3 下页。

② 关于这场争议的经过，见朱溢《从郊丘之争到天地分合之争——唐至北宋时期郊祀主神位的变化》，《汉学研究》第 27 卷第 2 期，2009 年，第 282～288 页。

③ 《东都事略》卷 96，第 3 册，第 6 下～7 下页；《宋史》卷 328，第 10573～10574 页。

④ 《宋史》卷 328，第 10569 页。由于张璪与王安石关系紧密，元祐年间，当政治氛围转而有利于旧法党时，保守派如苏辙、刘挚（1030～1097）和王岩叟（1043～1093）等皆大力抨击张璪。《续资治通鉴长编》卷 379，第 9213 页；卷 380，第 9230～9233 页；卷 385，第 9373～9374 页。

他推荐王安石的女婿蔡卞为国子直讲。① 此外，因为张璪在乌台诗案中与臭名昭著的谏官李定合作，弹劾苏轼，他的声名其后更为不堪。②

一如张璪，何洵直亦与改革派素有渊源。何洵直于治平四年通过殿试，进士及第。③ 考虑到神宗登基时已萌生变法的意向，他以何洵直为进士第二人，一定程度上反映了何洵直的政治立场。元祐时期保守派重新当政之时，曾有旧法党官员明确谴责何洵直在神宗一朝支持变法。元祐四年，刘安世（1048~1125）提出当时的"主流"士大夫都视何洵直为不仁不义。他又指斥，根据"公议"，何洵直没有资格担当朝中任何有名望的职位。④ 此处的"公议"，指的当然是元祐年间旧法党人提出的评议。元丰时期，立场较为中立的曾巩则称赏何洵直"能据经之说，适今之宜"。⑤ 神宗个人亦曾表扬何洵直博通经学，尤其是三部礼经。⑥ 事实上，礼制改革开始前夕，元丰元年正月之时，正是神宗本人亲自任命何洵直充任礼文所，可见其礼学造诣之得圣眷。⑦

和陈襄、黄履、何洵直、张璪这几位立场相对鲜明的官员不同，其他礼文所官员的政治取态较为模棱两可。孙谔是一位曾任职于改制后之太常寺的高阶官员。尽管他偏向支持王安石新法，但哲宗亲政时期孙谔对保守派持同情态度，曾

---

① 《宋史》卷472，第13728页。
② 《东都事略》卷83，第3册，第4上页。
③ 《宋会要辑稿》第5册，选举二之一○。
④ 《续资治通鉴长编》卷431，第10421页。《续资治通鉴长编》此处乃引自刘安世元祐四年八月《论何洵直差除不当奏》，《尽言集》卷2，《四库全书》第427册，第12上页。
⑤ 曾巩：《何洵直文及甫太常博士制》，《元丰类稿》卷20，《四部丛刊》第864册，第6上页。
⑥ 元丰二年十月四日，神宗擢升何洵直至秘阁校理。在升任制书中，神宗称赞何洵直博学聪敏。《续资治通鉴长编》卷300，第7306页。
⑦ 《续资治通鉴长编》卷287，第7012页。

力图维护旧法党不为宰相章惇所害。① 他亦敢于在王安石势力如日中天之时否定王氏《尚书》诠解。② 另一位礼文所官员王存一度与王安石相交，但后来不同意王安石的政治改革。王存同时也反对旧法党以车盖亭诗案为由，借机迫害改革派领袖蔡确。③ 由于政治立场相对模糊，孙谔和王存乃为新、旧两党共同排斥。两人均名列元祐党籍碑，尽管二人并非元祐党人。④ 从思想上来说，王存与黄履、陈襄属于同一类型的礼官。王存主张恢复《周礼》所存古制，并同意南、北郊祀分祭。⑤ 他也宣称自己依照"古法"为先人建造了家庙。⑥

　　作为元丰礼制改革的主导官员之一，李清臣毫无保留地追随神宗"欲继三代绝迹，制度文理，灿然一新"的宏图大志。⑦ 一如王存，李清臣亦强调朝堂内外复兴古礼的重要性。李清臣年轻时，曾于廷试应答之际指出礼制在吏员升黜中的

① 孙谔曾建议哲宗警惕朋党政治的祸害，提议朝廷调和改革派与保守派之间的矛盾。《宋史》卷346，第10984页。论及新法，孙谔则特别留意在地方行政中推行免役法的益处。见王梓材、冯云濠编《稿本宋元学案补遗》，第924页。

② 不过，孙谔对王安石经学注解的批评，就方法论而言，仍然不出王学分析框架。根据清代学者王梓材的总结，孙谔倾向于从汉儒注疏出发批评王安石。见王梓材、冯云濠编《稿本宋元学案补遗》，第825页。然而王氏新学礼学及经学的一个主要特征即通过袭用、转写汉儒注疏，达到对汉儒理论的诠释性改造。这一点将在第五章详论。

③ 《东都事略》卷90，第3册，第1下页；《宋史》卷341，第10873页。

④ 王昶：《元祐党籍碑姓名考》，《金石萃编》卷144，《续修四库全书》第890册，第15下页（王存）；卷144，第28下页（孙谔）。陆心源：《元祐党人传》卷1，《续修四库全书》第517册，第10上～下页（王存）；卷6，第11上页（孙谔）。

⑤ 《东都事略》卷90，第3册，第1上页；曾肇：《王学士存墓志铭》，杜大珪编《名臣碑传琬琰之集》卷30，《四库全书》第1092册，第12上页。

⑥ 曾肇：《王学士存墓志铭》，杜大珪编《名臣碑传琬琰之集》卷30，《四库全书》第1092册，第16下～17上页。

⑦ 晁补之：《资政殿大学士李公行状》，《鸡肋集》卷62，《四部丛刊初编缩本》第56册，第487页。

决定性作用。① 李氏长期任职于朝中不同礼制部门，这是其
仕途履历的一大特征。②

元丰元年，神宗命令礼文所官员为太庙拟立新制，将
此新制视为礼制改革的关键环节。数月以后，礼文所向神
宗呈上了一份方案，声称所拟之制与早前编成的《熙宁
仪》礼文相合。《熙宁仪》是整合熙宁时期郊庙礼的一部
仪注。礼文所方案与《熙宁仪》自然存在一些差异，然而
两者所拟制度实则沿袭自王安石的庙制构想。王氏的构想
自熙宁五年礼议以后便已顺利落实。不过，礼文所的方案
与熙宁仪制有一关键性分别：礼文所强调每座神主必须寄
藏于不同宗庙中之宫室，而非同一宗庙中的单一庙堂。基
于这一点，礼文所拟出了一个包含复数宗庙在内的建筑结
构，并着眼于庙与庙之间的礼仪序次。事实上，早在康定
元年，赵希言已提出重建复数宗庙的"都宫"之制。当时
仁宗并没有采纳。③ 三十多年之后，礼文所重提赵希言构
想，于元丰元年九月将新拟的别庙异宫之制奏呈神宗。④ 神
宗积极回应，下诏就新拟庙制做进一步议论。礼文所奏疏的
主要观点如下：

　　　　周制，由命士以上，父子异宫，祖祢异庙，所以致

---

① 晁补之：《资政殿大学士李公行状》，《鸡肋集》卷 62，《四部丛刊初
编缩本》第 56 册，第 485 页；《东都事略》卷 96，第 3 册，第 3
上页。
② 李清臣先后任职于太常寺、太常礼院、礼文所，并曾出任宣仁皇后
山陵礼仪使和礼部尚书。详细履历见晁补之《资政殿大学士李公行
状》，《鸡肋集》卷 62，《四部丛刊初编缩本》第 56 册，第 485 下~
489 上页。他的履历反映了礼制机构在宋代官僚仕途中扮演着重要
角色。
③ 《续资治通鉴长编》卷 129，第 3059~3060 页；《宋会要辑稿》第 1 册，
礼一五之二九。
④ 《续资治通鉴长编》卷 292，第 7138 页。

恭而不渎也。《祭法》曰"适士二庙";① 《春秋》书"桓宫、僖宫";② 《聘礼》有之"某君受币于某宫";《曾子问》曰"主出庙,必眱"。③ 是人君达于命士,莫不然也。惟诸侯之下士,则父子同宫而居,祖祢共庙而祭。后汉光武俭不中礼,合高祖以下至平帝为一庙。异室同堂,屈万乘之尊,而俯同周之下士,历代因循不革。臣等以《仪礼》求其迹,以《尔雅》辨其名,以《考工记》约其广深,谨图上八庙异宫,以始祖居中,昭穆为左右以进。④

作为礼文所的长官,陈襄亲自拟定了这份奏疏。⑤ 而奏疏所附所谓"八庙异宫"之图,则系由何洵直和张璪所定。⑥ 礼文所的大部分礼官认同这份奏议,他们提倡翻新宋室太庙,并扩建现存宗庙。如引文所述,礼官们援引礼经中的理据,以佐证别庙异宫之制。由于僖祖于熙宁五年庙议时

① 此处的"适士"指"上士",即品级最高的政府官员。除了两庙,适士还可以建设一坛,用以奉献时祭。

② 桓公是僖公的祖父。桓公、僖公各自独占一宫,展示了处理神主或宗庙位次时所依据的异庙原则。

③ 礼文所官员此处未引用完整经句。原句为:"主,出庙入庙,必眱。""眱"在礼经原文中意指神主移出移进宗庙时的道路管制。说见朱彬《礼记训纂》,第 298~299 页。

④ 《续资治通鉴长编》卷 292,第 7138~7139 页。

⑤ 笔者在陈襄的文集中找到礼文所奏疏原稿,文字与《续资治通鉴长编》此处所引完全一致。陈襄:《八庙异宫》,《古灵集》卷 9,《四库全书》第 1093 册,第 2 上~下页。这份奏疏当由陈襄拟定,内容经礼文所其他官员同意后,以陈氏领衔,署名呈上神宗。

⑥ 汤勤福先生怀疑此图有两个版本,分别由何洵直和陈襄所绘。见汤勤福、王志跃《宋史礼志辨证》,第 434~435 页。笔者的理解是:何洵直和张璪二人作为礼文所的官员共同修订了八庙异宫图,并提交陈襄,最后再上呈朝廷。有两则文献材料可以佐证笔者的理解:其一,《宋史》明确记载"何洵直图上八庙异宫"(见《宋史》卷 106,第 2574 页);其二,陆佃批评八庙异宫图时,提到"右张璪等所定图"(见陆佃《昭穆议》,《陶山集》卷 6,《四库全书》第 1117 册,第 13 上页)。

已被尊为始祖，根据礼文所的新方案，僖祖之庙自应位居整
个布局中央。翼祖、太祖、太宗、仁宗之庙居其右，以穆
行；宣祖、真宗、英宗之庙居其左，以昭行。八庙自北而南
纵向排列，其空间的格局当如图 4-1 所示。

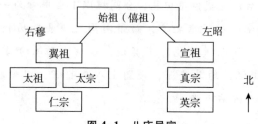

图 4-1　八庙异宫

资料来源：根据《宋史》卷 106（第 2573 页）制作。

　　根据《易经》"八卦"系统的方位学诠释，始祖之位在
北，象征了至尊之乾位；其他方位皆为乾位统摄。理论上，
余下的七庙应位居僖祖庙之南，以凸显僖祖相对于后代的至
高无上礼仪地位。然而，传统宋室太庙制度的庙室安排实际
上依东西轴排列，始祖位于东面。[①] 通过采纳南北轴的新位
向，"八庙异宫"之制尝试重整宋室先祖宗庙的整体空间布
局。它将各庙（神主在各庙宫室之中）独立区别开来，并延
续了王安石高倡僖祖礼仪地位的基本路线。

　　礼文所的方案回应了神宗依据古礼修正太庙制度的决
心。从实践层面来说，如果不仔细修改相关庙仪，就无法配
合"八庙异宫"之制空间方位上的相应变迁。元丰元年到二
年，以陈襄为首的礼文所官员转而考察具体庙仪和相关礼
节，如荐新祭品安排以及庙祀中使用的礼器。[②] 不过，随着
越来越多的士大夫参与到相关礼议之中，针对礼文所"八庙
异宫"这一方案的疑虑也开始浮现。元丰二年，一场针对宗

---

　① 万斯同：《庙制图考》，《四库全书珍本》第 369 册，第 97 上~98 上页。
　② 《续资治通鉴长编》卷 292，第 7134、7138 页；卷 299，第 7273~7274 页。

庙性质的礼学论战终于爆发。

元丰二年"昭穆"争议：陆佃与礼文所

上文述及，元丰元年至二年是礼制改革的巅峰时期。郊庙礼仪大部分相关修订在这两年间完成。元丰二年正月，神宗命谏官何正臣监督两个月后太庙举行的春荐的筹备工作。[①]同年，年轻的官员陆佃被分配到礼文所。陆佃全面挑战了礼文所的太庙方案，并以一种极具争议性的方式重新界定了太庙礼仪。即使是礼文所里最博学多识的礼官，亦觉得陆佃的礼学思想难以理解。以下先对陆佃的思想背景略做介绍，以帮助我们理解他那与众不同的礼学思想。

陆佃，越州（今属浙江）山阴人，出身贫困。[②] 年幼受家庭财政状况所限，刻苦求学，律己甚严。相传陆佃的家庭贫苦到了负担不起灯火的地步，以致陆佃需要借助月光读书。[③] 治平年间，当王安石在陆佃家乡邻近的江宁地区向当地学者授经讲学之时，年轻的陆佃得以受学王门。陆佃一直以王安石门人自称。晚年仍忆述王安石对他的影响，以及自己是如何为王学所成就。[④]

熙宁时期，由于早期所受的儒家经学训练，特别是他对王安石学术著作的精湛解读，陆佃在官场上一帆风顺。他与王安石之间的私人关系引起了某些同代人侧目。[⑤] 熙宁五年，王安石令陆佃协助自己编撰《诗经》的新注解，即后来的

---

① 《续资治通鉴长编》卷 296，第 7197 页；卷 297，第 7232 页。
② 《宋史》卷 343，第 10917 页。
③ 《宋史》卷 343，第 10917 页。
④ 陆佃：《沈君墓表》，《陶山集》卷 16，《四库全书》第 1117 册，第 11 下页。
⑤ 《续资治通鉴长编》卷 211，第 5129 页。

《诗经义》。①　自是以后，陆佃解经的才能便广泛为改革派士大夫所承认。②　由曾巩起草的擢升陆佃为侍讲的朝廷制书称赏陆佃"好古知经"。③　在提拔陆佃的另一份制令中，神宗亲自评价陆佃聪敏博学。④

陆佃精于礼学，这一点广为同时代人所知。神宗甚至称许曰："自王、郑以来，言礼未有如佃者。"⑤　将之比拟为王肃、郑玄。陆佃对礼仪名物（比如郊庙祭祀中的礼器和服饰细节）的热衷，从表面上来看确与汉代以降三礼义疏学的关注相似。自元丰二年加入礼文所后，陆佃开始善用他对仪式细节的认识，协助修订祭祀仪节和相关器物，包括宗庙常食荐享所用的牙盘、用以覆盖宗庙尊彝的疏布和皇帝在郊祀中所穿的大裘礼服等。⑥　就礼文所内部的大部分礼议而言，陆佃和他的同僚步调一致。他对仪式细节的关注以及所拟定的一些方案为礼文所补充了丰富的材料。

然而元丰二年初，当陆佃呈上一套新的太庙空间布局方案时，他不但彻底颠覆了礼文所礼官的原有方案，更挑战了儒家主流礼学对太庙的理解。陆佃的新方案包括两部分，分别反映在题为《庙制议》和《昭穆议》的两份奏议中。其庙

---

① 《续资治通鉴长编》卷229，第5570页。
② 曾布：《曾公遗录》，《全宋笔记》第1编第8册，第194页。曾布曾提及陆佃博通经学，视他为具有潜质的官员。曾布：《曾公遗录》，《全宋笔记》第1编第8册，第226页。
③ 曾巩：《陆佃兼侍讲制》，《元丰类稿》卷21，《四部丛刊》第864册，第5下页。
④ 《续资治通鉴长编》卷298，第7256页。
⑤ 《宋史新编》卷116，《二十四史外编》第96册，第7上页。
⑥ 《东都事略》卷97，第3册，第3下~4上页；晁说之：《晁氏客语》，《全宋笔记》第1编第10册，第102页；陆佃：《陶山集》卷5，《四库全书》第1117册，第1~18上页。陆佃针对大裘之正确形制的讨论尤能体现他擅长缕析仪式中的细节。李朴：《丰清敏公遗事》，《全宋笔记》第2编第8册，第139页；方勺：《泊宅编》，《全宋笔记》第2编第8册，第218~219页。

制构想第一部分见于《庙制议》。在这份奏疏里，陆佃提到宗庙不同建筑部件的名称，包括：台门、玄阃、提唐、疏屏、四门、九阶、左城、玄陛、复格、黑楹、丹桷、达乡、交牖、赍墉、设扆、重廊和山墙等。① 这些名称，不少是陆佃从一部可疑的文献《逸周书》中摘引出来的。② 其中名目，多不见于三礼正文。对这些出于想象的周代建筑名目，陆佃加以敷衍，建构出了一套礼文所官员所不熟悉的古代太庙模型。如果陆佃当时能够将这些名目与经学中记载的太庙制度配合而论，融会贯通，礼文所的其他官员恐怕未必会对之感到困惑。

　　不过，彻底颠覆礼文所官员之前构想的，是陆佃方案的第二部分。在题为《昭穆议》的奏疏中，陆佃反对由何洵直和张璪所定且后来为其他礼文所官员所认同的"八庙异宫"之制。③ 他主张何、张"八庙异宫"图中的昭列与穆列应该对调，以体现"尊卑之序"。在陆佃提出的这一序次之下，较为尊长的祖先永远都会居于昭位，而辈分较次的祖先则永远位居与之相对的穆位。陆佃认为何、张所定原图违背了儒家正确的伦理尊卑秩序。在何、张所制图中，位于僖祖之右、居于穆列的祖先实为其各自相对之昭位祖先的父辈：翼祖是宣祖之父；太祖、太宗是兄弟，而太宗是真宗之父；仁宗是英宗之父。④陆佃反对何洵直和张璪的昭穆序列，主张翼

---

① 陆佃：《庙制议》，《陶山集》卷6，《四库全书》第1117册，第1上~6下页。

② 例见陆佃《庙制议》，《陶山集》卷6，《四库全书》第1117册，第1下、3上、3下、5上页。

③ 现存的《昭穆议》文本见于陆佃的文集《陶山集》。《陶山集》原书一度亡佚，12世纪后被复原，部分文章有所阙略。现存《四库全书》中的《陶山集》是清代编者努力从《永乐大典》中辑出陆佃佚文的成果。

④ 陆佃：《昭穆议》，《陶山集》卷6，《四库全书》第1117册，第13上页。据官方正史记载，在何洵直的图中，顺祖亦被归类于昭。《宋史》卷106，第2574页。按：《宋史》所引何洵直图例，并非太庙布局，而是何氏转引《熙宁仪》之禘祫陈设。祫祭中顺祖依昭序，东西排列。此条承蒙译者郑珮安提醒，特此致谢。

祖、太祖、太宗和仁宗庙应该列于昭列，因为此四庙的祖先是位居其相对方位之祖先的父辈；宣祖、真宗、英宗庙应该列于穆列，因为此三庙的祖先是位居其相对方位之祖先的子辈。[①] 图 4-2 展示了陆佃更改后的新"八庙异官"之制。

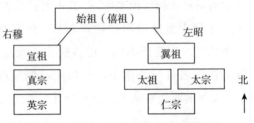

图 4-2　元丰二年陆佃提出的昭穆位序

　　简而言之，陆佃将何洵直方案中昭、穆祖庙的位列对调了。除此以外，他基本同意"八庙异官"之制。在陆佃的方案里，左昭一列的祖庙需要保留给其对面之穆庙先祖的父辈；而相应的，右穆一列的祖庙则保留给左昭祖先的子辈。

　　陆佃在《昭穆议》中批评何、张忽视尊卑因素，以致违背祭祖礼仪的礼意。他声称何洵直和张璪对皇室祖先的安排假定昭、穆祖庙只应在其各自的序列上移动。换言之，所有的昭庙只能于昭列迁移；同样的，所有的穆庙亦只能于穆列迁移。通过援引祫祭合食时的神主格局，陆佃挑战了这种固定的昭穆模式。他在《昭穆议》中提出一个假设：

> 假令大夫昭穆，以世次计，曾祖适为昭，高祖适为穆；父适为昭，祖适为穆。同时合食，则将偶坐而相临。义不得以卑而逾尊。则璪等将令"昭常为昭，穆常为穆"乎？如此则曾祖居尊高祖居卑、父居尊祖居卑

---

① 陆佃：《昭穆议》，《陶山集》卷 6，《四库全书》第 1117 册，第 13 下页。

矣。非所谓父昭子穆、昭以明下、穆以恭上之义。①

陆佃认为,祖和高祖为穆,将会导致一种棘手情境,即曾祖和父的礼仪地位反较高祖和祖为卑下。陆佃认为这一格局违反孝道精神。在同一奏议提出的另一个父子同堂合食之假设中,陆佃公然说道:"而(父子)偶坐相临,则甲宜为昭,乙宜为穆,岂可远引千岁以来世次,复令甲居右穆,乙居左昭,紊同堂父子合食之序乎?"②尽管陆佃承认庙位昭列与穆列相互自由移易可能会导致名目混淆,但他确信自己的昭穆方案才能代表正确的尊卑之序。总要而言,陆佃主张,昭穆作为礼仪称谓,象征了宗庙祭祀中的父子关系。如陆佃所言:"昭以明下为义,穆以恭上为义。"③父辈应该永居昭位,以"昭明"(启迪)与其相对的子辈。在赵宋太庙中,父辈的几位先祖是翼祖、太祖、太宗和仁宗,他们在太庙中"昭明"其子辈,亦即宣祖、真宗和英宗,后三者居于与前四者相对的穆庙。这就是陆佃的太庙昭穆方案。我们在后面会看到,这一方案的影响力远不止于元丰二年礼议。但是现在,还是让我们先来探讨一下礼议双方的逻辑和学理依据。

元丰二年"昭穆"争议:陆佃与何洵直、张璪之争

陆佃的《昭穆议》为元丰二年礼议提供了基本讨论文献。在这次礼议中,何洵直和张璪也回应了陆佃的《昭穆议》。不过,其回应在官方记录中未有载录。和陆佃不同,何、张二人并没有留下私人文集。幸好,在南宋一部网罗五

---

① 陆佃:《昭穆议》,《陶山集》卷6,《四库全书》第1117册,第11下页。
② 陆佃:《昭穆议》,《陶山集》卷6,《四库全书》第1117册,第12上页。
③ 陆佃:《昭穆议》,《陶山集》卷6,《四库全书》第1117册,第10下页。

十余家《礼记》注疏的集解里，笔者发现了一段关于元丰二年礼议双方论点的记载。这部集解题为《礼记集说》，由南宋学者卫湜编撰而成。① 此书提供了元丰二年礼议的丰富材料，也引用了陆佃两部已亡佚的《礼记》注解（《礼记解》和《述礼新说》）的一些条文。② 幸得此书存在，我们才得以考察元丰二年礼议中陆佃、何洵直及张璪的相关礼论。

《礼记集说》所引礼议相关材料，其第一部分记述乃以陆佃《昭穆议》文字开首，③ 继之以若干"说者曰""或者曰"代表《昭穆议》的反方论述。此处的"说者""或者"指的是何洵直或张璪（主要为何洵直）。"说者曰""或者曰"之后，《礼记集说》再引述陆佃对这些反驳的回应。为便分析，笔者将《礼记集说》记述重新整理为三个部分，每一部分包含一项反方论述以及陆佃的相关回应。第一部分如下：

> 说者或以《左传》大伯、虞仲，太王之昭；④ 虢仲、虢叔，王季之穆；⑤ 管、蔡、郕、霍，文之昭也；⑥ 邢、晋、应、韩，武之穆也。⑦ 又以《书》称"穆考文

① 关于《礼记集说》的研究方兴未艾。此书版本流变，见陈杏珍《宋严州刻本〈礼记集说〉》，《故宫博物院院刊》1999年第4期，第64~67页；王锷《三礼研究论著提要》（增订本），甘肃人民出版社，2007，第287~290页。
② 《述礼新说》大概是《礼记解》的修订版。参见卫湜《礼记集说·名氏》，《四库全书》第117册，第4上页。
③ 卫湜：《礼记集说》卷30，《四库全书》第117册，第28上页。与陆佃文集《陶山集》中的《昭穆议》文句比对，《礼记集说》所引文字颇有不同。陆佃：《昭穆议》，《陶山集》卷6，《四库全书》第1117册，第10上页。冯茜认为这是因为陆佃写过两篇《昭穆议》。见冯茜《唐宋之际礼学思想的转型》，第261页脚注。
④ 相应的，太王是其子大伯、虞仲之穆。
⑤ 王季是其子虢仲、虢叔之昭。
⑥ 文王是其子管、蔡、郕、霍之穆。
⑦ 武王是其子邢、晋、应、韩之昭。

王",乃谓文王世次居穆,武王世次居昭。王季亲尽而迁,则武王入王季之庙为昭,文王仍为穆;康王入武王之庙为昭,成王仍为穆;穆王入康王之庙为昭,昭王仍为穆。①

　　何、张以上说法背后的推论是:昭、穆作为礼仪称谓,最初乃由周人所创,本是为了标示先人祖庙的固定庙位。因此,昭穆与父子关系尊卑等无关。

　　针对这一观点,陆佃重申他的基本立场,认为以子为昭、以父为穆并不合礼。他认为昭穆乃由古代圣王设计,本用以象征正确的尊卑秩序。② 为了进一步说明古代先王礼意,陆佃进而将昭穆区分为"世次"昭穆和"庙次"昭穆。他将"世次"定义为祖先的自然序次,且同意"世次"昭穆主要指祖先在其世系中的相对位次。以周人的情况目之,则"盖周自后稷至文武十有六世,此世次也"。③ 继此而论,陆佃承认礼仪上的"迁庙之法"并不适用于周代世次。④ 在世次系统中,位列昭位的祖先,其子则在穆位,如是类推。由是者,陆佃认为,何洵直和张璪援引《尚书》"穆考文王",并诠释成"文王世次居穆",这句话事实上应该理解为"文王于世次为穆"之意。他进一步引述西晋经学家杜预(222~285)的观点以支持自己对"世次"一语的诠释。杜预在其《左传》注中提及:"以世次计,故大伯、

① 卫湜:《礼记集说》卷30,《四库全书》第117册,第29上页。
② 卫湜:《礼记集说》卷30,《四库全书》第117册,第30上页。
③ 卫湜:《礼记集说》卷30,《四库全书》第117册,第30上页。
④ 《礼记·丧服小记》记载了古代宗族系统中的神主迁法实践。根据《丧服小记》,别子(嫡长子以外之子)在传至五世后,其神主将迁出原来的宗系。别子之主的迁离标志着新小宗的成立。《礼记注疏》卷32,《唐宋注疏十三经》第2册,第376~377页。James Legge, *The Sacred Books of China: The Texts of Confucianism* (New York: Gordon Press, 1976), 4:43.

虞仲，于周为昭。"① 陆佃同意杜预对周代"世次"的理解，
以为杜预之说能得"故《左传》以世次推之"的真意。② 但
是，"世次"一词并不见于《左传》原文。所谓"以世次推
之"的讲法，与其说是《左传》经文本意，毋宁说是陆佃
个人对杜说的诠释。

尽管陆佃在把握"世次"概念方面有独特性，但其理解
本质上仍与何洵直及张璪一派分别不大。他与何、张真正的
分歧乃由其所谓"庙次"昭穆而引发。陆佃认为庙次和世次
不同：庙次指涉宗庙之中祖先的礼仪序次。③ 用陆佃的话来
说，只要有新的祖先加入，世次就可以无穷无尽地延续下
去。但是，能够在太庙接受时享的祖先数量有限。一般情况
下，太庙祖先不应超过六位。换言之，作为指涉天子宗庙六
位祖先礼仪地位的基本指标，"庙次"的昭穆象征了礼仪秩
序，这一秩序规范着已逝祖先和在世后代之间的中间领域，
它是生者和死者礼仪秩序的综合体。根据陆佃的逻辑，帝室
各位祖先首先根据他们世次上的相应位置获得临时性的昭穆
标识，亦即"世次"之昭穆。但是，当世次末端的祖先神主
被迁入太庙时，相关神主数量自然会受到庙制规限。为了体
现太庙中死生相辅的礼仪秩序，庙室以及神主的昭穆将根据
父昭子穆的原则重新排列，此即"庙次"之昭穆。④

至于庙次中的祖先，陆佃则主张当"以事生之礼事
之"。⑤ 在生者存在的人间之世中，以父子之间的家庭关系
以及相关礼节最为根本。因此，陆佃宣称，每当新近逝世的

---

① 卫湜：《礼记集说》卷30，《四库全书》第117册，第30上页。杜注
原文见《左传注疏》卷12，《唐宋注疏十三经》第3册，第134页。

② 卫湜：《礼记集说》卷30，《四库全书》第117册，第30上页。

③ 卫湜：《礼记集说》卷30，《四库全书》第117册，第30下页。

④ 用陆佃的话来说，即为"昭穆移易"。卫湜：《礼记集说》卷30，《四
库全书》第117册，第30下页。

⑤ 卫湜：《礼记集说》卷30，《四库全书》第117册，第30下页。

皇室祖先迁主入庙时，都必须依据父昭子穆的"庙次"重新分配其昭穆。这样的话，在位的皇帝才能展示他对先祖的敬谨之意，孝道作则，垂范臣下。

解决第一项质疑后，陆佃进而回应何洵直和张璪提出的第二项质疑。这项质疑源于太庙的祔庙礼仪。[①] 简单来说，何洵直援引《礼记·檀弓》中"明日祔于祖父"一句经文，[②] 指出《檀弓》以祔葬为例，证明在死后的丧葬礼中，孙之墓乃祔于其祖墓旁边，至于其父之墓则无关。换言之，父子之间的礼仪关系，在祔葬礼中被忽略了。基于《檀弓》这一句经文，何洵直和张璪进行了优秀的逻辑推理。他们提出，如果有学者坚持父辈祖先当永居昭位，以体现父辈的优越地位，那么，祔葬礼仪中忽视父亲的地位，便为错误。然而，考虑到祔葬见载于《礼记》本经，其可信程度毋庸置疑。因此，祔葬之礼中忽略父辈祖先的地位，则必然不成问题。[③] 父亲的礼仪地位在祔葬中既然无关紧要，那么以昭穆体现父子之间尊卑关系的假设，就必然不能成立。由祔葬推及祔庙，父昭子穆的尊卑原则也就不能成立了。

第二项质疑比第一项质疑更难反驳。然而陆佃在这里充分展示了其长于驳议的治学特点。他首先指出，从礼仪演示的角度来看，祔葬乃至祔庙和迁庙不可相提并论，后者处理

---

① 根据《礼记·丧服小记》，祔庙指的是在宗庙中将个别神主附于辈分较尊的祖先。《丧服小记》曰："其妻祔于诸祖姑，妾祔于妾祖姑，亡则中一以上而祔。"见《礼记注疏》卷33，《唐宋注疏十三经》第2册，第384页。关于祔庙的详细讨论，见朱彬《礼记训纂》，第133、497页。"中一"是指祔庙时隔代而祔。

② 卫湜：《礼记集说》卷30，《四库全书》第117册，第31下页。

③ 卫湜：《礼记集说》卷30，《四库全书》第117册，第31下页。就其逻辑而言，何洵直和张璪显然采用了否定后件的推论形式，其中"祖庙的昭穆可自由转换"为P，"祔庙不合礼"为Q。在二人的推论中，Q（祔庙不合礼）既然被否定，则P（祖庙的昭穆可自由转换）亦不能成立。

的是祧迁宗庙祖先神主的问题。陆氏承认，正如何、张二人所指出的，袝礼——不管是袝葬礼还是袝庙礼——都属于周礼模型中的"古礼"。但是，陆佃提出袝庙的情况有些特殊：在丧礼和吊礼环节当中，是"卒哭而袝"，且"练而后迁庙"。[①] 因此，袝庙、迁庙明显在不同的礼仪场域之中举行。陆佃紧扣这点，提出双方辩论的太庙昭穆问题本质上是迁庙问题。他质疑何洵直和张璪如何能以袝庙乃至《檀弓》提到的袝葬思路来理解另一礼仪场域中的迁庙。换言之，陆佃认为，以袝庙解释庙室或者神主祧迁时所引发的昭穆序次变化，本身就是偷换概念，并无参考价值。

为了使辩证逻辑更为圆满周详，陆佃亦正面回应了何、张所提出的袝庙之礼，尤其是此礼中父子神主共存于祖父庙之情形。陆氏再次援引周代案例阐述他的观点：

> 且穆王初袝未练，则王季未迁，昭穆未动；与祖昭穆同班，则袝于康王之庙，所谓袝于祖父也。袝于祖父，则非专其庙。而袭其处自无压父之嫌。[②]

周穆王和周康王是祖孙关系。在初袝于祖父康王之庙时，穆王神主进入了康王之庙，礼仪规格层面貌似凌驾于其父之庙。或者按照何洵直和张璪的经学逻辑，父辈祖先的礼仪地位貌似被忽略了。但是，陆佃在这里的反驳巧妙地利用了"袝"字的定义。他提出孙辈神主既然是"袝"于祖庙，那就只是祖父庙中的附属物，而不能说是该庙尊奉的主要对

---

① 卫湜：《礼记集说》卷30，《四库全书》第117册，第31上页。此两句经文都见于何、张所引用的《檀弓》。朱彬注解此处时指出亡者神主只能袝于同昭穆的祖父。朱彬：《礼记训纂》，第133页。
② 卫湜：《礼记集说》卷30，《四库全书》第117册，第31上页。下划线为笔者所加。

象。上文下划线部分"祔于祖父，则非专其庙"一语，正是
陆氏这一思路的充分体现。这一思路是否源自其师王安石以
及陆佃本人喜好的字学，我们在下一章中会略做讨论。回到
陆佃此处反驳何、张的思路，陆氏以字为说，以釜底抽薪的
办法消了祔庙礼的"以子压父"嫌疑。在他的礼学系统
中，祔庙礼中"孙与祖昭穆同"的现象——陆佃并没有否定
这一现象的正当性——和"以子压父"的礼仪举措之间就不
存在任何因果关系了。进一步来说，庙制中"孙与祖昭穆同"
的现象，无法证明"以子压父"不是非礼之举。根据这一逻
辑推衍，陆佃主张祔庙礼不能成为宗庙昭穆尊卑不正的论据。
反过来说，昭穆还是应该按照父昭子穆原则来安排。

除了"祔"之一字外，陆佃在另外一些地方还利用了制
度逻辑以解释他对昭穆的理解。比如他提出如果按照何、张
"昭常为昭，穆常为穆"的传统讲法理解昭穆，那么世次昭
穆即等于庙次昭穆，周室庙制只需依历代祖先轮次排列昭穆
即可。但是《周礼》中小史一职却有"奠系世、辨昭穆"
之责。昭穆若只依世次轮次排列，又何须专人辨而叙之？所
以，在陆佃看来，宗庙中的昭穆只能解释为需要按照父尊子
卑的原则重新排列，"迁易不常，故使辨而叙之也"。[①]

陆佃所回应的何、张的最后一项质疑，与上文提到的祔
庙礼亦有关系。何洵直和张璪引述汉代儒家学者刘歆（约前
50~23）的说法，以佐证昭穆祖先只能在各自序列中迁移的主
张。刘歆原文出于其在汉哀帝时期呈上的一篇奏章。其中提
到："孙居王父之处，正昭穆，则孙常与祖相代，此迁庙之杀
也。"[②] 就此观之，大儒刘歆确实认同昭穆迁移有其固定序

---

① 卫湜：《礼记集说》卷30，《四库全书》第117册，第32上页。
② 卫湜：《礼记集说》卷30，《四库全书》第117册，第32上页。刘歆
　　原文转引自班固《汉书》卷73，第3129页；并见王先谦《汉书补注》
　　卷40，广陵书社，2006，第20页。

列，亦即祖孙相替的隔代迁移。但是，陆佃再一次运用其字学逻辑拆解刘歆之说。他认为刘歆此说首句的正确理解是"孙从王父之位"，而非"孙居王父之处"。① 如果孙辈神主在庙中只是祔于祖父，而非取而代之，那么便不可将之视为一位祖先神主取代了另一位隔代祖先神主。进而推理，昭穆的迁移并非只固定于本系序列。陆佃认为何洵直所引用的刘歆说只是在形容祔庙，而非迁庙。如果是指迁庙的话，则当写作"孙袭王父之庙"。② 通过这类巧妙的操作，陆佃回避了上揭文中刘歆说"则孙常与祖相代，此迁庙之杀也"的结论。为何陆佃的解释与刘歆结论截然不同？如果我们如此质疑陆佃，以陆佃的逻辑，他大概会回答"常与祖相代"的"常"字说明了祖孙相替只是迁庙的惯例，并不代表迁庙的原则。陆佃的逻辑本身，仍是自洽的。

纵观陆佃对何洵直与张璪的回应，他尤其关注三个角度。其一，他承认祖孙这一礼仪纽带在太庙语境中的紧密联系；其二，他强调祔庙和迁庙在太庙仪制中的差异；其三，他以世次、庙次这组概念对比来重构后者昭穆序次。和陆佃层次分明、逻辑严整的回应相较，何洵直和张璪的论述显得相对不完整。尤其是何洵直和张璪未能解释祔庙和迁庙在礼仪演示上的差异，以及为何太庙应该严格遵从世次上的昭穆。在《礼记集说》所引何洵直昭穆议论中，只见何氏频繁援引经典文句，却未能依据经文建立一套连贯而一致的论述。③

何、张论述完整性的相对缺乏，有可能出于材料所限：据冯茜推论，《礼记集说》相关文字大概抄录自陆佃本人所写的另一篇《昭穆议》奏议。作为奏议，陆氏原来的文本相

---

① 卫湜：《礼记集说》卷30，《四库全书》第117册，第32上页。
② 卫湜：《礼记集说》卷30，《四库全书》第117册，第32下页。
③ 卫湜：《礼记集说》卷30，《四库全书》第117册，第33上~36下页。

对融贯，可以针对何、张所论逐条驳议，自由发挥。^① 至于何洵直的议礼著作，《宋史·艺文志》记有《礼说》一卷以及和蔡确合撰《礼文》三十卷。^② 这两部作品均已失传。管窥其体裁，《礼说》大概为论礼通则之作。至于何氏与蔡确合撰之《礼文》，根据题义，当为元丰以后礼议奏疏编敕乃至仪节集成。^③ 但是，蔡确作为新法党重臣，其元丰前期仕宦生涯中并无参与议礼之记载。《宋史·艺文志》所记恐有误。由于何洵直乃或张璪均无文集传世，南宋卫湜所经眼之何、张文字，恐怕并不全面。只凭借《礼说》此类通论文字，自然无法充分展开对陆佃昭穆异说的回应。

无论如何，在现有的材料下，陆佃的昭穆论述更为完整。尽管陆佃针对皇室世系昭穆所提出的修订从逻辑上来说明确清晰、融贯自洽，朝廷最终还是无视了他的提议，而采用了何、张设计的原案来改造太庙。如其他学者所论，其中有着经学理想与宋廷实践认知之间的落差问题：陆佃之说乃源于宋人自身体验，而何、张所主张的祖、孙同昭穆及相关迁法源自传统经说，更可上溯至所谓"古制"。^④ 如本章开首所论及，元丰时期，神宗本人对复兴古礼抱持极大的兴趣。在这一境况之下，元丰礼官之间的思想歧异逐渐归于隐微，而议论归一于"复古"。何、张之说，相比之下较近于古。此外，我们亦需注意到何、张在礼文所里资历更老，品级更高。而且二人均于元丰三年协助神宗改革官制，这或许

---

① 陆佃《昭穆议》奏论文字，可能在《礼记解》和《述礼新说》中亦有引用。但是从《礼记集说》相关文字来看，并没有充分证据说明这一点。

② 《宋史》卷 202，第 5050 页；卷 204，第 5134 页。

③ 《宋史·艺文志》何、蔡《礼文》前后书目为黄廉《大礼式》二十卷及《唐吉凶礼仪礼图》三卷、庞元英《五礼新编》五十卷。黄、庞皆为熙、丰时人，《大礼式》《唐吉凶礼仪礼图》是属于"礼数"范畴的仪节指导手册，则《礼文》一书大概亦包括仪节步骤在内。

④ 华喆：《父子彝伦：北宋元丰昭穆之议再评价》，《中国哲学史》2017 年第 3 期，第 25~28 页；冯茜：《唐宋之际礼学思想的转型》，第 263~266 页。

是神宗本人对陆佃的昭穆方案和相关礼议保持沉默的缘故。[①]
当然，最重要的原因是何、张方案基本上是礼文所官员共
识，亦是理想古制的结晶。不过，作为"异类"，陆佃的昭
穆讨论在神宗的礼官圈子里激起了一定反响。元丰二年以
后，围绕其他朝廷大礼的争议亦逐一浮现。更多的礼官"异
类"，如曾肇、陈荐等，开始就其他礼仪——尤其是郊祀
礼——发表各种不同意见。[②] 从这个角度来讲，陆佃在元丰
二年礼议中的表现有其"当代"影响力。但这一礼议更重要
的影响，要等到大半个世纪后才会清晰浮现。那是朱熹的
时代。

小　结

　　陆佃、何洵直和张璪之间的元丰昭穆争议为我们留下了
丰富的礼学遗产。我们不仅能够从中考察宗庙礼仪的正统问
题，还能反思某些特殊礼仪规范的建构过程。通过聚焦宋室
太庙昭穆次序，陆佃、何洵直和张璪重新开启了儒家学者关
于家族关系原则的讨论，尤其是祖孙关系在祖先崇拜中的枢
纽地位。元丰二年礼议之后，宋廷以古礼为名确立了祖孙关
系在庙制中的核心地位，同时也舍弃了陆佃理论框架中忠实
呈现父尊子卑原则的昭穆方案。搁置争议细节本身，在何洵
直、张璪、陆佃和其他礼文所礼官眼中，太庙昭穆象征着宋
室传承的世系次第，体现了赵宋统治的正当性秩序。从这一
角度来看，元丰二年围绕皇室昭穆的礼议，并不单纯源于经
学教条主义式的狂热，而且主要来自士大夫群体对于皇室祭
祖礼仪与家族关系的关注。正如笔者在另一篇论文中所述，

[①]　神宗元丰三年六月命何洵直和张璪二人检讨与官制改革相关的各种文
　　书。见《续资治通鉴长编》卷305，第7424页。
[②]　其中一例，可见《续资治通鉴长编》卷312，第7563页。

儒学出身的礼学家们通过进入礼官系统，正式参与议礼、制礼过程。这一礼学家地位的上升，也正是发生在神宗时期尤其是元丰时期。[①]

元丰昭穆争议亦揭露了改革派礼官之间的思想张力，陆佃、何洵直和张璪都与王安石有关联。然而在昭穆礼议中，何、张、陆三人之间的思想拉锯，却展示了与熙宁始祖庙议相同的跨党派倾向，只是角度稍异。如果将元丰昭穆礼议中其他礼官的政治立场也纳入考虑，这种跨党派倾向更为明显。就礼仪思想而言，改革派内部的歧异，要较改革派与保守派之间的歧异更为显著。归根结底，所谓改革派和保守派，主要是基于士大夫政治倾向而划分的政治标签。这类标签便于后世史学家分析，却不能充分反映士大夫的复杂面貌。通过考索熙宁始祖庙议和元丰昭穆礼议中士大夫的礼仪思想，我们看到了一种十分不同的思想面貌。

就礼仪思想而言，无论是陆佃、何洵直还是张璪，都没有在他们的昭穆理论中采取频见于熙宁始祖庙议中的功业理路。和始祖庙议的礼官们相较，元丰礼官更着眼于以尊卑秩序的概念来确定太庙空间格局。这些官员将太庙礼仪从政治贡献的语境中剥离，转而与儒家价值理念挂钩。在接下来的章节，笔者将从朋党政治和经学转移到思想史研究，考察酝酿熙宁五年和元丰二年礼议的思想背景——王安石新学中的礼学。

---

① 拙文 "Ritual Officials and the Rise of Confucian Ritualism in the Eleventh Century," *T'oung Pao* 108（2022），pp. 175-181。

第五章
新学中的太庙

宋神宗统治晚年，一系列的礼制改革和礼仪议论将礼学推上新的高峰。从礼学革新角度而言，朝廷官员和在野学者有共同之处：熙宁、元丰时期，大部分的礼官和礼学家都受王安石学术及其经学论著《三经新义》所影响。《三经新义》由《周礼新义》、《诗经新义》和《尚书新义》组成，集王安石经学之大成。[①] 历史学家一般将受王安石学术影响的学者统摄于"新学"名下，作为宋代思想传统中的独立一系。新学奉王安石经解为裁定礼仪之争的一大权威。不过，受王氏经学影响的学者，思想背景亦不尽相同。可以预想，他们的礼学思想各有旨趣，一如前章陆佃、何洵直的案例所示。此外，新学学者在各自的礼经注解中，对王安石的礼学解说间有修正，并赋予了新的意义。通过考察这些学者针对太庙学说的不同诠释，本章将指出，新学学者实际上是依据自身对礼经条文的理解，而拓展了王安石的太庙理念。认为新学只是王氏个人学术简单扩充的观点，在礼学这一范畴不能成立。

[①] 程元敏曾考证《三经新义》的原名当为《三经义》，由《诗义》、《周礼义》和《书义》组成。见程元敏《三经新义辑考汇评》，华东师范大学出版社，2011，第759~767页。为便分析，下文行文仍取《三经新义》等习见名称。

新学礼学刍议

新学作为一种学术共同体，不纯出于现代学者的推想。熙宁时期，王安石执掌国政之时，其政敌就曾炮制"新人""亲党"一类的名目，来指称支持王安石政治改革的官员。"亲党"一词，原初盖由旧法党名臣梁焘提出，言下之意即所有参与王安石变法的改革派主力都是王氏的姻亲、亲族。[①]然而，如果仔细考察梁焘罗列的"亲党"名单，其中只有两位——王安石之弟王安礼（1034~1095）和王安礼之妻兄谢景温（1021~1097）可以被视为王安石的亲属。[②]余者或是王安石的政治朋党，或是王氏学术的追随者。前者包括蔡确、章惇、曾布、舒亶、吕惠卿（1032~1111）、安焘（嘉祐四年进士）、蒲宗孟（1022~1088）、吕嘉问和赵挺之（1040~1107）；后者包括曾肇、陆佃、黄履、张璪、沈括（1031~1095）、叶祖洽（1046~1117）、张商英（1043~1121）和彭汝砺（1042~1095）。

以上名单揭示了两种截然不同的王氏"亲党"。第一种包括积极参与推行新法的改革派政治家，如蔡确、章惇、吕惠卿、吕嘉问、安焘等；第二种则包括那些比起推崇王安石的政治版图更推崇王氏学术的学者，陆佃、沈括和彭汝砺即为代表。尽管部分改革派政治家也曾受学于王门，并协助王氏修撰《三经新义》，但继承王安石礼学、将之发扬光大、使之发展成为一种显赫思想传统者，主要是学

① 王瑞来校补《宋宰辅编年录校补》，中华书局，1986，第 537 页。学者已探讨过王安石周遭改革派人物之间的亲故关系。沈松勤：《北宋文人与党争：中国士大夫群体研究之一》，第 184 页。
② 梁焘所呈上的名单未涵盖王安石之子王雱（1044~1076）和王安石妹婿沈季长（1027~1087）。据梁焘所言，名单上总共三十人，其所列名者为十九人。无论如何，王雱和沈季长都不在列名者之内。

者类型的王氏"亲党"。

如包弼德所强调的，王安石认为经典融贯自洽，并试图通过全盘考索不同门类的经典文本和材料来体现这种一致性。[①] 早在至和、嘉祐时期，王安石已然开始从整体层面反思经学研究。治平年间，当其讲学江宁之时，王安石形成了自成一格的学术规范。[②] 江宁讲学时期见证了王安石学术走向博通群经的急遽转变。尽管王安石于嘉祐初年已撰成《易经》新解，他对群经之间内在一贯性的强调却是到了江宁时期才显现。[③] 根据陆佃对王氏江宁讲学的忆述，王安石这段时期反复标举三代"圣人之道"的"大体"。[④] 在王安石看来，三代以降，"大体"分裂，然而现存的每一经，都保留了"大体"的"一方"。换言之，每部经典都保存着"圣人之道"的一部分。通过审慎地融会贯通群经，就能呈现"大体"和"道之一"。[⑤] 为了实现"道之一"，王安石主张钻研心性学说。这一见解实则与二程兄弟以伦理为本的本体论哲学大致呼应。[⑥] 不过，与二程相反的是，王安石不太注意个

① Bol, *This Culture of Ours*, pp. 228-229. 另见 Peter Bol, "Reconceptualizing the Order of Things in Northern and Southern Sung," in John. W. Chaffee and Denis Twitchett, eds., *The Cambridge History of China*, Vol. 5, Part Ⅱ: *Sung China, 960-1279* (Cambridge: Cambridge University Press, 2009), pp. 682-689, 尤其是第 685~687 页。

② 在一众王安石研究者当中，刘成国提供了王氏江宁讲学时期最为翔实的研究。他集中讨论了王安石江宁群体的地域色彩，并视王安石江宁门人为北宋南学的繁衍。刘成国：《变革中的文人与文学：王安石的生平与创作考论》，浙江大学出版社，2011，第 148~169 页。

③ 刘成国：《荆公新学研究》，上海古籍出版社，2006，第 21~28 页。刘成国认为王安石《易经》新解草稿当成于嘉祐二年，见《王安石年谱长编》，第 412~413 页。

④ 陆佃：《答李贲书》，《陶山集》卷 12，《四库全书》第 1117 册，第 7 下~8 下页。

⑤ 陆佃：《答李贲书》，《陶山集》卷 12，《四库全书》第 1117 册，第 7 下~8 下页。

⑥ 刘成国：《变革中的文人与文学：王安石的生平与创作考论》，第 162~165 页。

别经典的哲学诠释，尤其是《易经》。他更偏向于视群经为一融贯的整体，而以贯通的方式加以释读。唯独"见全经"，才能把握道的蕴奥。[①]

为了探求"全经"，王安石进一步主张《诗经》和三礼——《周礼》、《礼记》和《仪礼》——可以"相解"，因为这些经典是古代圣人依据同一"道"编撰而成。[②] 这一群经"互为相解"之方法门径，加上王安石对不同思想传统的博通，成为王氏礼学核心所在。王安石认为，礼学是颇为遥远的目标。因此，他提倡学者在求经时，应先从浅近者入门，如《诗经》《尚书》等。只有在读通这些"初阶"经典以后，才能进一步研读《礼记》。[③]

有趣的是，尽管王安石专意礼学，并修撰了《周礼新义》，当时人却往往认为他鄙薄礼学。邵雍之孙邵博在回顾熙宁五年太庙礼议时提及王安石的礼学立场，他的评价是："王荆公薄礼学，又喜为异。"[④] 他的评论反映了宋代主流学者看待王氏礼学的观点，即认为王安石出于自身政治目的，穿凿附会解释《周礼》。[⑤] 由于王安石对《周礼》的推崇，有些宋代学者甚至质疑该部礼经的真伪。[⑥] 关于王安石的礼学，还有一则著名故事，记载王安石因不谙《礼记》仪节，而说服神宗让经筵罢讲《礼记》。[⑦]

---

① 王安石：《答曾子固书》，《临川先生文集》卷73，《四部丛刊初编缩本》第51册，第469页。

② 王安石：《答吴孝宗书》，《临川先生文集》卷74，《四部丛刊初编缩本》第51册，第474页。

③ 见陆佃《答崔子方秀才书》，《陶山集》卷12，《四库全书》第1117册，第12下页。

④ 邵博：《邵氏闻见后录》卷1，中华书局，1997，第6页。

⑤ 例见叶时《礼经会元》卷1，《四库全书》第92册，第4下页。

⑥ 见邵博《邵氏闻见后录》卷3，第23页，以及胡宏《极论周礼》，《胡宏集》，中华书局，1987，第259~260页。这些学者多具有道学背景。

⑦ 朱弁（1085~1144）和陆游（1125~1210）二人都在笔记中记录了这则故事。根据记载，神宗询问王安石易簀（更换床席）仪节，王氏因

这则故事显然不可信。王安石以读书精博名世，精通各
部儒家经典，这被包括他的许多政敌在内的同代人所公认。
要说王安石不谙《礼记》，实在让人难以置信。再者，在早期
一封给曾巩的书信里，王安石曾明确表达其"读《礼》，因欲
有所论著"的兴趣。[①]事实上，他亦撰写了两部关于《礼记》
的学术专著，题名《礼记要义》和《礼记发明》。尽管这两部
专著均已散佚（其残余部分仍可见于卫湜《礼记集说》摘引文
字），但它们的存在已足可驳斥王安石轻视礼学的不实之说。

如果把王安石门人和祖述王学者也纳入考察的话，新学
之精研礼学，将有更多的文献依据可为佐证。王安石学术影
响圈中的大部分人在三部礼经上投放了诸多精力。针对礼仪
细节尤其是《礼记》所记之细节的通盘式研究，组成了新学
礼学著作的重要部分。表5-1考察了王安石及学术源出王学
或受王氏礼学影响之学者的礼学著作。

表 5-1　新学学者礼学论著概览

序号	撰者	书名	卷数（存佚）	出处
1	王安石	《周礼新义》	22卷（文见《永乐大典》,存16卷）	《宋志》（卷202，第5049页）《四库全书》（第91册）《三经新义辑考汇评》（第2册）
2	王安石	《礼记要义》	2卷（佚）	《郡斋》（第1094页）
3	王安石	《礼记发明》	1卷（佚）	《集说》（《名氏》第5页）

不知其解而感到羞愧。易簀礼见《礼记·檀弓》中曾子的相关讨论。
朱弁：《曲洧旧闻》卷9，中华书局，2002，第208页；陆游：《老学
庵笔记》，《宋元笔记小说大观》第4册，上海古籍出版社，2007，第
3539页。
① 曾巩：《与王介甫第三书》，《元丰类稿》卷16，《四部丛刊》第863
册，第8上页。蔡上翔（1717~1810）系此书于治平二年冬，见蔡上
翔《王荆公年谱考略》，中华书局，2006，第400页。另见李震《曾巩
年谱》，苏州大学出版社，1997，第216~217页。刘成国系之于治平
元年，见刘成国《王安石年谱长编》，第672页。

续表

序号	撰者	书名	卷数（存佚）	出处
4	王昭禹（活跃于1080年）	《周礼详解》	40卷（收入《四库全书》）	《宋志》（卷202，第5049页）《四库全书》（第91册）
5	沈括	《南郊式》*	110卷（佚）	《宋志》（卷204，第5133页）
6	方悫	《礼记解》	20卷（佚，文见《集说》）	《直斋》（卷2，第24下～25上页）《宋志》（卷202，第5050页）
7	何洵直	《礼论》	1卷（佚，文见《集说》）	《玉海》（卷39，第28下页）《宋志》（卷202，第5050页）
8	马晞孟	《礼记解》	70卷（佚，文见《集说》）	《直斋》（卷2，第25上页）《宋志》（卷202，第5050页）
9	陆佃	《礼象》	15卷（佚）	《中兴目》（卷1，第370页）《宋志》（卷202，第5049页）
10	陆佃	《礼记解》	40卷（佚，文见《集说》）	《集说》（《名氏》第4页）《宋志》（卷202，第5049页）
11	陆佃	《礼记新义》	无载（佚）	《玉海》（卷39，第33上～下页）《通考》（卷187，第1560页）
12	陆佃	《述礼新说》	4卷（佚）	《集说》（《名氏》第5页）《宋志》（卷202，第5050页）
13	陆佃	《仪礼义》	17卷（佚）	《遂初堂》（第2页）《宋志》（卷202，第5050页）
14	陆佃	《大裘议》	1卷（收入《陶山集》）	《陶山集》（卷5）《宋志》（卷202，第5050页）
15	陈祥道	《礼书》	150卷（收入《四库全书》）	《宋志》（卷202，第5050页）《四库全书》（第130册）
16	陈祥道	《礼例详解》	10卷（佚）	《集说》（《名氏》第9页）《宋志》（卷202，第5050页）
17	陈祥道	《注解仪礼》	32卷（佚）	《宋志》（卷202，第5050页）
18	陈祥道	《礼记讲义》	24卷（佚）	《集说》（《名氏》第8页）《玉海》（卷39，第33上页）
19	陈祥道	《周礼纂图》	20卷（佚）	《经义考》（卷122）
20	陈旸（1064～1128）	《乐书》	200卷（收入《四库全书》）	《宋志》（卷202，第5050页）《四库全书》（第211册）

序号	撰者	书名	卷数（存佚）	出处
21	陈旸	《礼记解义》	10 卷（佚）	《宋志》（卷 202，第 5050 页）
22	陈旸	《北郊祀典》	30 卷（佚）	《玉海》（卷 94，第 16 上页） 《宋志》（卷 204，第 5134 页）
23	杨完	《元丰郊庙奉祀礼文》	30 卷（佚，文见《玉海》、《古灵集》及其他宋人文集）	《古灵集》（卷 9） 《宋志》（卷 202，第 5050 页）
24	杨训	《礼记解》	20 卷（佚）	《稿本宋元学案补遗》（第 876 页）
25	郑宗颜	《考工记注》	1 卷（收入《四库全书》，题《考工记解》）	《经义考》（卷 129） 《四库全书》（第 91 册）
26	龚原	《周礼图》	10 卷（佚）	《中兴目》（卷 1，第 370 页） 《宋志》（卷 202，第 5050 页）

出处索引：《四库全书》（上海古籍出版社影印文渊阁本）；《郡斋读书志》（上海古籍出版社孙猛校证本，简称《郡斋》）；《直斋书录解题》（台北广文书局本，简称《直斋》）；《经义考》（中华书局本）；《稿本宋元学案补遗》（北京图书馆出版社本）；《宋史·艺文志》（中华书局本，简称《宋志》）；《文献通考》（中华书局本，简称《通考》）；《礼记集说》（文渊阁四库本，简称《集说》）；《古灵集》（四库全书珍本三集）；《陶山集》（文渊阁四库本）；《玉海》（文渊阁四库本）；《永乐大典》；《三经新义辑考汇评》（程元敏辑本）；《遂初堂书目》（中华书局本，简称《遂初堂》）；《中兴馆阁书目辑考》（赵士炜辑本，中华书局《宋元明清书目题跋丛刊》第 1 册影印，简称《中兴目》）。

* 此书考究郊祀大礼沿革之制，名由王安石领修，沈括实总其事。见刘成国《王安石年谱长编》，第 967 页。

以上二十六部书，只有五部（1、4、19、25 和 26）主攻《周礼》之学。① 相对地，主攻《礼记》或涉及《礼记》之礼数者有十一部（2、3、6、8、10、11、12、14、18、21、24）；专治《仪礼》者有两部（13、17）；通考三礼礼义、礼制者有四部（7、9、15、16）。另有一部（20）考察

① 王氏新学批评者林之奇曾以《周礼新义》为基础，撰写过另一部《周礼》注。由于林之奇自视为反新学学者，笔者没有将他的著述纳入考察。王与之：《周礼订义》，《四库全书》第 93 册，第 2 下页。

雅乐发展和乐器音阶，三部（5、22、23）梳理北宋一朝礼制改革。从数据上来看，《礼记》学在新学礼学中占据了相当高的比例，超过40%（11/26），而作者也包括王安石、陆佃、陈祥道、陈旸、方悫、马晞孟、杨训等重要礼学家。

尽管自熙宁以后，《周礼》就在科举考试中独获尊崇，但在新学学者群体间，围绕《礼记》及《礼记》仪节而展开的研究，却方兴未艾，并未式微。新学学者将王安石自成一格的学术转化为一种更为兼容并包的"学科基体"（disciplinary matrix），而新学礼学亦随之经历了重大思想转变。[①] 以下将以太庙为例，说明新学礼学作为一种学科基体，其错综复杂而纷歧各见的基本特色。直到北宋晚期宋徽宗统治期间，这一新学学科基体才逐渐收拢，聚焦到复兴古礼的共识上。

从王安石到王昭禹：新学中的太庙基本理念

熙宁五年、元丰二年两场礼议之中，王安石、陆佃和何洵直都表现出了匡正太庙以及庙仪的莫大兴趣。如前文所述，政治立场在这些礼仪之争中实则关系不大。新学学者针对宗庙的礼学理念之所以各见分歧，思想因素所起的作用更为关键。熙丰时期，随着《三经新义》编撰成书，

---

① "学科基体"一语借用自托马斯·库恩（Thomas Kuhn）。在其经典著作《科学革命的结构》1969年后记里，库恩提出以"学科基体"一词，而非以其著名的"范式"（paradigm），来命名科学共同体成员间的专业交流。Thomas Kuhn, *The Structure of Scientific Revolutions* (Chicago: The University of Chicago Press, 1970), pp. 182-187. 尽管库恩的学科基体理论主要应用于考察科学家群体的社会学研究，但笔者发现宋代新学也具有相同的学科因素。既往或认为新学混淆各家思想，不成体系；或将之视为法家与激进儒家主义的特殊组合。和上述观点相反，笔者倾向于将新学视为一种学科基体。这一学科基体以对古礼的共同信念以及相配套的思想典则为特质，其中尤以和"先王"相关的话语为甚。

颁行科场，新学群体急遽扩张。① 尤其是熙宁八年，朝廷颁布《周礼新义》以后，王安石的礼学思想及太庙理念更是被"典章化"（canonization）了。

众所周知，《周礼新义》是王安石新政政治、财政改革的思想蓝图。王安石注释《周礼》首二篇《天官》《地官》，乃专攻行政、教育和财政方面的国家政策。② 宋在伦已详细研究过王安石这部分的注释。相较之下，《春官》是《周礼新义》中乏人问津的篇章，该篇体现了王安石对礼仪及其文化意义的理解。

在《周礼新义》中，王安石主张建造邦国的第一要务为置立太庙。③ 其太庙理论最具启发性的说法是引入阴阳的概念来讨论宗庙方位。他以朝在南为阳位，而市在北为阴位；同样的，又以太庙在宫之左为阳位，社稷在宫之右为阴位（见图5-1）。

	市 阴位	
社稷 阴位	宫	太庙 阳位
	朝 阳位	

图 5-1 王安石的太庙概念

资料来源：王安石《周礼新义》卷8，《三经新义辑考汇评》，第292页（太庙和社稷之方位）；卷18，第612页（朝与市之方位）。

---

① 《续资治通鉴长编》卷243，第5917页。另见近藤一成《王安石的科举改革》，《日本中青年学者论中国史：宋元明清卷》，上海古籍出版社，1995，第154~157页。

② Song, *Traces of Grand Peace*, pp. 116-194.

③ 王安石：《周礼新义》卷1，《三经新义辑考汇评》，第22页；《续资治通鉴长编》卷265，第6493页。

　　王安石认为，宫左位属阳，象征"人道之所乡"。[①] 根据王氏的说法，太庙作为先祖之所乡，应如事生人之道一般来布置其空间。因此，太庙应置于左方、阳位，以体现庙中祖先"不死"（不朽）的象征意义。[②]

　　为了配合这个象征意义上的"不死"概念，王安石提倡定期奉祀宗庙先人。[③] 他进一步辨析周制不同职官的功能，以建立一套更系统的庙仪规范。其分析部分不少集中于技术细节，如尊爵的形制和守祧掌守先人遗物的职能。[④] 值得注意的是，和元丰二年昭穆礼议中的陆佃相似，王安石也特别注意严格界定祖庙中的昭穆序次。在注释小宗伯职掌时，他提出："昭穆者，昭以察下为义，穆以敬上为义。"[⑤] 比较王氏《周礼新义》的论述和陆佃《昭穆议》中的用语，前者为后者提供了准确的定义，而后者又以该定义来建构自己的昭穆理论，以反驳何洵直和张璪。由熙宁八年的王氏《周礼新义》到元丰二年陆佃《昭穆议》，新学对昭穆的理解，显然存在一条前后相继的礼学逻辑线索，其中昭位祖先成为更受尊崇的一方。[⑥] 在小史一职注解中，王安石阐述了关于庙

---

① 王安石：《周礼新义》卷8，《三经新义辑考汇评》，第292页。
② 王安石：《周礼新义》卷8，《三经新义辑考汇评》，第292页。王安石以太庙位于王宫之左为"人道之所乡"，这一概念为后来学者所承袭，尽管那些学者未必明确承认其出处。郑谔是王安石的同代人，他在自己的《周礼讲义》中也提及太庙为"人道之所乡"。《周礼讲义》已佚，郑说转引自王与之《周礼订义》。王与之：《周礼订义》卷4，《四库全书》第93册，第28上页。
③ 王安石：《周礼新义》卷9，《三经新义辑考汇评》，第317页。
④ 王安石：《周礼新义》卷9，《三经新义辑考汇评》，第302、321页。
⑤ 王安石：《周礼新义》卷8，《三经新义辑考汇评》，第292页。
⑥ 在《昭穆议》中陆佃说："昭以明下为义，穆以恭上为义。"考虑到新学之留心文字学，《周礼新义》和《昭穆议》中明、察、恭、敬四字的交错使用或许带有特殊含义。"明察""恭敬"这两个词组的渊源可以追溯到2世纪时一部争议很大的儒家作品——《孔子家语》。关于《孔子家语》及其作者的概要，见 R. Kramers, *K'ung Tzu Chia Yu: The School Sayings* (Leiden: Brill, 1950), pp. 15–36, 54–90。原文见王肃

仪昭穆的尊卑观念："父谓之昭，子谓之穆；父子相代谓之世，世之所出谓之系。"[1]根据王安石"奠系世，以知其本所出；辨昭穆，以知其世序"，[2]周代这些官吏的职能正是辨别昭穆中的尊卑序列。

一如王安石，他的门人和后学也在各自礼学著作中对太庙表现出浓厚兴趣。这些注解大部分已亡佚。现存典籍当中，王昭禹《周礼详解》是最为详赡的新学《周礼》阐释。由于王昭禹的生平材料十分有限，深入研究他的个人学术兴趣并不容易。[3]除了《周礼详解》，没有其他关于王昭禹生平和思想的材料。我们只知道他字光远。[4]一部元人编撰的《周礼》学著作提供了有关王昭禹家乡的信息。该著作起首数页记载了宋代《周礼》主要注家的姓氏和籍贯。根据其名录，王昭禹出生并成长于临川，临川亦为王安石的家乡。[5]宋代目录学家陈振孙曾提及，徽宗时期的士子在准备科举时，会研习《周礼详解》。[6]《周礼详解》成为科场用书，亦正呼应了王安石以经义为本的教育与考试制度改革。[7]无论

注解《孔子家语》卷 3，《四库全书》第 695 册，第 19 上页。"明察""恭敬"出处还见于汉代《诗经》注解《韩诗外传》。见韩婴撰，许维通校释《韩诗外传集释》，中华书局，1980，第 205~206 页。

[1] 王安石：《周礼新义》卷 11，《三经新义辑考汇评》，第 377 页。

[2] 王安石：《周礼新义》卷 11，《三经新义辑考汇评》，第 377 页。

[3] 宋在伦已分析过《周礼详解》的一些章节，特别是涉及教育和民政之处。Song, *Traces of Grand Peace*, pp. 169~317.

[4] 卫湜：《礼记集说·名氏》，《四库全书》第 117 册，第 5 下页；另见黄宗羲、全祖望编《增补宋元学案》卷 98，第 19 下页。

[5] 《治周礼姓氏》，丘葵：《周礼补亡》，顾可久辑，哈佛大学哈佛燕京图书馆善本古籍特藏，第 2 上页。

[6] 陈振孙：《直斋书录解题》卷 2，第 21 下页。

[7] Chaffee John, *The Thorny Gates of Learning in Sung China: A Social History of Examinations* (New York: State University of New York Press, 1995), pp. 76-77. 杨天保认为熙宁以前，王安石更关注仕进和行政技术方面的经世学问。杨天保：《金陵王学研究：王安石早期学术思想的历史考察（1021~1067）》，上海人民出版社，2008，第 145~182 页。

如何，时至北宋晚期，王昭禹的《周礼详解》，连同其他新学学人，包括王雱、蔡卞、顾棠、龚原（嘉祐八年进士）和耿南仲，所撰写的各部经典注疏论著，作为科举教科书在场屋之中广为流传。

不过，只把《周礼详解》当作王氏《周礼新义》的阐释注本是错误的，这样低估了《周礼详解》的学术价值。尽管王昭禹频繁援引、转述《周礼新义》，他也有提出新的观点，拓展了后者的古礼理论。就周代太庙官职部分，王昭禹丰富了王安石《周礼新义》中的原有解读。他大概是第一位察觉到周制小宗伯和小史职能重合的学者。根据《周礼》，小宗伯和小史都负责安排周室宗庙的皇室祖先昭穆。细心的读者恐怕会提出疑问：为何理想的周制会有两个官职主掌同一职责？如果不能回答这个问题，《周礼》记载的真实性便会受到质疑，而新学礼学的文献基础亦会随之陷落。王安石没有梳理周制中的这一职能冲突，但王昭禹在《周礼详解》中提供了明确的解释。根据王昭禹所述，小宗伯负责辨别周室太庙的祖先昭穆，而小史则掌守周室"系世"的谱牒书籍。[①] 通过弥合《周礼》文本内部阙略之处，王昭禹不仅改良了新学的昭穆理论，还以一种更主动的方式去解释经典正文，从而挑战传统注疏学中"存而不论"的惯例。

在《周礼详解》中，王昭禹还通过分析"祧"字的文字架构来解释祧庙。他以"祧"字的左边部首（示，即垂示）和右边偏旁（兆，即征兆）为会意组合，而主张昭穆

---

① 王昭禹：《周礼详解》卷18，《四库全书》第91册，第2下页；卷23，第11上页。"系"指的是天子谱牒典籍，又称"帝系"；"世"指的是诸侯谱牒典籍，又称"世本"。见贾公彦《周礼》疏，《周礼注疏》卷26，《唐宋注疏十三经》第2册，第259页。汉人对先王世系的理解可参见《大戴礼记》中的《帝系》一篇。王聘珍：《大戴礼记解诂》，中华书局，1983，第126~130页。

体系天然就包括二祧祖宗在内。① 就礼仪实践角度而言，左祧神位（左边部首"示"）彰示了昭的第一位祖先，而右祧神位（右边偏旁"兆"）象征了穆的第一位祖先。至于太庙诸庙，王昭禹化用《礼记·大传》中的话，指出三昭三穆庙象征"以义率祖顺而下之也"；三昭三穆加上太祖之庙，则代表"以仁率亲等而上之也"。② 通过以儒家仁、义思想阐释祧庙和昭穆格局，王昭禹为庙次赋予了强烈道德意味。他的理解尤其契合传说中孔子自身对昭穆的理解："尝禘之礼，所以仁昭穆也。"③ 从道德和内省角度出发，王昭禹提出太庙祭祖和道德伦理密不可分，进而将外在的礼仪实践和内在的仁义之德联系起来。

王昭禹的解读和新学学者对昭穆的道德主义式诠释是一致的。王安石、陆佃和何洵直都将昭穆与儒家尊卑理念挂钩，虽然他们的论证路数相异。在王昭禹的内省视角之下，宗庙礼仪序列被强调为儒家道德的象征基石。与此同时，王昭禹的学说亦再次挑战了太庙理念中的功业进路。宋代的士大夫会为庙仪中的尊卑、功业孰先孰后聚讼纷纭。不过，很少有人会一口承认功业因素较道德仁义更为重要。王昭禹的《周礼详解》展示了新学如何开拓新的理论视野，从而推进了一种更为道德伦理化的形而上礼学。这种形而上礼学，在以后的数十年内，还将经常出现。

陈祥道《礼书》与太庙礼学

相较于王昭禹的《周礼详解》，陈祥道的《礼书》是野心更大的长篇巨帙，该书以专题形式处理了大量的礼学议题

---

① 王昭禹：《周礼详解》卷19，《四库全书》第91册，第21上页。
② 王昭禹：《周礼详解》卷19，《四库全书》第91册，第21上页。
③ 朱彬：《礼记训纂》，第746页。

和争论。北宋学者李廌曾推许陈祥道礼学精湛过人，而后者亦确曾受过王安石的推毂。① 元祐四年（1089），朝廷以陈祥道礼学通博，任命他为太常博士。②

可惜的是，太常博士就是陈祥道所能达至的最高职位。③ 因受父罪牵连，陈祥道仕途坎坷塞滞。④ 不过，政治上的失意不能掩盖其学术层面上的成就，陈氏礼学广为同时代人所认可。考虑到陈祥道仕途主要集中于元祐时期，作为新学学者，陈祥道的礼学成就能够在旧法党士大夫心中留下深刻印象，尤可见其特异绝伦之处。《礼书》为陈祥道一生精力之所在，荟萃其礼学精髓。元祐五年，陈祥道增修《礼书》的内容后，⑤ 旧法党中坚人物范祖禹（1041～1098）声称《礼书》之学较聂崇义《三礼图集注》更为优胜。⑥ 元代学者虞集（1272～1348）乃至于视《礼书》为元祐学术之典范。当然，虞集提出这样的观点时，完全略去了陈祥道的新学背景。⑦

《礼书》的确为宋代礼学发展的里程碑之作。它的理论框架以王安石复兴古礼的思想为纲，挑战大部分宋廷礼官在制定仪注时的务实取向。⑧ 《礼书》不仅以详尽的篇幅解说

---

① 李廌：《师友谈记》，第33页。关于陈祥道和王安石之间的关系，见拙文《从元明递修百五十卷本〈礼书〉略论陈祥道〈礼书〉的进献过程及意义》，《历史文献研究》第39期，2017年，第291～300页，尤其是第297～300页。
② 李廌将陈祥道之迁转系于元祐八年，不过李焘系之元祐四年。《续资治通鉴长编》卷422，第10210页。
③ 龚延明：《元丰前后两宋文官寄禄官阶对照表》，《宋代官制辞典》，第759页。
④ 李廌：《师友谈记》，第33页。
⑤ 《续资治通鉴长编》卷450，第10808页。
⑥ 范祖禹：《乞看详陈祥道礼书札子》，《范太史集》卷19，《四库全书》第1100册，第16上页。
⑦ 拙文《从元明递修百五十卷本〈礼书〉略论陈祥道〈礼书〉的进献过程及意义》，《历史文献研究》第39期，2017年，第299页。
⑧ 拙文《从元明递修百五十卷本〈礼书〉略论陈祥道〈礼书〉的进献过程及意义》，《历史文献研究》第39期，2017年，第297～299页。

古礼制度，还在每一节之首都绘制了礼服、礼器和具体的空间布局，与文字并列。尤可留意的是，陈祥道的礼图提供了珍贵的太庙庙制记录，包括庙墙、庙门和基本架构。在卷71，陈氏附了一则图解，说明皇室先祖的神主在祔礼中应如何安置（见图5-2）。在这些图解的帮助下，《礼书》的读者可以更直观地了解宗庙基本格局和方位。

图5-2 祔礼中的神主方位

资料来源：陈祥道《礼书》卷71，东京大学东洋文化研究所藏宋刊元修本，第1上页。

陈祥道围绕宗庙的讨论涉及若干关键议题。他的太庙制度总述可以说是宋代学者对前朝庙数之争的最佳回顾。陈氏一方面援引孔颖达《礼记》疏，点出郑玄太庙观念本于东汉纬书某些可疑段落，而非出自儒家本经的确凿证据；① 另一方面，他也延续了孔疏对王肃坚持七庙之制的批评。有别于郑、王，陈祥道主张一种更具弹性的庙制，并援引孔疏以及其他汉代材料为证。陈氏的太庙原则，用他引用的孔疏来归纳，大概是这样一句话："天子七庙，有其人则七，无其人则五。若诸侯庙制，虽有其人，不得过五。"② 在其他礼学著作中，陈祥道提及天子七庙象征着皇室德行所能流布之极致。就数理而言，七、五之数分别表示"仁之至"与"义之尽"。③ 换言之，七和五是立庙的常数（constant）。皇帝贵为天子，即使他的祖先不足七人，皇室太庙之数也不应该降七为五。

陈祥道和王昭禹一样，都视祧庙为祖灵在庙域中迁转的象征。④ 他认为七世祖先俱备的天子，以五世、六世之祖为二祧。周代诸侯既以始祖为祧，那么周代封建制度中的"祧"之一字便有着源头（兆/始）之意。⑤ 不过，和王昭禹相反，陈祥道以为若皇室直系祖先超出七人，二祧便不当计入天子七庙之中。⑥ 根据陈祥道之说，祧庙和太庙有着根本之不同。当祖灵迁离太庙庙室而进入祧庙，继而坛，继而墠，则代表了它们由某一处祭祀空间进入另一处祭祀空间，相应礼仪的隆重程度亦随之迁降。不难看出，陈祥道不仅详细解释了新学的祧庙理论，还重新定义了常庙和祧庙的基本性质，将二者视为一系列祭祖礼仪空间中的不同链环。

陈祥道《礼书》中的庙制讨论不时伴随着一种更为灵活的解读方式。《礼书》消化、融合了前人诸种宗庙礼说。在消

---

① 陈祥道：《礼书》卷 67，第 1 下 ~2 上页。
② 陈祥道：《礼书》卷 67，第 2 上页；卫湜：《礼记集说》卷 30，《四库全书》第 117 册，第 25 页。
③ 卫湜：《礼记集说》卷 30，《四库全书》第 117 册，第 25 上页。
④ 卫湜：《礼记集说》卷 109，《四库全书》第 119 册，第 13 上 ~15 上页。
⑤ 卫湜：《礼记集说》卷 109，《四库全书》第 119 册，第 13 上 ~15 上页。
⑥ 陈祥道：《礼书》卷 67，第 5 下页。

化、融合的过程中，时而会出现张力。比如说，在聂崇义《三礼图集注》旧有模型基础上，陈祥道发挥郑玄经义，将明堂理解为三三相重的建筑群，其中有五室——以象征"五行"之金、木、水、火、土——及四太庙。在这一明堂体系中，阴阳四时的元素与宗庙祭祀紧密配合。[①] 至于神主迁毁之制，陈氏解读也着重保留一定程度的弹性。对于陈祥道而言，庙或神主迁毁与否主要取决于祖先之功德。[②] 为此，他提出应该首先把功业辉煌的祖先从迁毁名单中去除。这一立场，和王昭禹在《周礼详解》中的观点形成了强烈对比。[③]

但是，针对某些礼仪理念，陈祥道有着自己的强烈坚持。他的宗庙昭穆观从根本上有别于王昭禹和陆佃二人。鉴于陈祥道的论点深刻反映了新学内部的理念冲突，兹援引其原文如下：

> 宗庙有迭毁，昭穆则一成而不可易。《春秋传》言："大王之昭，王季之穆。"又言："文之昭，武之穆。"此世序之昭穆不可易也。《周官·冢人》掌公墓之地，先王之葬居中，以昭穆为左右。此葬位之昭穆不可易也。《仪礼》曰："卒哭，明日以其班祔。"[④] 《礼记》曰："祔必

---

① 聂崇义：《三礼图集注》卷4，《四库全书》第129册，第2上~3上、24上~下页。

② 陈祥道：《礼书》卷68，第2上~下页。

③ 王昭禹：《周礼详解》卷18，《四库全书》第91册，第2下页。

④ 《仪礼》记载祔祭是依据"班"来序次，但是《仪礼》文本自身并未提及"班"实际如何安排。清代礼学家卢文弨（1717~1796）在注解《仪礼》时也并没有加以解释。根据郑注，我们只知道此处的"班"在汉代今文中作"胖"。郑注"班/胖"作"次"。卢文弨撰，陈东辉、彭喜双校《仪礼注疏详校》，"中研院"中国文哲研究所，2012，第285页；John Steele, *The I-Li, or Book of Etiquette and Ceremonial*（Taibei: Ch'eng-wen Publishing Company, 1966），p. 93。John Steele 将"卒哭"理解为"停止哭泣"，误。"卒哭"实际是在三虞之祭后举行的特殊祭事。关于"卒哭"的深入研究，见黄以周《礼书通故》，中华书局，2007，第586~587页。

以其昭穆，亡则中一以上。"此祔位之昭穆不可易也。
司士："凡祭祀赐爵，呼昭穆而进之。"① 《祭统》凡赐
爵，昭为一，穆为一，昭与昭齿，穆与穆齿，此赐爵之
昭穆不可易也。《大传》曰："合族以食，序以昭穆。"
此合食之昭穆不可易也。生而赐爵、合食，死而葬、
附，皆以世序而不可易。则庙之昭穆可知矣。②

　　陈祥道此处的主要论点——昭穆位次在任何情况下都不
可互易——和陆佃的昭穆理论背道而驰。陆佃坚持昭穆可以
按照特定形式相互移易，使得位置较尊贵的昭位永远保留给
父辈先祖。尽管陈祥道和陆佃——还有王安石和王昭禹——
都秉持昭尊穆卑的大方向，论及庙仪、葬位、赐爵等各种具
体仪式中的昭穆之时，陈祥道却强调祖孙之间的礼仪关系才
是首要原则。陈氏援引《春秋榖梁传》传文，驳斥战国时期
鲁国国祀中出现的"逆祀"故事。根据《春秋榖梁传》，文
公二年（前 625）秋，鲁文公在鲁国宗庙祭祀次序中，将其
父鲁僖公置于僖公兄长鲁闵公之前（一说僖公为闵公庶
兄）。③ 从诸侯君主继承谱系而论，僖公乃继承闵公大统而
为君。无论如何，闵公的祭祀次序当在僖公之上。文公改变
祭祀格局，首先祭祀僖公，这一非常规举措，经文称作
"跻"。④ 陈祥道指出，鲁文公这一做法是典型的"逆祀"。
文公拒绝承认闵公在祭祀次序中实为僖公之"父"的礼仪标
准，擅自改动闵公、僖公的昭穆次序。闵公在祭祀次序上当

---

① 司士是周代官僚制度中的官名。
② 陈祥道：《礼书》卷 69，第 6 下~7 上页。另见卫湜《礼记集说》中所
引，文辞略有不同。卫湜：《礼记集说》卷 30，《四库全书》第 117
册，第 27 下~28 上页。
③ 僖公、闵公兄弟两说分见于《史记·鲁世家》《汉书·五行志》。详见
杨伯峻编著《春秋左传注》，第 523 页。
④ 《春秋榖梁传注疏》卷 10，《唐宋注疏十三经》第 3 册，第 68 页。

为僖公之"父"，即为文公之"祖"。所以《春秋穀梁传》以祖、孙昭穆为喻，批评文公违背了"昭与昭齿，穆与穆齿"的匹配原则。用传文的话来说："无昭穆，则是无祖也；无祖，则无天也……君子不以亲亲害尊尊。"① 文公受惑于父子之亲，忽略了君主世系中作为礼仪事实的祭祀序列，这正是"以亲亲害尊尊"的非礼之举。

通过论证太庙祭祀序列中尊尊大于亲亲，陈祥道主张，倘若新逝去的祖先被定为昭，那么其神主亦当一直位于昭位，即使与其对位的长辈位于穆位。他进一步将昭穆不可互易的原则和祭祀中"尸"的位置相比对。祭祀仪式中，亲子作为尸，在大部分仪式中是南面而坐，而南面为尊；相对地，其父则北面而立，位卑。② 在祭祀的特殊情况下，父立于卑位并不违逆孝道，因为对面之子作为尸，象征了其祖父的灵魂化身。陈祥道太庙理论的关键之处，在于其坚持认为昭穆重新定义了宗庙礼仪空间中的家族尊卑结构。在《礼书》中，他巩固了庙祀中祖孙序列为重的礼仪秩序。他的昭穆理论，正是何洵直、张璪元丰二年礼议相关理论的自然发展。

调和主义与礼典化：马晞孟、方悫
与《政和五礼新仪》

随着新学礼学的演进，11世纪晚期也出现了其他一些关于太庙的讨论。马晞孟和方悫是精通《礼记》学的新学学者，他们在这方面颇有贡献。③ 一如宋代目录学家所指出，

---

① 传文并疏解详见《春秋穀梁传注疏》卷10，《唐宋注疏十三经》第3册，第68页。陈祥道引传文省去了"文公无天"数语，见陈祥道《礼书》卷69，第6上页。
② 陈祥道：《礼书》卷69，第7上页。
③ 朱熹也承认马、方的礼学成就。朱熹：《朱子语类》卷87，中华书局，1986，第2227页。

方悫的《礼记解》补充了王安石的《周礼新义》。① 马晞孟
熙宁年间登进士第，亦被后世视为王氏礼学的追随者。② 和
马晞孟相反的是，方悫是在开封太学读书，并在进献自己的
论著以后，才得以进入官场。③ 二人都属于南学士人群体，
这一群体自熙宁以后，便围绕着王安石本人而壮大。④

　　尽管马晞孟和方悫源出新学背景，他们各自的太庙理念
却有别于王安石。王安石和王昭禹都主张祖庙礼仪地位应根
据形而上概念（如阴、阳）还有道德概念（如仁、义）等
来决定，而马晞孟、方悫都更侧重从功业角度来理解太庙。
比方说，方悫认为"太祖"这一称谓单指开国君主，因为开
国君主功勋显赫。⑤ 以他的逻辑进一步推论，自然会得出只
有宋太祖才有资格担当宋朝始祖。这一结论显然与王安石在
熙宁五年始祖庙议中的立场不同。

　　马晞孟则以更委婉的方式主张始祖之位应该留给王朝开
国君主。⑥ 他留意到《礼记》文本内部在太祖庙记载上的差
异。如其所述，《王制》在裁定太祖礼仪地位方面更偏重功
德，而《祭法》则不太看重祭祖中的功德因素。对于马晞孟

① 陈振孙：《直斋书录解题》卷 2，第 24 下~25 上页。
② 黄宗羲、全祖望编《增补宋元学案》卷 98，第 19 下页。
③ 陈振孙：《直斋书录解题》卷 2，第 25 上页。
④ 黄宗羲、全祖望编《增补宋元学案》卷 98，第 19 下页。从地理上而言，王安石的学术是江南西路（今江西）学术的代表。在王安石以前，欧阳修（吉州永丰人）和李觏（1009~1059，建昌军南城人）反映了江南西路本地的思想传统。北学和南学士人群体之间的冲突是恒久的议题。地域歧视和偏见在涉及科举解额的朝议中很是常见。关于宋代解额的扼要讨论见 Edward Kracke, "Region, Family and Individual in the Chinese Examination System," in John K. Fairbank, ed., *Chinese Thought and Institutions* (Chicago: University of Chicago Press, 1967), pp. 251 - 268; Chaffee, *The Thorny Gates of Learning in Sung China*, pp. 120 - 123; Thomas Lee, *Government Education and Examinations in Sung China* (Hong Kong: Chinese University Press, 1985)。
⑤ 卫湜：《礼记集说》卷 30，《四库全书》第 117 册，第 24 下~25 上页。
⑥ 卫湜：《礼记集说》卷 109，《四库全书》第 119 册，第 10 上~下页。

而言，根据《礼记》不同篇章的记载，朝廷就"有功德者"
借题发挥是可以接受的。换言之，尽管部分宋代皇室祖先
"功德"不如其他祖先——没有祖先能和宋太祖相比，根据
《祭法》，其他祖先的礼仪地位仍能得到充分保障。[1] 马氏对
《王制》和《祭法》的巧妙诠释不仅调和了熙宁五年始祖庙
议所引发的"功德/世系"两难争议，还提醒了礼学家留意
《礼记》内部文本的张力。《礼记》虽然载有太庙庙仪相关
记录，但这部礼经之"记"本质上仍是篇章汇编，而非以某
一主要观点一以贯之的专著。通过揭示《礼记》内部的文本
张力，马睎孟质疑了既往礼说讨论太庙时那种逻辑自洽却流
于单一的描述。

此外，方悫从哲学角度解读昭穆，并以此为基础，提出
了另类太庙解读。方氏区分了两种类型的昭穆，死者之昭穆
和生者之昭穆：

> 宗庙之礼，非特序死者之昭穆，亦所以序生者之昭
> 穆焉。《王制》所谓三昭三穆，即死者之昭穆也。《祭
> 统》所谓群昭群穆，即生者之昭穆也。[2]

方悫进一步解释了生者与死者之昭穆的区别。他认为，
庙祀中的昭穆应是生者之昭穆，或曰"人之昭穆"；本质上，
人之昭穆有别于死者之昭穆，后者亦即"神之昭穆"。"人
之昭穆"为人情所主，尤其是亲情。由于父子之伦体现了家
族亲疏中的最亲密关系，父子关系主宰了人之昭穆。方悫以
此解释为何有些礼学家将昭穆构想为祭祀礼仪中辨别父子位
序的工具。在他看来，这些礼学家在讨论父子位序时，实际

---

[1] 卫湜：《礼记集说》卷109，《四库全书》第119册，第10下页。
[2] 卫湜：《礼记集说》卷129，《四库全书》第120册，第30下页。

是在讨论"人之昭穆"。① 不过,方悫认为太庙祭祀中的祖先庙次应当只取决于"神之昭穆"。通过指出庙仪在二者中是以"神之昭穆"为主,方悫淡化了亲情在相关礼学话语中的重要性。② 他的结论——宗庙昭穆当"以神为主"——呼应了陈祥道《礼书》中的立场,暗中反驳了陆佃元丰二年礼议中的阐释。

以上讨论说明新学学者如何促成了太庙礼仪的多重解读。不过,在这之后的几十年,这些学者并未有机会将他们的理解转化成实践。元祐时期,宣仁皇太后(1086~1093年在位)摄政,保守派重新掌权。新学在知识界和科举领域的主导地位有所衰退。元祐元年针对王安石《三经新义》的一系列批评引发了11世纪晚期一连串反新学运动。尽管部分运动被保守派元老叫停,它们仍然妨碍了新学的发展。③ 元祐八年,宣仁皇太后逝世,哲宗(1085~1100年在位)亲政。皇权的钟摆再次摆向改革派一方,改革派很快从先前的压制中东山再起。

新学的浮沉和政局变易自然关系密切。不过,仅仅是政治因素并不能解释思想话语在危机当中的活跃,也不能说明学派何以在昌盛时期瞬即走向衰亡。新学礼学的例子显示了学派内在张力如何促成文本世界的多元解读与发展。当然,将思想和政治领域截然两分也不可能。元符三年(1100),蔡京、陆佃、黄裳(1044~1130),还有其他一些

---

① 卫湜:《礼记集说》卷115,《四库全书》第119册,第30上~下页。
② 卫湜:《礼记集说》卷115,《四库全书》第119册,第30下页。
③ 元祐时期的反新学运动中,中央国子监国子司业黄隐尤其活跃。当黄隐批评王学过甚时,部分保守派也觉得他的行为难以忍受,抨击其偏激和狂妄。《续资治通鉴长编》卷390,第949~950页;另见黄宗羲、全祖望编《增补宋元学案》卷98,第11上~下页。关于黄隐反新学的详细分析,见拙文《从黄隐事件再论元祐初期政局与党争》,《中国文化研究所学报》第66期,2018年,第1~23页。

礼官奏呈关于哲宗祔庙的庙制意见。[①] 随着徽宗亲政，蔡京等的提议也标志着庙制讨论依然在北宋朝堂上占有重要地位。[②]

宋徽宗在统治期间，相当看重礼制革新带来的规范作用，且视礼制为宏观改革中的一个核心环节。[③] 崇宁二年（1103）九月，宋徽宗拟了一则手诏，强调"王者政治之端，咸以礼乐为急"。[④] 为了响应他在崇宁二年诏令中提出的口号，大观元年（1107），宋徽宗设立了名曰议礼局的新礼仪机构。这个新机构负责落实宋徽宗的礼制发明。一方面，议礼局的礼官搜罗青铜古器，为铸造仿古器物建立档案库；[⑤] 另一方面，议礼局致力于复兴古礼，以契合当代礼制。其成果集中于政和三年（1113）成书的新礼典《政和五礼新仪》。[⑥]

在《政和五礼新仪》以前，已有许多礼文、礼典汇编成

----

① 《宋会要辑稿》第 1 册，礼一五之五二。

② 关于元符三年这次庙议的详细讨论，见郑珮安《论北宋哲宗祔庙议》，未刊稿。

③ Patricia Buckley Ebrey, *Emperor Huizong* (Cambridge: Harvard University Press, 2014), pp. 159-168, 243-252; Ari Levine, "The Reigns of Hui-tsung and Ch'in-tsung (1126-1127) and the Fall of the Northern Sung," in Denis Twitchett and Paul Jakov Smith, eds., *The Cambridge History of China*, *Vol. 5*, *Part 1: The Sung Dynasty and its Precursors*, *907 - 1279*, pp. 606-609.

④ 宋廷将宋徽宗礼制改革相关御笔及礼官札子汇编为一卷，置于徽宗新礼典正文之前。见郑居中等《政和五礼新仪》卷首，《四库全书》第 647 册，第 3 上页。

⑤ 议礼局详议官薛昂建议朝廷派遣画家到发掘出青铜器的地方，记录古器形制。见郑居中等《政和五礼新仪》，《四库全书》第 647 册，第 14 下页。关于议礼局搜罗的礼器，详情见陈芳妹《青铜器与宋代文化史》，台湾大学出版中心，2016，第 20~21 页。徽宗大观元年以后的礼制改革和他的青铜礼器收藏，见 Patricia Ebrey, *Accumulating Culture: The Collections of Emperor Huizong* (Seattle: University of Washington Press, 2008), pp. 150-204; Jeffrey Moser, "Recasting Antiquity: Ancient Bronzes and Ritual Hermeneutics in the Song Dynasty" (Ph. D. diss., Harvard University, 2010), pp. 200-214。

⑥ Ebrey, *Emperor Huizong*, pp. 243-252.

册，然而和新的礼典相较，它们在规模上都显得有些逊色。
政和三年颁行的《政和五礼新仪》定本反映了徽宗以衍生自
《周礼》的五礼结构（吉、凶、宾、军、嘉）序次天下的意
志。① 考虑到《政和五礼新仪》结构上和《周礼》体系的相似
性，《政和五礼新仪》体现了宋廷落实周代礼制的努力。在《政
和五礼新仪》序文里，宋徽宗表达了传承乃至复兴周代文化的
野心：

> "商因于夏礼，所损益可知也；周因于商礼，所损
> 益可知也。其或继周，百世可知也。"今天下去周千有
> 余岁，道之不明，未有疏于此时也……朕因今之俗，仿
> 古之政，以道损益，制而用之，推而行之。由乎百世之
> 后，奋乎百世之上。上等百世之王，若合符契。其归一
> 揆，所谓百世而继周者也。②

序文反复使用的字眼"百世"典出《论语》，本是孔子
回答学生请教关于历史记忆的问题时的用语。③ 孔子回应的
原文语境是，周代的礼制可以承传百代。通过在序文中援引

---

① 根据《周礼·大宗伯》，吉礼用来祭祀鬼神和祖先神灵；凶礼用来表
达国家的哀切；宾礼用来加强中央和其他封建邦国的联系；军礼用来
威慑邦国；嘉礼用来照护万民。《周礼注疏》卷 18，《唐宋注疏十三
经》第 2 册，第 175~183 页。值得留意的是，《周礼》原文还包括其
他分类。由于五礼结构的礼典化乃是在唐代官方礼典《大唐开元礼》
中完成，要更精确把握《政和五礼新仪》和《周礼》之间的关系，还
需考虑《大唐开元礼》在五礼体系发展中的承上启下角色。
② 《政和五礼新仪》原序，《四库全书》第 647 册，第 3 上~下页。"以道
损益，制而用之"，文渊阁四库全书本作"以道损益而用之"。浙江大
学标点本《政和五礼新仪》据十万卷楼本和杨守敬本校为"以道损
益，制而用之"，与下文"推而行之"文气恰为匹配。今从浙江大学
标点本。郑居中等撰《政和五礼新仪》，汪潇晨、周佳点校，《中华礼
藏·礼制卷·总制之属》第 3 册，浙江大学出版社，2017，第 3 页。
③ "由乎百世之后"和"上等百世之王"出自《孟子》。

此说，徽宗宣称周代的礼制传统为他身处的"本朝"所承
接。"百世"的另一层意思是，在由周至宋的"百世"期
间，汉、唐于礼仪上乏善可陈，遑论其政治勋绩。在宋徽宗
的修辞中，只有复兴古礼和"古之政"者才称得上"继周
者"。因此，古礼"礼意"乃由周代而直传宋代，并见载于
《政和五礼新仪》，作为徽宗时代先王之道传承的象征。① 和
同时期形成的"道统"观念相似，② 宋徽宗《政和五礼新
仪》序暗示了由周至宋的"礼统"理念。对徽宗及其礼官
而言，"礼统"理念体现了道的核心价值。如徽宗在序中所
勾勒，他的礼仪主张只能通过"以道损益，制而用之"来达
成。③ 从这一角度而言，"礼统"理念反映了宋徽宗对周代
古礼传接当世的认知。

　　除了序文，宋徽宗还撰写了一系列题以"御笔"的诏书
来指挥《政和五礼新仪》的编撰。④ 此外，皇帝本人编写了
十卷《冠礼》作为示范，向议礼局礼官说明前代如何致力于

---

① 分析宋代"道统"理念发展的研究见 Christian Soffel and Hoyt Tillman,
*Cultural Authority and Political Culture in China: Exploring Issues with the
Zhongyong and the Daotong during the Song, Jin and Yuan Dynasties*
(Stuttgart: Franz Steiner, 2012), pp. 87-109, 尤其是第 90~94 页。关
于宋代"道统"渊源和影响，见 James Liu, "How did a Neo-Confucian
School Become the State Orthodoxy?" *Philosophy East and West* 23, 4
(1973): pp. 483-505; Cho-Ying Li and Charles Hartman, "A Newly Dis-
covered Inscription by Qin Gui: Its Implications for the History of Song
'Daoxue'," *Harvard Journal of Asiatic Studies* 70, 2 (2010), pp. 387-
448, 尤其是第 426~446 页。道学以前"道统"一语的使用和朱熹对
"道统"思想的理解和推进，见余英时《朱熹的历史世界：宋代士大夫
政治文化的研究》，生活·读书·新知三联书店，2004，第 7~35 页。

② Cho-Ying Li and Charles Hartman, "A Newly Discovered Inscription by Qin
Gui: Its Implications for the History of Song 'Daoxue'," *Harvard Journal
of Asiatic Studies* 70, 2 (2010), pp. 426-433.

③ 《政和五礼新仪》原序，《四库全书》第 647 册，第 3 下页。

④ 关于宋徽宗的御笔，见 Ebrey, *Emperor Huizong*, pp. 123-127；李如钧
《予夺在上：宋徽宗朝的违御笔责罚》，《台大历史学报》第 60 期，
2017 年，第 119~157 页。

改造古代冠仪。① 他自然不太满意前代的礼仪改革，尤其是唐人礼制。因此，他本人就冠礼的实践也提出了若干修改意见。

至于太庙和宗庙礼仪，徽宗则要求进行更根本的改造。了解到徽宗纠正庙仪的准则是从仿效周代古礼出发，议礼局官员自然也朝着这一方向提出修订意见。比如说，大观二年五月十日，议礼局官员建议更订士大夫现行在庙祀中所服的冠冕玉佩。又援引周代追养继孝的精神，强调在民间重建家庙传统的必要性，用局中官员的话来说：

> 周制，适士以上祭于庙，庶士以下祭于寝。凡营居室，必先建宗庙；凡造养器，必先修祭器。②

这一建议深受徽宗认可。半年后，徽宗就家庙降下诏令，其中提到当代庙制礼仪应依照古制。③ 不过，徽宗时代的实际情况未能允许全盘采纳古代的庙制仪节。原庙尤其是受道教影响之景灵宫的存在，就显然与经学中的古庙礼记载相悖。出于对道教礼仪的爱好，徽宗并没有同意废弃景灵宫以及其他佛道寺庙里的原庙建筑。最后，徽宗的礼官只好将时享别庙仪和朝献景灵宫仪视为两种并行不悖的"常仪"，将之一并纳入《政和五礼新仪》。④ 在徽宗的指导下，这些"常仪"整合进官方礼典，也揭示了《政和五礼新仪》终究

① 《政和五礼新仪》，《御制冠礼》，《四库全书》第 647 册，卷 1 第 1 上页至卷 10 第 7 下页。
② 《政和五礼新仪》卷首，《四库全书》第 647 册，第 7 下页。
③ 《政和五礼新仪》卷首，《四库全书》第 647 册，第 8 上~下页。
④ 《政和五礼新仪》卷 106，《四库全书》第 647 册，第 1 上~12 上页（时享别庙仪）；卷 113，第 1 上~16 上页；卷 114，第 1 上~4 下页（朝献景灵宫仪）。现存《政和五礼新仪》卷 115 记载了祭祀宋室帝系"圣祖"赵玄朗的道教礼仪，其中一处祭祀地点是坊州道教庙宇，祭祀地点并不只有开封原庙。《政和五礼新仪》卷 115，《四库全书》第 647 册，第 1 上~5 下页。

只是理想和现实之间的折中。

作为官方礼典，《政和五礼新仪》强调礼仪需配合先王之政，这一点和新学理论高度一致。在宋徽宗为《政和五礼新仪》亲撰的诏书和序文中，他反复使用"先王"一词来讨论其制礼举措的目标。① "先王"修辞的不断重复，可以归因于徽宗对新学的理解。与新学以《周礼》指导新政同理，徽宗也通过诉诸先王权威来使其礼仪改革正当化。尽管徽宗也提及《政和五礼新仪》编撰需要因应当世需求，他的终极目标仍然是"作新斯人，以追三代之隆"。② "作新斯人"语出苏轼为追赠王安石太傅所拟制书，徽宗在序中援引了这句话。这句话在原文语境中不乏讽刺之意。③ 不过，通过暗示新学礼学确实能够"作新斯人"，宋徽宗重新定义了这句话。另一方面，皇帝又哀叹先王的文化遗产在五代被大量抛弃，导致 10 世纪以后礼乐一直废坏不行。④ 他进一步批评当代沉溺于"俗学"的学者。⑤ 通过引用王安石《周礼新义》序中的"俗学"一词，宋徽宗把"俗学"的具体目标寄托在遵循"俗礼"的学者身上。⑥

新学礼学对《政和五礼新仪》的影响在太庙布局安排上尤其可观。这部礼典所载的官方太庙布局，基本上依照熙宁五年、元丰二年两次礼议中新学学者的意见。此外，这部礼典再一次确认了僖祖的始祖地位，一本王安石在熙宁五年礼

---

① 徽宗在其序文及御笔中使用了至少二十次"先王"。部分用例见《政和五礼新仪》原序，《四库全书》第 647 册，第 1 上~3 下页；卷首，第 5 上、6 上、7 上、10 上~12 上、14 上、17 上、24 上页。

② 《政和五礼新仪》原序，《四库全书》第 647 册，第 2 上页。

③ 苏轼原文暗讽王安石自以为是。"糠秕百家之陈迹，作新斯人。"苏轼：《王安石赠太傅》，张志烈、马德富、周裕锴编《苏轼全集校注》卷 38，河北人民出版社，2010，第 3774 页。

④ 《政和五礼新仪》原序，《四库全书》第 647 册，第 1 下页。

⑤ 《政和五礼新仪》原序，《四库全书》第 647 册，第 1 下页。

⑥ 王安石：《周礼义序》卷 84，《临川先生文集》卷 84，第 529 页。

议中的提议。其编排的皇室祖先祫祭昭穆次序，亦为何洵直元丰二年礼议昭穆方案的扩充版，以宣祖、真宗、英宗和哲宗之神主在庙中列于昭位，而翼祖、太祖、太宗、仁宗和神宗之神主在庙中列于穆位。[①] 这一编排在《政和五礼新仪》中的落实突出了新学在宗庙礼议中的主导地位。自熙宁五年礼议和王安石编成《周礼新义》以后，新学的学术传统沉淀了四十年，而终于在徽宗一朝礼典中得以彰显。

小　结

自王安石的时代以后，学者常常忽略了新学的多元性和综合性，甚至不以新学学术为严肃的研究目标。以上以太庙为例，探索了新学礼学作为一种学科基体，实较既往所猜想的更复杂和多样化。本章也揭示了新学礼学当中两种理解太庙昭穆的进路。一种以功业取向诠释始祖之位，而在序次昭穆时强调祖孙之间的礼仪关系。这种进路以陈祥道、马晞孟和方悫为代表。另一种认为昭穆反映了尊卑、家族关系的世次，以及道德形而上层面的价值观。王安石和王昭禹，还有前章集中论述的陆佃，是后一种进路的坚定支持者。两种进路都从前代礼学著作中汲取灵感，而这些灵感都可以追溯到更早的时期。归根结底，这些新学学者中，唯王安石个人学术马首是瞻者，实无一人。大部分新学学者尊王安石为"宗主"，但这不代表他们和其他注疏传统之间存在交流屏障，或者在研读经文时拒绝自我思考。[②]

由王安石《周礼新义》到其门人、私淑之各种礼经注

① 《政和五礼新仪》卷3，《四库全书》第647册，第6上页。
② 清代学者章学诚（1738～1801）在《文史通义》中针对学术"宗主"提出其著名说法"学者不可无宗主，而必不可有门户"。章学诚：《文史通义》，中华书局，1985，第523页。

疏，再到新学礼学在《政和五礼新仪》中的礼典化，北宋的宗庙礼仪规范逐渐确立。北宋晚期，从西周到大宋之间的直系"礼统"成为新学礼学内部共识。徽宗时期，全面复兴古礼的主张更成为新学"道学"的核心教条。由熙宁到大观年间，新学和其他学术传统的分歧不仅揭示了前者在经学诠释方面的创新、后者对其创新之批评以及两者之间的张力，还标志着一种以礼学为中心的"前道学"学术理念之形成。可惜的是，前人研究大多不甚重视新学学者论著，尤其是他们的礼学论著。这种忽视的源头可以追溯到北宋以后对王安石及其后学的污名化。不过，部分南宋学者还是留意到了新学礼学的影响。在这些学者当中，又以大儒朱熹最为突出。被不少后世学者认为是新学主要反对者的朱熹，又是如何看待新学礼学中的太庙论述呢？这将是下一章的主题。

第三部分

太庙、道学与庙仪社会化

第六章

宋代道学的太庙理念：朱熹与其门人

　　靖康元年（1126），宋金开战，金人兵锋直指北宋都城开封，朝廷溃乱。二年春，金军攻陷都城，入城掳掠，宋朝大量官员出走开封，新即位之宋高宗（1127～1162年在位）先后到南京应天府（今河南商丘）和扬州避难。礼官季陵是其中一名避难者。他在战乱时期担任太常少卿，在宋廷逃亡途中，他果敢尽忠，一路护送九庙神主。南宋初年名相李纲书写的一部私史记录了建炎初高宗命人迎奉神主至行在之事。[①]《建炎以来系年要录》收录了高宗在扬州佛寺亲飨这些神主的材料。[②] 建炎三年（1129）初，金军重兵南袭扬州。高宗渡长江出走，季陵嘱亲事官李宝携宋帝神主至南方更为安稳的地区。可惜的是，三年三月，李宝在渡过长江北岸瓜州的战区时丢失了太祖神主。[③] 朝廷旋即降诏寻访失却的神主。然而，该诏书亦只是一纸空文，收复太祖的神主自然不是宋廷战乱时的第一要务。太祖神主的原物最后下落不明。[④]

①　李纲：《建炎时政记》，《李纲全集》卷180，岳麓书社，2004，第1674页。
②　李心传：《建炎以来系年要录》卷18，中华书局，2013，第428～429页。
③　李心传：《建炎以来系年要录》卷20，第456页。
④　建炎二年太常少卿郑士彦在一份上奏中，提到各神主已由开封送至洪州，"除太祖皇帝一位，合择日奉安入室"。后文云"欲乞别设幄次，权行安奉太祖皇帝神主一位"，此神主大概已是重新打造。徐松辑《中兴礼书》卷94，《续修四库全书》第822册，第1下页。

最终，李宝成功奉送其余八庙神主渡江。此八庙神主一度藏于江西、浙江一些州县的佛寺中。建炎三年至绍兴七年（1137），这些神主历经洪州、虔州、婺州，最后被送到温州。不过，当时温州地方官员对安置神主颇为犹豫，唯恐要负上供奉国家宗庙至宝的重责。① 绍兴五年，南宋朝廷在行在临安府紫阳山之东筑成一座简易的太庙。② 新的太庙包含九间庙室和十一个房间。③ 绍兴七年，八庙神主迁送临安，安放于新筑成的太庙之中。绍兴中前期，朝廷重修宗庙大礼，包括时祭、朝享、朔祭、禘祫之祭，伴随而至者则是相应礼器的重新打造。④

终南宋之世，朝廷反复扩建、翻新太庙，以寄藏更多的先帝神主。不过，高宗一朝以后，朝中有关太庙和庙仪的论议明显减少了。和北宋士大夫相较，南宋士大夫更措意于宗庙礼仪的祭祀条文，而非太庙具体规划。⑤ 南宋最广为人知的庙议发生在绍熙五年（1194）。时宰赵汝愚（1140~1196）褫夺僖祖神主太庙中的始祖地位，道学大儒朱熹严厉批评赵氏迁毁僖祖神主为非礼。朱熹提出，王安石和程颐早在数十

---

① 徐松辑《中兴礼书》卷94，《续修四库全书》第822册，第2下~3下页。绍兴三年以后，神主是否奉安行在，因为涉及光复中原的考虑，在当时也是一个敏感问题。相关讨论见李心传《建炎以来系年要录》卷17，第400页。

② 杭州市文物考古所编《南宋太庙遗址》，文物出版社，2007，第1~3页。

③ 徐松辑《中兴礼书》卷95，《续修四库全书》第822册，第1下页。

④ 高宗绍兴一朝打造新礼器的努力，见许雅惠《南宋金石收藏与中兴情结》，《美术史研究集刊》第31期，2011年，第1~43页。

⑤ 笔者在《全宋文》电子资料库搜索了南宋有关太庙的礼议。在286篇标题中带有"太庙"一词的南宋人文章中，只有一篇和太庙礼议相关。如果以"僖祖"为关键词的话，则另有两篇相关文献。这三篇奏议全都指向绍熙五年的一场关键礼议。见陈傅良《僖祖太祖庙议》，《全宋文》卷6053，第268册，第220页；郑侨《论太庙僖祖之位奏》，《全宋文》卷6184，第273册，第378页；郑侨《论僖祖当立别庙奏》，《全宋文》卷6184，第273册，第379页。其他时间段的礼议，实不多见。关键词搜索必然有其限制，《全宋文》以外还有其他关于南宋太庙的文献材料。无论如何，对这一基本数据库的考察仍然揭示了南宋不甚关注宗庙礼仪。

年前已敷陈明确论据，以支持尊僖祖为宋室始祖。① 话虽如此，赵汝愚身为宗室，以太祖神主取代僖祖神主，背后亦有动机。宋孝宗（1162~1189 年在位）即位时，皇位便从太宗一脉重归太祖一脉。赵汝愚既为太宗后裔，或许希望向当时新登位之宋宁宗（1194~1224 年在位）表忠，消除新皇心中疑虑。宋宁宗是太祖后人。赵汝愚擢升太祖神主为始祖，以此证明自己对太祖血脉正统性的耿耿忠心。② 绍熙五年的礼议展示了政局摆荡之际，礼制如何与现实政治发生关系。③更有意思的是，这一礼议还体现了朱熹如何阅读并利用王安石之礼学来达到自身目的。田浩先生在其早期著作里已留意到 13 世纪时期道学与王安石新学之间的相似性。④ 就礼学层面而言，田浩的结论相当有说服力，尤其是把皇室祭礼也纳入考察的话。笔者在下文会揭示朱熹礼学如何受到新学学者礼学运动的启发，尤其是在太庙"古礼"的多重解读方面。

朱熹：重返元丰二年争议现场

11 世纪晚期以后，新学学者建立了一套实用的文献分析

① 朱熹：《祧庙议状》，《晦庵先生朱文公文集》卷 15，朱杰人、严佐之、刘永翔主编《朱子全书》，上海古籍出版社、安徽教育出版社，2002，第 724 页。
② 学者已经留意到绍熙五年争议背后的政治含义。见张焕君《宋代太庙中的始祖之争——以绍熙五年为中心》，《中国文化研究》2006 年第 2期，第 48~56 页。殷慧深入研究了朱熹在绍熙争议中对赵汝愚之批评，并分析了仪节细目如何用来维持皇室团结。殷慧：《礼理双彰：朱熹礼学思想探微》，第 168、374~379 页。
③ 关于宋朝皇帝继统政治风波，见 Chaffee, *Branches of Heaven*, pp. 25-30, 132-135, 179-181。关于赵汝愚在朝政中的角色，见 Chaffee, *Branches of Heaven*, pp. 189-295。
④ 田浩认为道学和王学共享若干基本前设，包括复古思想和对道的追求。Hoyt Tillman, *Utilitarian Confucianism: Ch'en Liang's Challenge to Chu Hsi* (Cambridge: Harvard East Asian Monographs, 1982), pp. 42-44.

框架，以传统注疏结合他们提出的新解读来回应时事。同样的，道学家亦利用了传统经注疏和其他文献来支持他们对当代礼制的阐释。传统思想史家通常将道学理解为具有思辨性质的义理之学，而视之为重考据的"汉学"经学之对立面。不过，道学亦自有其考据的学问传统，尤可见于其礼经注释及诠解方面。

朱熹是思想史家公认的南宋道学礼学之集大成者。《仪礼经传通解》（简称《经传通解》）荟萃了朱熹毕生复兴古礼的心血。庆元以后，朱熹回归乡里，晚年都在编撰此书。①可惜的是，朱熹未及完成并见证此书出版。他在临终之前，仍与其门人兼女婿黄榦（1152~1221）讨论《经传通解》书稿。②朱熹死后，黄榦根据朱熹的《经传通解》纲领续修丧、祭二礼。嘉定十六年（1223），地方官员张虑在江西南康刊刻黄榦续修的《经传通解》。然而，黄榦的书稿亦属稿本。他将宋代诸家祭礼注疏一概编入《经传通解》，但未能以一套确实的理论框架系统地处理这批注疏。最后，朱熹另一位精通古礼的弟子杨复（活跃于1220年代）重新修订了《经传通解》祭礼部分。其成果即《仪礼经传通解续卷祭礼》（简称《祭礼》）。台北"中研院"整理并出版了这一续卷本。③杨复再修本保留了更多朱熹对祭礼的说明，当然也有杨复自身的相关诠释。黄榦本和杨复本为我们提供了一套较为系统的资料集，以考察朱熹及其门人所代表的道学太

---

① 尽管朱熹早期也考虑过编修一部通贯的礼书，但直到庆元二年，他才决定聚集门徒，开展编撰工作。束景南：《朱熹年谱长编》，华东师范大学出版社，2014，第1249页。《仪礼经传通解》原题《仪礼集传集注》。见束景南《朱熹年谱长编》，第1288~1289页。

② 朱熹：《与黄直卿书》，《晦庵先生朱文公文集》卷29，《朱子全书》第21册，第1286页。朱熹庆元六年三月九日与世长辞。他在去世前一日（三月八日）写这封信与黄榦。

③ 杨复：《仪礼经传通解续卷祭礼》，"中研院"中国文哲研究所，2011。

庙理论。①

在探讨朱熹宗庙理论之前，先简要介绍朱氏在宗庙礼仪方面的一些基本前设，以资后文进一步分析。朱熹的礼学本质上是一种复古主义。不过，如秦家懿所论，朱熹的复古倾向并不代表他要一成不变地复刻古礼。②事实上，朱熹也曾解释当时履行古礼的难处。③其家礼学代表作《朱子家礼》展示了朱熹为士庶家庭简化并规范古代烦琐丧祭仪节所做的努力。④但是，在太庙礼方面，朱熹坚持主张恪守三代礼意——用朱熹的原话来说，即要理会"大本大原"。⑤

值得注意的是，朱熹特别拈出两则亟待当时学者理会的"大本大原"。他在与门人对话时，批评了当时皇室礼仪因循的两种惯习。其一，朝廷因袭南郊合祀天地之制；其二，宋室始祖神主不别藏于太庙外之其他寝庙，其神主只与其他祖先庙主一同藏于太庙寝室。朱熹就此二事指出："今天下有二件极大底事，恁地循袭。"⑥纠正太庙始祖之位对于朱熹的古礼理念而言，至为重要。

朱熹认同王安石的立场，尊崇僖祖为宋室太庙唯一的始祖。⑦其门人孙从之曾私下问及僖祖在宋朝开国方面的功勋，意存质疑。朱熹以他个人对祖先功劳之理解，提出强而有力

①　关于这两个版本或者说两部书及其文献学史上的流变，见叶纯芳的杨复《经传通解》再修本导言。叶纯芳：《导言》，杨复：《仪礼经传通解续卷祭礼》，第6~20页。
②　Julia Ching, *The Religious Thought of Chu Hsi*（New York：Oxford University Press，2000），pp. 79-83.
③　其例甚多，见朱熹《朱子语类》卷84，第2178页。
④　《朱子家礼》比较好的英译本为 Patricia Ebrey, *Chu Hsi's Family Rituals：A Twelfth-Century Chinese Manual for the Performance of Cappings, Weddings, Funerals, and Ancestral Rite*（Princeton：Princeton University Press，1991）。
⑤　朱熹：《朱子语类》卷84，第2178页。
⑥　朱熹：《朱子语类》卷90，第2289页。
⑦　朱熹：《朱子语类》卷90，第2305~2306页。

的反驳。朱氏认为，如果一位士子的功成名就应该归功于他的先人，那么，以同样的逻辑，皇室先祖于其子孙之帝王事业之"阴功"，也应当被承认。反而言之，朱熹进一步质问：倘若士大夫的功名与其祖上毫无关系，那么朝廷又为何要在士大夫出仕之后追赠他们的先人呢？① 不管从哪种逻辑出发，否定僖祖之于宋朝立国的功业，在朱熹看来，就如同说士大夫无须承认其先祖庇佑一样，都是荒谬之言。

尽管朱熹批评王安石在不少礼学议题上"变乱旧制"，② 他却十分赞同王安石关于宋室始祖之位的判断。朱熹以前，程颐早已称许王安石在熙宁五年庙议中为匡正僖祖地位而做出的努力。③ 程、朱二人认为，北宋保守党人之所以反对王安石变革礼制，实出于其自身党派利益考虑：反改革派之中坚分子，逢王氏言论则必反，无论其言论自身是否有理有据。④ 朱熹提到，熙宁五年礼议中力主太祖一派的官员囿于党派之别，"不知反之于己，以即夫心之所安"。⑤ 就始祖争议而论，朱熹认为，王安石在文字和思想上，全方位地压倒其所有对手。太祖派中，无一人之议论能与王安石庙议文字相提并论。⑥ 通过阐述程颐"介甫所见，终是高于世俗之儒"

---

① 朱熹：《朱子语类》卷107，第2662页。
② 朱熹：《乞修三礼札子》，《晦庵先生朱文公文集》卷14，《朱子全书》第20册，第687页。
③ 朱熹：《面奏祧庙札子》，《晦庵先生朱文公文集》卷15，《朱子全书》第20册，第726~727页；朱熹：《朱子语类》卷107，第2664页。
④ 朱熹：《朱子语类》卷107，第2662页。朱熹留意到，在官方奏议合集中（《诸臣奏议》，后题为《国朝诸臣奏议》），编者刻意贬抑王安石熙宁五年礼议奏文：他们以小字引用格式处理王安石奏文。因此，王氏相关议论看起来只是整个议题的注脚。朱熹：《朱子语类》卷107，第2661、2664页。
⑤ 朱熹：《面奏祧庙札子》，《晦庵先生朱文公文集》卷15，《朱子全书》第20册，第726~727页。
⑥ 朱熹和门人言及韩维熙宁五年庙议，批评其过于琐碎，抵牾互出，以至于"都不成文字"。朱熹：《朱子语类》卷107，第2664页。

之说，① 朱熹贬称熙宁五年礼议中的太祖派是"流俗之士"，这一"流俗之士"的说法，不禁让我们想起王安石在与王回通信中对当时士风的针砭。②

除了强调王安石在升格僖祖礼仪地位方面的贡献，朱熹对新学学者的太庙议论也有正面评价，认为颇具启发性。他尤其称赏方悫和马晞孟对太庙的解读。③ 更重要的是，朱熹是第一位意识到元丰二年昭穆礼议重要性的学者。对于这一争议第四章中我们已有详尽分析。在《禘祫议》一文中，朱熹声称，神宗召集官员讨论礼文，是为了"远迹三代之隆，一正千古之缪"。④ 朱熹此处用语和陆佃元丰二年奏议文字正相呼应。陆佃在奏议中提到，通过推行适当的太庙秩序，宋朝法度便可以"齐三代盛王"。⑤ 总要而言，元丰二年昭穆礼议和陆佃的相关议论启发了朱熹去建构自己的太庙理念。作为王安石新政的反对者，朱熹为何在古礼理论上偏偏向新学学者取经？

学术影响力或为首因。众所周知，北宋晚期以后，不少学者费煞心思摆脱新学的影响，乃至于激烈批判新学。这一表现，恰好是哈罗德·布鲁姆（Harold Bloom）文学史著作中对人类思想受先驱影响乃至突破先驱的"克里纳门"（Clinamen）心态的反映。布鲁姆借用了罗马诗人、哲学家卢克莱修（Lucretius）的概念，指出后世诗人常有意误读先驱诗人之创作，从而在这种有意误读中逐渐彰显自身诗歌之

---

① 朱熹：《小贴子》，《晦庵先生朱文公文集》卷15，《朱子全书》第20册，第724页；朱熹：《朱子语类》卷107，第2664页。

② 王安石：《答王深甫书》，《临川先生文集》卷72，《四部丛刊初编缩本》第51册，第464页。

③ 朱熹：《朱子语类》卷87，第2227页。

④ 朱熹：《禘祫议》，《晦庵先生朱文公文集》卷69，《朱子全书》第23册，第3334页；杨复：《仪礼经传通解续卷祭礼》，第448页。

⑤ 陆佃：《昭穆议》，《陶山集》卷6，《四库全书》第1117册，第13下页。

独特价值。① 诗歌如是，学问亦如是。以宋代道学与新学发展为例，程门初期弟子多视新学为死敌，而致力于确立一家学说，以摆落新学之强大影响力。程颐大部分门人着意淡化他们与新学学者之间曾经共享的一些理念，显例如二者对"道学"之共同追求。程颐门人杨时实则精通王安石新学，他曾激烈批评王氏字学及王氏的私人日记《日录》。② 杨时对王安石及其学术的敌意并非不可理解。一个新传统形成之时，其倡导者往往更倾向于依据该新传统与既有传统之迥异来宣示自身的正当性，而忽略其相似性。鉴于北宋晚期新学影响力之广，程颐和杨时都选择视新学为异端，着重加以批评，以抬高自家学术的地位。③ 而当道学进入朱熹时代之时，已臻至成熟发展时期。朱熹已不需要像他的北宋道学前辈一样，面对新学如临大敌。故此，他能够从更客观的角度衡量王安石新学中的礼学价值。

朱熹重视新学礼学，第二个原因则与南宋礼学家群体中复古论述的兴起有关。作为南宋时期最伟大的礼学家，朱熹宣称正确践行皇室太庙祭礼将有助于引导人心趋向儒家道德观念，尤其是孝道，并借此带动社会上的礼仪实践，达到移风易俗的目的。尽管方式不同，朱熹的主张还是遥相呼应了北宋后期新学在朝廷礼议中所鼓吹的古礼复兴理想。

---

① Harold Bloom, *The Anxiety of Influence*: *A Theory of Poetry* (New York: Oxford University Press, 1973), pp. 14-28.

② 杨时：《神宗日录辨》《王氏字说辨》，《杨时集》，第 104~160 页。关于杨时对王学的批评，见夏长朴《从李心传〈道命录〉论宋代道学的成立与发展》，《宋史研究集》第 36 辑，中华丛书编审委员会，2006，第 20~24 页。

③ 程颐认为新学对正统儒学的损害比佛教还要大。他强调彻底修正王安石之一家学说的重要性，唯恐其误导后学。程颢、程颐：《二程遗书》，《二程集》，中华书局，1981，第 38 页。

朱熹与杨复：太庙空间布置的新理解

在新学学者之中，朱熹尤其认可陆佃在保存太庙古礼要素方面做出的努力。他称赞陆佃的太庙方案，尤其是其宗庙寝室、门垣，以及其他空间布局安排。[①] 朱熹又以晋代儒者孙毓所论"都宫"[②] 之说为基础，构想诸侯宗庙制度模型，以阐明他对太庙庙制之理解。根据朱熹的模型，理想庙制中五庙都应立于公宫之东南方，各有垣墙环之。太祖之庙立于北；二昭二穆向南排列。第一世的祖先，亦即始封之君，其神主居于太祖之庙；第二世的祖先神主则居于昭之北庙；第三世的祖先神主居于穆之北庙；第四世的祖先神主居于昭之南庙；第五世的祖先神主居于穆之南庙。五庙皆南向，各有门、堂、室、寝。[③]

杨复作为朱熹弟子，在阐释朱熹礼学论著时，曾经图绘朱熹的庙制构想，题为"诸侯五庙图"（见图 6-1）。[④] 朱熹构思太庙布局及其主要结构时，所依据的历史文献，今日已很难考察。他所拟想之庙制具体布局，仅追溯到晋儒孙毓和 6 世纪隋代的官方礼典《江都集礼》。[⑤] 而这两部文献在朱熹时代亦已散佚。除此以外，朱熹没有提供更早的庙制参考材料。

不过，就古代庙制下庙中寝、廷、庙和垣门基本布局，

---

① 朱熹：《禘祫议》，《晦庵先生朱文公文集》卷 69，《朱子全书》第 20 册，第 724 页；杨复：《仪礼经传通解续卷祭礼》，第 448 页。
② "都宫"（宫墙）亦用以指称群庙并立之制。
③ 笔者所引的朱熹设想之模型出于卫湜《礼记集说》。见卫湜《礼记集说》卷 30，《四库全书》第 117 册，第 45 上～下页。现存《礼记集说》大量收入了朱熹和杨复二人的礼文著作，特别是后者的《祭礼》。
④ 杨复：《仪礼旁通图》，《四库全书》第 104 册，第 6 上页。
⑤ 卫湜：《礼记集说》卷 30，《四库全书》第 117 册，第 52 上页。

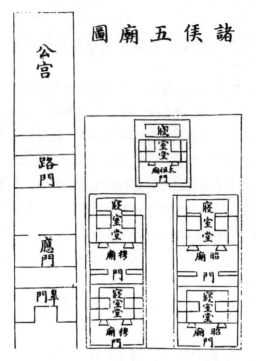

图 6-1　朱熹诸侯五庙图

资料来源：杨复《仪礼旁通图》卷 17，《四库全书》第 104 册，第 6 上页。

朱熹绘制过两幅图。第一幅图见于朱熹《禘祫议》，该奏议后亦编入杨复《祭礼》。为清晰起见，笔者将朱熹之图重录为图 6-2。

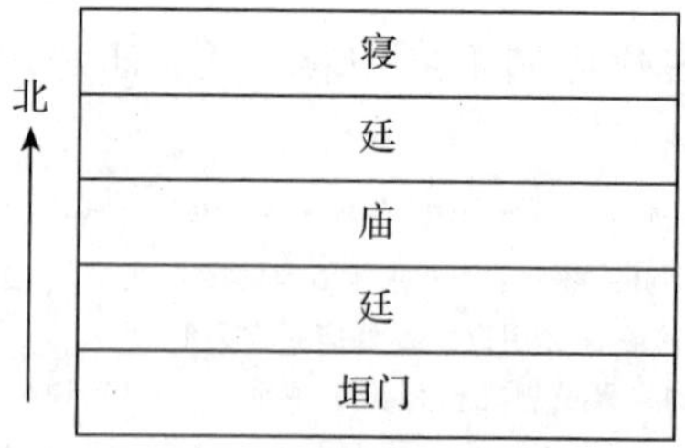

北 ↑	寝
	廷
	庙
	廷
	垣门

图 6-2　朱熹的庙制结构

资料来源：朱熹《禘祫议》，《晦庵先生朱文公文集》卷 69，《朱子全书》第 23 册，第 3335 页；杨复《仪礼经传通解续卷祭礼》，第 450 页。

尽管朱熹此图甚为抽象，其中还是传达了三个基本思想。其一，太庙的入口为墙垣之门，曰"垣门"。其二，墙垣之内，有一处空旷之地曰"廷"，这让人想起中古佛寺中的庭院。① 在朱熹的时代，太庙的室外空间或许较佛道庙宇要小。但是，庙中的室外空间在礼仪演示方面仍然有其作用。杨复在《祭礼》中添入了一段关于诸侯迁徙先祖庙主至"新庙"的材料。该条材料显然出自《大戴礼记》相应篇章《诸侯迁庙》。② 杨复对《大戴礼记》的重视和引用，可能师法朱熹。例如朱熹与门人叶贺孙讨论祔庙礼仪后的神主处理问题时，《诸侯迁庙》即为其重要证据之一。③ 根据《诸侯迁庙》相关文字，当国君及群臣到达新庙时，他们应该听从有司指示，在宗庙礼仪空间中站好位置。按常理来说，在仪式举行时，无须赞礼的大臣也当在场。鉴于宗庙室内空间更为神圣庄重，在大部分情况下，未经许可的大臣和官员不得进入宗庙内部空间——所谓堂上或室内。因此，相对宽敞的中庭可为这些官员提供肃立以待的空间，有效地避免了人群

---

① 清儒金鹗于"廷"之语意有详细分疏，其指出"廷"即朝廷之"廷"，是无堂之平地。庙寝之"廷"当作"庭"。依金氏所述，朱熹此处当标为"庭"。清儒戴震则以"廷"为"庭"之古字。要之"廷"在语义学中和"庭"相通，朱熹以此字形容庙寝之中庭，大概更符合其对古庙制的想象。见金鹗《求古录礼说》卷5《朝位考》，《续修四库全书》第110册，第258页。此条材料承蒙郑珮安君提示，特此致谢。

② 杨复：《仪礼经传通解续卷祭礼》，第410~414页；王聘珍：《大戴礼记解诂》，第198~202页。清代学者王聘珍主张迁入新庙必须在练祭之后进行，而非在练祭期中。如《春秋穀梁传》注所述，庙必先经"坏庙"阶段然后才能"易檐改涂"。《春秋穀梁传注疏》卷10，《唐宋十三经注疏》第3册，第67页。"坏庙"指的是一座庙在符号象征层面的"改换门庭"，而非物理意义上的毁坏。练祭完毕后，该庙得以重生成为"新庙"。迁主入"新庙"，也只能在练祭以后的宗庙空间中举行。王聘珍以为，整个迁主过程当在三年丧以后才可进行。王聘珍：《大戴礼记解诂》，第198页。

③ 朱熹：《答叶味道》，《晦庵先生朱文公文集》卷58，《朱子全书》第23册，第2782页。

在宗庙空间内可能引起的混乱。至于此图传达的第三个思想，则和太庙古制的二分结构有关。朱熹以前庙、后寝为庙制两大关键元素，基本接受了郑玄《礼记·月令》注的解释。[①]

朱熹在另一篇奏状的附图中，绘制了更多太庙结构的相关细节。笔者转录其图为图 6-3。

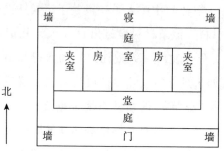

[朱熹按语] 一世各为一庙。庙有门、有堂、有室、有房、有夹室、有寝，四面有墙。

图 6-3 朱熹《祧庙议状》中之古庙制图

资料来源：朱熹《祧庙议状》，《晦庵先生朱文公文集》卷 15，《朱子全书》第 20 册，第 713 页。

考虑到朱熹可能没有机会实地考察真正的皇家太庙并研究其内部结构，他所绘之图的简略，也就不足为怪了。然而和图 6-2 相比，图 6-3 至少画出了宗庙更具体的间隔，包括二房、二夹室、堂和室。绘制此图的朱熹，主要依循的是汉、唐对古寝庙制之理解。[②] 就功能而言，图 6-3 当中之室为神主所居之处，是举行时享的空间；寝则放置死者生前用品，以举行荐新之仪。寝本来是祭祀之所在。朱熹认为在某

---

① 郑注："凡庙，前曰庙，后曰寝。"朱彬：《礼记训纂》，第 231 页。Legge 误解了此处之"寝"，将之翻译为"睡寝"（sleeping apartments）。Legge, *The Sacred Books of China*, 3: 260.

② 参考本书第一章对蔡邕《独断》所论寝庙制之分析。东汉儒者有"庙以藏主，以四时祭。寝有衣冠几杖象生之具，以荐新物"之说。见范晔《后汉书》志卷 9，第 3199 页。唐人杜佑《通典》亦录有此说，见杜佑《通典》卷 49，第 1368 页。

些时候寝亦可安放神主。比如上文提到的祔庙礼。朱熹认为神主祔礼后先需还归于寝，其后才可举行迁庙仪式，这样更符合古礼慎敬先人之精神。[①] 这幅古庙制图虽然简略，却足以反映朱熹对宗庙结构的基本把握。这也是为什么朱熹呈上《祧庙议状》时，必须附上此图。他认为此图中的要素，在理想太庙中是不可或缺的。

朱熹大概深信其心中的理想庙制曾存在于上古太平之世，但是这样的庙制实际并不存在。1976 年西周祭祖原址的考古发掘揭示了周代某座"类宗庙"建筑物的内部格局。[②]在该出土建筑的核心位置，亦即主结构（寝或室）理应所在之处，只发现了一道过廊。或者借用鲁道夫·阿恩海姆（Rudolf Arnheim）的说法，只有一处"外在空间"。[③] 这些廊庑，根据巫鸿之说"在空间中创造了不连续性"，把堂从其他隔间中孤立出来了。[④] 朱熹理解的古庙制必要构件，比如房和夹室，并不见于这座早期出土的周代建筑。当然，在朱熹的时代，这些构件已经成为理想太庙制度的必要元素。

就庙中仪式的一些规范流程而言，黄榦和杨复编订的《经传通解》和《祭礼》为我们留下了更多资料，尤其是杨复《祭礼》。在《祭礼》"宗庙制度"名目下，杨氏加插了《大戴礼记》中《诸侯迁庙》《诸侯衅庙》两篇文章，以解释庙仪具体流程。根据《祭礼》所引文字，诸侯国君需要在

---

① 这一讨论源自朱熹与陆九龄、陆九渊兄弟之争论。见朱熹与陆九龄的两封相关书信，尤其是第二封，《答陆子寿》，《晦庵先生朱文公文集》卷 36，《朱子全书》第 21 册，第 1558～1560 页。

② 见 Wu Hung, *Monumentality in Early Chinese Art and Architecture*（Stanford：Stanford University Press，1995），p. 87，图 2-7a（出土宗庙的平面图）和图 2-7b（宗庙复原图）。关于此座建筑更全面的描述，见陈全方《周原与周文化》，上海人民出版社，1988，第 37～69 页。

③ Rudolf Arnheim, *New Essays on the Psychology of Art*（Berkeley：University of California Press，1986），p. 83.

④ Wu, *Monumentality in Early Chinese Art and Architecture*, p. 84.

迁移神主至新庙三日前致斋。[①] 其斋则祝、宗人和不同等级的官员皆从之。[②] 迁徙当日，国君及从者皆身着玄服。当他们抵达原来的太庙之时，官员会在庙前排列，如同上朝之行列。宗人和祝会引领仪式和诵辞唱礼。国君立于堂前阼阶之下，面向西方，而其祖先神主则安置于室中之东。[③] 宗人说"有司其请升"，然后国君进入堂上，祝则奉持礼帛在其左侧，以待祭献。国君北面再拜。与此同时，祝代国君致辞曰："孝嗣侯某，敢以嘉币告于皇考某侯，成庙将徙，敢告。"[④] 然后国君与祝向庙室（祖先神主原先所居之处）再行拜礼，并由堂上退下，立阼阶下。奉持祖先之衣物的礼仪人员亦会跟从祝，从堂上一直退至庭中立碑之处。[⑤] 江西学者李如圭（绍熙四年进士）擅长宗庙仪节，也曾协助朱熹编撰《经传通解》。据他所言，庭中之碑乃出于历法目的而设立，并应该设于离庙门有些距离的地方。[⑥] 待迁庙之礼完成，

[①] "君，前徙三日，斋。"杨复：《仪礼经传通解续卷祭礼》，第410页。原文见王聘珍：《大戴礼记解诂》，第199页。此句中华书局《大戴礼记》本和"中研院"中国文哲研究所杨复《祭礼》本标点不同。前者读"君前徙三日"为一句，文意不顺。后者以"君前徙三日斋"为成句，是指举行该仪式的国君要在迁徙祖先神主之前致斋三日。后者为是。

[②] 杨复：《仪礼经传通解续卷祭礼》，第410页；王聘珍以祝和宗人为"接神之官"。他们在神灵降于宗庙之时负责接待工作。王聘珍：《大戴礼记解诂》，第199页。

[③] 杨复：《仪礼经传通解续卷祭礼》，第411页；王聘珍：《大戴礼记解诂》，第199页。

[④] 杨复：《仪礼经传通解续卷祭礼》，第411页；王聘珍：《大戴礼记解诂》，第200页。

[⑤] 杨复：《仪礼经传通解续卷祭礼》，第412页；王聘珍：《大戴礼记解诂》，第200页。

[⑥] 李如圭沿袭郑玄及朱熹的说法，认为碑用来"识日景，知阴阳也"。李如圭：《仪礼释宫》，《四库全书》第103册，第15上页。作为李如圭现存唯一作品，《仪礼释宫》反映了朱熹的礼学思想，尤其是礼制建筑的空间布局。束景南甚至认为《仪礼释宫》是李如圭和朱熹共同编撰。束景南：《朱熹年谱长编》，第1290页。目前明确可知者，只有李如圭加入编撰《经传通解》不晚于庆元二年。束景南：《朱熹年谱长编》，第1249页。

全部参与仪式人员在庭碑处聚集，君、祝、宗人、奉衣服者以及其他从者登上马车，出发前往新庙。

阅读杨复《祭礼》文字，得知祝和宗人在迁移神主过程中扮演了关键的中介角色，尤以祝为最。《祭礼》袭引卢辩《大戴礼记》注，曰"祝所以导神也"。[1] 祝是庙灵的引路者，带领以奉衣服者所捧遗物为象征的庙灵，引导整个仪式团队前往新庙。

国君与从者到达新庙以后，仪式转以另一种方式进行。鉴于此部分是朱熹和杨复的庙仪论述核心，不惮烦辞，援引全文如下：

> 至于新庙，筵于户牖间，[2] 樽于西序下，[3] 脯醢陈于房中，[4] 设洗当东荣，[5] 南北以堂深。[6] 有司皆先入，如朝位。祝导奉衣服者乃入，君从。[7] 奉衣服者入门左。在位者皆辟也。奉衣服者升堂，皆反位。君从升。奠衣服于席上，祝奠币于几东。[8] 君北向，祝在左，赞

者①盥，升，适房，荐脯醢。君盥，酌，奠于荐西，反位。君及祝再拜，兴。祝声三曰："孝嗣侯某，敢以嘉币告于皇考某侯，今月吉日，可以徙于新庙，敢告。"再拜，君就东厢，西面。祝就西厢，东面。在位者皆反走辟，如食间。摈者举手曰："请反位。"君反位，祝从，在左。卿大夫及众有司诸在位者皆反位。祝声三曰："孝嗣侯某，洁为而明荐之享。"君及祝再拜，君反位，祝彻，反位。摈者曰："迁庙事毕，请就燕。"君出庙门，卿大夫、有司、执事者皆出庙门，告事毕。②

显而易见，杨复《祭礼》充分借鉴了《大戴礼记》中所记载的仪式细节，尤其是 6 世纪经学家卢辩的《大戴礼记》注。宗庙的基本建筑构件，包括庙门、堂、二房、二夹室等，均见载于《大戴礼记》。卢注亦提到诸侯庙制应包括左右房。③《大戴礼记》和汉代字书《尔雅》都将庙堂划分为前堂和厢房两部分。④ 郭璞（276~324）《尔雅》注根据《礼记·杂记》先例，将"厢"称为"夹室"，此一名目在唐宋始祖庙议中开始普及。杨复细心地将这些名目以及相关解释纳进他的《祭礼》文本之中。

值得注意者，在黄榦《经传通解》稿本中，也有上文提及的《大戴礼记》文字。但是这些文字以单篇形式独立出现于卷 20《诸侯迁庙》《诸侯衅庙》二条目之下。⑤ 很明显，

---

① 此处的"赞者"是协助行礼者，而不是祝颂者。在明堂举行的祭祀中，"卿大夫赞君，命妇赞夫人"。见《礼记·明堂位》，朱彬：《礼记训纂》，第 484 页。
② 杨复：《仪礼经通解续卷祭礼》，第 412~413 页；王聘珍：《大戴礼记解诂》，第 200~202 页。
③ 王聘珍：《大戴礼记解诂》，第 200 页。
④ 王聘珍：《大戴礼记解诂》，第 201 页。
⑤ 朱熹、黄榦：《仪礼经传通解正续编》卷 20，北京大学出版社，2002，第 1811~1813 页。

这些文字及相关注释，在黄榦《经传通解》中仅仅作为被收集的资料，黄榦并没有（或者说来不及）留意到《大戴礼记》在宗庙庙仪上的重要意义。黄榦《经传通解》讨论宗庙礼的专卷（卷25），并没有像杨复《祭礼》般，将《诸侯迁庙》《诸侯衅庙》文字编排进去。

杨复《祭礼》引用《大戴礼记》二文部分，乃其"宗庙制度"条目的主要内容。这部分接续《礼记·王制》"天子七庙，三昭三穆"庙制规划而来。有趣的是，在黄榦《经传通解》论宗庙礼专卷中，引述《王制》文字以后，出现的是《周礼·考工记》中"匠人营国"部分。这一黄榦本中系于"庙制"条目下的部分，讨论了太庙庙制、太庙与王宫及社稷之相应方位，以及庙堂规模大小。① 该部分也解释了太庙不同构件之古名，包括宗庙空间中的闑、唐和陈。② 黄榦《经传通解》继而讨论周制中守祧一职职守，以作为"庙制"部分之结。③ 和黄榦本相对应，杨复《祭礼》以《礼记·祭法》《孔子家语》，当然还有上文讨论的《大戴礼记》，取代了黄榦本中的《考工记》部分。④

在《祭礼》中，杨复为何剪裁掉黄榦本中的《考工记》文字，取而代之以其他文献？最直接的表面原因是：黄榦天不假年，没有时间详细梳理祭礼文字，而杨复可以从容不迫地组织材料。但是，同样建基于《王制》之大框架，黄榦"庙制"和杨复"宗庙制度"的材料取径及编排，区别如此明显，仍然值得深思。宗庙礼只是管中一斑。因篇幅所限，

① 朱熹、黄榦：《仪礼经传通解正续编》卷25，第2005~2010页。
② 朱熹、黄榦：《仪礼经传通解正续编》卷25，第2009页。"陈"指的是庙门到堂之间的途径。李如圭：《仪礼释宫》，《四库全书》第103册，第5下~6上页。
③ 朱熹、黄榦：《仪礼经传通解正续编》卷25，第2009~2010页。守祧部分亦见于杨复《仪礼经传通解续卷祭礼》，第416页。
④ 杨复：《仪礼经传通解续卷祭礼》，第400~416页。

笔者不能就黄本、杨本体例一一详论。这里仅能从上文提及的影响力因素出发，提出一点猜测。黄榦、杨复在材料取径方面之迥异，恐怕和当时的思想大环境以及他们的目标读者有关。当黄榦根据朱熹留下的纲要编修《经传通解》时，道学礼学还处于创制阶段。而新学礼学论著如《礼书》《周礼详解》等，在当时学者之间仍颇具影响力。新学礼学家都对《周礼》的权威性深信不疑。① 对于朱熹第一代弟子而言，他们在发展自家礼学之时，很难回避《周礼》学的重要问题。以此观之，南宋道学家对《周礼》之学的兴趣，也是对新学《周礼》学此前数十年间沛然之影响力的一种自然回应。② 因此，《考工记》章节被纳入黄榦《经传通解》，也从侧面体现了新学礼学之"余威"。一方面，朱熹所代表的道学家大多承认《周礼》的文献权威。另一方面，同一批学者亦希望屏除新学的《周礼》诠释，而以道学的《周礼》解读取而代之。黄榦本质上是一位恪守师说的学者，他忠实地遵从朱熹的指示，不仅是为了和新学群体争夺礼学话语权，亦是为了和朱子学其他潜在对手竞争。③ 黄榦在他的稿本中以《考工记》注释庙制，反映的即朱子系道学对《周礼》学的重视。

　　和黄榦相比，杨复作为朱门弟子中至为博学之礼学家，其学术包容性更强，且更敢于以其他文献材料来调整朱门礼

---

① 朱熹：《朱子语类》卷86，第2203页。

② 宋在伦在其专著中简要讨论了南宋《周礼》学的五个阶段，提出南宋《周礼》学或多或少由新学之影响而来。Jaeyoon, *Traces of Grand Peace*, pp. 318-340.

③ 最大的潜在对手是永嘉学派，活跃于今日浙江。一方面，永嘉学派和道学在魏希德所谓的"考试领域"中竞争，竞相争夺考试准则话语权。见 Hilde de Weerdt, *Competition over Content: Negotiating Standards for the Civil Service Examinations in Imperial China (1127-1279)* (Cambridge: Harvard University Press, 2007), pp. 89-169。另一方面，永嘉学派的礼学一般被视为偏重实用和工具性，他们倾向于通过史学路径理解礼学。相较于朱熹所说的古礼本意，永嘉学派更关注具体行仪细节。

学。当然，这不代表杨复对《周礼》学和《周礼》文本不重视。他的《祭礼》引用《周礼》文字绝不为少。但是，在基本理路方面，比起建构道学礼学的所谓"学科基体"——朱熹自己已经完成了这个工作——杨复更关注一劳永逸地解决祭礼理论中的两难困境。他假设他的读者和他一样，也是娴熟祭礼的"习礼君子"，① 这些读者可以和他一起修正关于祭礼的重要议题，比如太庙的内部结构以及庙仪。② 杨复的礼学既然本于经学理论，其在《祭礼》中编次文献材料的形式，和《春秋》体例乃有近似之处。③ 换言之，《祭礼》文本是历史文献和经学文献相互交织的一种体现。杨复的著作值得更多关注，不仅因为他在朱熹、黄榦成果之上提供了进一步的礼学阐释，而且因为他的著作展示了一套新的文献体系。这套体系的基础，正是包括《大戴礼记》《孔子家语》等在内的更多元化的文献。

　　朱熹和黄榦都强调庙和寝结构上的区别，杨复则以《大戴礼记》关于庙仪的详细记载为补充，通过文字编排，将庙仪行仪细节与庙、寝抽象结构相结合。④ 杨复对《大戴礼记》文本的采纳，不仅反映了杨复礼学的实用取径，也为朱熹所建构的宗庙框架提供了具体行仪指南。朱熹所绘礼图中的宫室名目，在杨复《祭礼》中，正可以和各种礼器、赞者行为乃至相关仪节互为呼应，从而获得实践意义。堂不再空无一物，而是承载着筵席和酒爵、行仪者各司方位的视像化之堂；西房是存放陈列脯醢之处，行礼时，国君和祝在夹室（厢）和房间之间往复来回；而神主作为祖灵中介则恒久置

① 杨复：《仪礼经传通解续卷祭礼·序》，第 5 页。
② 如杨复的序文所说，这些中心议题包括郊祀、明堂、北郊、古今庙制及四时禘祫之祭。杨复：《仪礼经传通解续卷祭礼·序》，第 4 页。
③ 叶纯芳：《导言》，杨复：《仪礼经传通解续卷祭礼》，第 38~44 页。
④ 朱熹、黄榦：《仪礼经传通解正续编》卷 25，第 2009 页。

于主室中央。配合朱熹的相关著作和讲说，以及其他文献，杨复《祭礼》出色地将朱熹的太庙想象落实到具体行仪层面，赋予其历史语境。在《祭礼》中，庙仪变得活灵活现而适于应用。杨复在其他礼学著作中也利用了相似进路。他在《仪礼旁通图》中仔细标示了宗庙建筑中不同构件的功能，并说明它们如何与赞礼者的位置移动相关。①

有一处细节在杨复《祭礼》中被忽略了，就是太庙庙室内部布局。所幸朱熹在其《祧庙议状》文末亦附录了（他所理解的）古代庙室平面图，如图6-4所示。

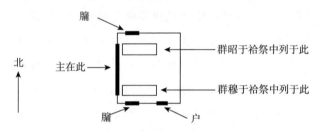

[朱熹按语] 庙室之制皆如此。其主皆在西壁下东向。祫则太祖东向，昭南向，穆北向。

图6-4 朱熹之太庙古室制图

资料来源：朱熹《祧庙议状》，《晦庵先生朱文公文集》卷15，《朱子全书》第20册，第714页。根据卫湜《礼记集说》中援引之朱说，笔者稍微补充了此图，标出"主"所在的位置和昭穆祖先祫祭中的空间布局。朱说见卫湜《礼记集说》卷30，第45上～下页。朱熹理解的户牖方位和《仪礼》所载主室格局一致。见李如圭《仪礼释宫》，《四库全书》第103册，第5上页。杨复在其《仪礼旁通图》中也画了一幅庙室图。不过，杨复的平面图只标出了单牖，未标明神主位置，这大概是因为该图指涉的主室是士大夫家庙之室，而非太庙之室。杨复：《仪礼旁通图》，《四库全书》第104册，第5上～下页。

此图布局基本符合朱熹所拟的诸侯庙寝图。一般情况下，室中"主"位会放置该庙祖先的神主。不过，在天子、诸侯的案例中，举行祫祭的时候，所有皇室祖先神主会依据

---

① 杨复：《仪礼旁通图》，《四库全书》第104册，第2上～3下页。

昭穆之序而列于太祖之庙。昭穆作为庙制核心要素，在朱熹的礼学理论中又是何种形态？这是下文的主题。

朱熹对太庙昭穆之序的理论建构

在其名文《禘祫议》之中，朱熹肯定了陆佃在元丰二年礼议中做出的贡献。不过，他并不认可陆佃对宋室祖先昭穆序次的诠释。[1] 他反对陆佃的昭穆理论，重申皇室祖先昭穆不可互易，无论新进祔庙的祖先会带来什么庙次上的变化。朱熹对昭穆的理解源于他对谱系世序概念的解读。考察这一解读，需要从《禘祫议》以外的文字找线索。

在朱熹写给陆九龄（1132～1180）——此人是朱熹思想劲敌陆九渊（1139～1192）之兄——的一封书信里，朱熹提到根据"昭常为昭，穆常为穆"的礼学原则，在废庙之礼中，昭、穆之位仍应保持不变。[2] 朱熹告诉陆九龄，这个原则最初是由某位"礼家"提出。朱熹虽然在书信中隐去了该"礼家"名氏，不过很显然该"礼家"就是何洵直。[3]

绍兴十七年（1147），当朱熹撰写这封书信给陆九龄时，他的礼学仍然处于发展阶段。[4] 在此信末尾，朱熹承认他并不太熟悉礼经，且欠缺严谨文本分析所需的技巧，亦即其所谓"考证"功夫。[5] 从他在这封书信中的语气来看，朱熹似乎是

---

① 朱熹：《禘祫议》，《晦庵先生朱文公文集》卷 69，《朱子全书》第 23 册，第 3340～3341 页；杨复：《仪礼经传通解续卷祭礼》，第 448 页。

② 朱熹：《答陆子寿》，《晦庵先生朱文公文集》卷 36，《朱子全书》第 21 册，第 1559 页。

③ 朱熹提到的昭穆原则和何洵直元丰二年中所论完全相同。陆佃：《昭穆议》，《陶山集》卷 6，《四库全书》第 1117 册，第 11 下页。

④ 关于此书的系年见陈来《朱子书信编年考证》，生活·读书·新知三联书店，2011，第 154 页。

⑤ 朱熹：《答陆子寿》，《晦庵先生朱文公文集》卷 36，《朱子全书》第 20 册，第 1560 页。

以一种较为折中的口吻在和友人陆九龄讨论昭穆议题。① 此后若干年，在累积一定礼学知识之后，朱熹变得更倾向于何洵直的昭穆理路。在后来的《禘祫议》中，其遂主张一般情况下的祖先昭穆序次，昭或穆的迁祔、移位必须严格局限在各自所属的昭、穆行列上，垂直移动。② 通过区分昭、穆为同一谱系世序中独立并行的两系，朱熹复述了何洵直在元丰二年礼议中的昭穆原理。他晚期的文字，包括其私人谈话、议论文和奏疏，亦一再强调"昭常为昭，穆常为穆"的基本原理。③

当朱熹开始编修《经传通解》之时，他发展出了更为精密的昭穆理论。黄榦和杨复的两部《经传通解》增补本，都保存了朱熹晚年的一些昭穆解读。比较两部增补本，黄榦本与杨复本都讨论了营造太庙与太庙昭穆次序的关系。两本均以《周礼》中为人熟知的经文"辨庙祧之昭穆"作为相关章节标题。④ 考虑到《经传通解》基本结构乃由朱熹所定，他在此节开端引用《周礼》，可见在昭穆议题上，朱熹也很看重这部礼经。⑤

---

① 朱熹后来与门人叶贺孙在通信中回忆此事，颇为自得，不复与陆九龄信中之谦和矣。朱熹：《答叶味道》，《晦庵先生朱文公文集》卷58，《朱子全书》第23册，第2780~2781页。

② 朱熹：《禘祫议》，《晦庵先生朱文公文集》卷69，《朱子全书》第23册，第3341页；杨复：《仪礼经传通解续卷祭礼》，第454页。

③ 用朱熹自己的话来说："昭穆是万世不可易，岂得如陆氏之说。"朱熹：《朱子语类》卷89，第2283页。

④ 朱熹、黄榦：《仪礼经传通解正续编》卷25，第2002页；《周礼注疏》卷19，《唐宋注疏十三经》第2册，第187页。

⑤ 朱熹、黄榦：《仪礼经传通解正续编》卷25，第2002页。一般来说，朱熹倾向于采用《仪礼》经文作为《经传通解》章节标题。但是，朱熹在此节专门引用了《周礼》经文作为标题，可见他相信相关文字乃是古代宗庙礼仪的真实记录。朱熹曾数次断言《周礼》和《仪礼》都是讨论古代制度和礼仪的可靠材料。朱熹：《朱子语类》卷86，第2203、2205页。不过，朱熹偶尔也会指出一些古礼应用存在问题。比方说，在一次对话当中，他说周公论丧礼敛祭中红玉饰物和白玉盘的使用"思量未够"。朱熹：《朱子语类》卷86，第2223页。

此外，黄榦和杨复的《经传通解》增补本还提及了昭穆如何承载家族关系中的宗法理念，其中父辈祖先与昭系祖先相连，子辈祖先则与穆系祖先相连。[①] 后文又援引唐人贾公彦《周礼》疏，以周代为案例，阐述家族结构中的昭穆序列：

> 周以后稷庙为始祖，特立庙不毁，即从不窋已后为数，不窋父为昭，鞠子为穆。从此以后，皆父为昭，子为穆，至文王十四世，文王第称穆也。[②]

贾疏以父子为昭穆，其意至明。我们在第四章中指出，如以父子为昭穆，则有机会发展出陆佃一样自由移易昭穆的理论。朱熹，或曰黄榦、杨复，为何要在《经传通解》中引用可能导致与他们自身昭穆理念矛盾的贾疏？一个可能的答案是《经传通解》体例以搜罗不同礼学理论为主，其中自然会包括与朱熹自身理念不合的说法。为了解释这些抵牾之处，有必要通过朱熹其他礼仪著述来考察其昭穆观念。

大体而言，朱熹以昭穆为宗庙和神主方向的空间指标。其基本论点云："昭穆本以庙之居东、居西，主之向南、向北而得名，初不为父子之号也。"[③] 其首要论据曰："必曰父子之号，则穆之子又安可复为昭哉？"[④] 朱熹还以贾疏所论

---

① 黄榦：《仪礼经传通解续卷》卷 25，第 2002 页；杨复：《仪礼经传通解续卷祭礼》，第 393 页。

② 朱熹、黄榦：《仪礼经传通解正续编》卷 25，第 2002 页；杨复：《仪礼经传通解续卷祭礼》，第 394 页。原文见《周礼注疏》卷 19，《唐宋注疏十三经》第 2 册，第 187 页。

③ 朱熹：《禘祫议》，《晦庵先生朱文公文集》卷 69，《朱子全书》第 23 册，第 3341 页。

④ 朱熹：《禘祫议》，《晦庵先生朱文公文集》卷 69，《朱子全书》第 23 册，第 3341 页。华喆认为朱熹此说是对传统昭穆之序的挑战。见华喆《父子彝伦：北宋元丰昭穆之议再评价》，《中国哲学史》2017 年第 3 期，第 24~25 页。

周代宗室为例。尽管周人尊周室的父辈祖先为昭、子辈祖先
为穆，然而原初的昭穆称号并非为了标示任何父子关系。只
是由于周代宗法制习惯，其帝系继承以父子为常例。因此，
对于周室而言，始祖后稷以后的周室祖先，才会依次交替追
赠为昭、穆。父昭子穆的整齐模式，乃是自然而然的结果。①
换言之，周室昭穆之所以能够如此规范地符合父昭子穆，纯
粹出于巧合。

从父子继承的原理出发，朱熹进一步主张，当父子继
承的常规受到干扰时，比如兄终弟及，不管辈分上的自然
序次如何，朝廷亦应该相应地转变昭穆，以适应宗庙实情。
以宋室帝系为例，朱熹支持将太祖和太宗的昭穆区分开来。
他强调正统的宗庙礼制，君臣关系优先于兄弟关系。根据
儒家"正名"原则，他自然主张太祖、太宗在太庙中应各为
一世。②

至于陆佃提出的另一观点，即昭穆祖先可如其在左墠、
右坛之间自由转换般，自由互易昭穆之位，朱熹更为反对。
他质疑昭穆序次是否可如陆佃设想般，应用于庙制以外的语
境。可以看出，朱氏的礼学逻辑并不认为墠、坛属于严格意
义上的庙制。他指出，墠、坛的左右布局并不见于任何一部
礼经明文。③ 因此，墠、坛并不采用明确的昭穆庙次，即使
相关讨论中出现了左昭、右穆之名，也只是喻指其中祖先神
主的昭、穆庙号，而墠、坛本身并无昭、穆之别。与太庙中
神主只于昭行、穆行单线迁移的序列不同，墠、坛本就指太
庙七世礼仪边界以外的独立祭祀空间。即使分为左右，其性

---

① 朱熹：《朱子语类》卷 90，第 2298 页。
② 朱熹：《小贴子》，《晦庵先生朱文公文集》卷 15，《朱子全书》第 20
册，第 723~724 页。
③ 礼经注疏中确实有些条文是讨论墠、坛方位的。不过，如朱熹所述，
这些条文大都是源于汉唐儒生的某些可疑记录。朱熹：《禘祫议》，
《晦庵先生朱文公文集》卷 69，《朱子全书》第 23 册，第 3341 页。

质也是相同的。①

借用陆佃的术语分析朱熹观点，我们可以说，朱熹认为昭穆"庙次"和"世次"是不相通的，它们各自归属于不同的礼仪范畴。太庙昭穆象征的是"庙次"，"世次"则借指非宗庙礼仪空间中祖先神主的秩序。在墠、坛结构之中采用的祖先昭穆之号，本质上还是属于"世次"——朱熹这里对墠、坛结构的理解有异于陆佃原来的"世次"定义。昭穆祖先在墠、坛中的位置安排，是一种"迭进"关系：无论是昭系祖先还是穆系祖先，都需要经由庙—祧—坛—墠这一次序"迭进"。② 所以才会出现陆佃《昭穆议》中提出的周制太王在左祧、右坛之间"迁徙无嫌"的现象。在朱熹看来，墠、坛之间的祖先神主移动，本质上只能是"迭进"，而非"迁徙"。只有在宗庙中，神主才能"各由其序而递迁也"。这一"迁"主次序，就是"庙次"。自宗庙成立起，昭穆就自然按照祖先出现的先后次序排列：第二世祖先为昭之首，第三世为穆之首，如此类推。"迁徙"中的昭和穆代表了太庙中的固定位置，昭行和穆行祖先永不交错。③ 如果儿子在宗庙中为昭系祖先，其父居于对面之穆位，尊卑之序其实也没有改动。两者既然不在一条平行线上，就谈不上尊卑了。朱熹援引周成王案例加以总结："故成王之世，文王为穆而不害其尊于武，武王为昭而不害其卑于文。"④ 父穆子昭、颠倒尊卑的问题，一度是元丰二年何洵直、张璪昭穆论争时

---

① 朱熹认为墠、坛属于同一祭祀结构，即使二者存在形制上的明显差异。朱熹：《晦庵先生朱文公文集》卷69，《朱子全书》第23册，第3341页。

② 朱熹：《禘祫议》，《晦庵先生朱文公文集》卷69，《朱子全书》第23册，第3341页。

③ 朱熹：《禘祫议》，《晦庵先生朱文公文集》卷69，《朱子全书》第23册，第3341页；马端临：《文献通考》卷91，第829页。

④ 朱熹：《禘祫议》，《晦庵先生朱文公文集》卷69，《朱子全书》第23册，第3341页。

的难点。在朱熹的昭穆理论中，这一难题迎刃而解。解决之道，还是从回应陆佃的昭穆理念入手。可以说，何洵直、张璪没有彻底完成的工作（全面反驳陆佃的昭穆理论），在朱熹手中终于大成。这一工作的完成，也代表了何、张"昭与昭齿，穆与穆齿"路线理论层面的全面胜利。

由于朱熹是在太庙语境下解释"昭与昭齿，穆与穆齿"的恒常性，有些学者将朱熹的昭穆理论理解为宗法制度的一种新模式。① 从上文分析可见，朱熹的昭穆论述主要从前代礼议中吸收并继承了一些重要观点，将之融会贯通，从而建构其自身所理解的宗法制度。新学学者何洵直和陆佃在朱熹的昭穆论述中尤其紧要。朱熹和何洵直都同意昭穆的基本原则是祖孙而非父子之间的隔代递迁。不过，相较于何洵直针对陆佃的回应，朱熹在挑战"昭穆为父子之号"这一尊卑成说时，更为大胆坚定。在回答其门人有关葬地编制的问题时，朱熹亦称葬地"昭穆但分世数，不分尊卑"。② 在大部分情况下，朱熹将昭穆理解为祖先世代的空间标识。此外，他强烈主张太庙祖先的昭穆之号是自成一体的符号系统。换言之，每位祖先在各自的祖庙空间内都能得到同等的尊敬。③ 通过区别宗庙不同的空间场所，朱熹说明了群昭群穆背后的祖先群如何作为独立的祖灵融洽共居，而又同时不违背儒家推崇的长幼尊卑原则。

倘若昭穆称号一如朱熹所论只是世数在宗庙内的空间标识，那么它们在太庙中又是具体如何排列的？《禘祫议》记载了朱熹对左昭和尊位之间联系的质疑："古人坐次，或以

---

① 林振礼：《朱熹谱序发微》，《中国哲学史》2001 年第 1 期，第 62~72 页，尤其是第 64~65 页。
② 朱熹：《答陈安卿》，《晦庵先生朱文公文集》卷 57，《朱子全书》第 23 册，第 2744 页。
③ 卫湜：《礼记集说》卷 30，《四库全书》第 117 册，第 46~47 页。

西方为上，或以南方为上，未必以左为尊也。"①朱熹提到了
在大祫之祭中，当所有皇室庙主——包括已毁庙主和未毁庙
主在内——座列于太庙之室时，只有太祖才能居于西壁下的
中央位置。所有昭庙庙主进入祖庙之室后，皆列于北牖之
下，南向；穆庙庙主则并列于南牖之下，北向。② 这样，朱
熹就将昭、穆和空间上的南、北方位联系起来了。据他所
言，昭之所以为昭，是因为昭系祖先在大祫时朝向更为明亮
的南方。③ 而穆则因为在大祫中面朝幽深的北方，所以号之
曰穆。"穆"字在朱熹理解中正有"深远"之意。④

　　值得补充的是，朱熹对于祫祭昭穆的理解有别于他对一
般昭穆的解读。朱熹视祫祭为独立的表演仪式。杨复回忆，
朱熹说过祫祭有两种：一种是时祭之祫，行于夏、秋、冬；
一种是天子诸侯在其太祖庙所行之国祀。⑤ 第二种祫祭即大
祫之祭，祖先并列受飨，届时礼官会重新编次祖庙昭穆，以
标明正确的尊卑秩序。大祫祭之昭穆安排，一如上文所言，

---

① 朱熹：《禘祫议》，《晦庵先生朱文公文集》卷69，《朱子全书》第23
册，第3342页。杨复《祭礼》亦引用了此语，见《仪礼经传通解续卷
祭礼》，第455页。
② 卫湜：《礼记集说》卷30，《四库全书》第117册，第45下页。
③ 卫湜：《礼记集说》卷30，《四库全书》第117册，第45下页。
④ 卫湜：《礼记集说》卷30，《四库全书》第117册，第45下~46上页。
朱熹的这一理解源自他的《诗经》研究，尤其是《周颂·清庙之什》
"于穆清庙""于穆不已"二语。见朱熹《诗集传》卷19，上海古籍
出版社，1980，第223页；朱熹《中庸章句》，《四书章句集注》，上
海古籍出版社、安徽教育出版社，2001，第41页。在这些地方，朱熹
都把"穆"理解为"深远"之意。在毛诗训诂传统中，"穆"一般解
为肃静之美。见毛亨笺，郑玄注，孔颖达疏《毛诗正义》卷19《清庙
之什》，香港中华书局，1964，第1709页。
⑤ 杨复：《仪礼经传通解续卷祭礼》，第552页。杨复此处针对历史上两
种祫祭混淆所产生的问题有精要之解说。杨氏认为（也是继承自朱熹
之见），汉儒包括郑玄在内，在祫祭混乱这一问题上有重要责任，尤其
是把大祫祭和禘祭混杂在一起，以为都是群祖合享之祭。杨氏认为禘
祭不应群祖合享。

以及元丰二年礼议中何洵直和张璪所论。① 至于时祭之祫，由于已毁庙主不包括在时祭以内，加之皇室帝系传承的不规律性，时祭之祫的昭穆编序难免更加复杂。通过追溯周代的祫祭，朱熹引入了"虚位"说来解决帝位继承不规则性所引起的问题。他以周昭王所行时祭之祫为例，阐释此说。周昭王时代的时祭之祫，当王季（周文王父）之神主已迁庙，而康王之神主递迁为昭时，武王本当向上移动，进居王季之位，以让康王进驻其位。不过，由于作为武王之父的文王处在王季对面的穆位，武王神主移向王季之位便有可能违反尊卑秩序，因为那样会使文王在时祭之祫中北面朝向其子。在传统方向观念中，在空间上朝向北方暗示了服从在其北方者的意味。② 因此，在时享之祫这种特殊的对座情况下，出现了父亲朝拜儿子的方位暗示。为了解决这一困境，朱熹建议将武王神主留居原位，同时悬空位处文王对面的王季的昭位，以避免时祭之祫中违背父子尊卑的空间暗示。"虚位"说图示见图 6-5。

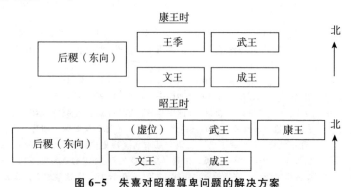

图 6-5 朱熹对昭穆尊卑问题的解决方案

通过在时享祫祭中引入虚位概念，朱熹既保留了原本的

---

① 卫湜：《礼记集说》卷 30，《四库全书》第 117 册，第 44 页。
② 朱熹：《禘祫议》，《晦庵先生朱文公文集》卷 69，《朱子全书》第 23 册，第 3345 页。

昭穆序次，亦避免了与传统方位所暗示的尊卑观念冲突。①

　　从礼仪演示角度来看，朱熹的作品，尤其是他的几篇重要奏疏文字和《经传通解》所引诸说，集合了大量仪式细节。就昭穆空间布局而言，朱熹留下了南宋礼学论著中最为丰富的一套资料。总结朱熹的宗庙空间理念以及昭穆观，其基本构想均从南北方向之轴线。至于宗庙主室内的空间，则以东西方位为轴，群昭群穆依序向东扩张，由牖直到东壁之下。② 较之北宋礼学，朱熹的礼学论著和杨复、黄榦两部《经传通解》增补本，更详细地描述了太庙主室的昭穆制度。但是，我们也不能高估朱熹相关研究成果的准确程度。在一场私下对话中，朱熹承认太庙主室的古制难以通晓。③ 朱熹在写给门人郭子从的一封书信里，也为葬穴昭穆之难以理解而感到沮丧，叹息他的研究未能为宗族墓葬中的一些昭穆方位现象提供有力理据。④ 他亦承认祫祭古制中某些空间的安排实在难以想象，特别是周代合祭仪式中如何安置逾三十方之众多神主的问题。考虑到周室太庙的空间较小，而周室神主数量又如此之多，朱熹对这种祫祭是否真正可行感到困惑。⑤ 尽管朱熹就皇室宗庙昭穆制度洋洋洒洒写了许多文字，但这一问题一直令他心感忧畏——无论是在现实中还是在礼学层面。

---

① 关于周室历代时祭祫享的详细布局，参考朱熹《禘祫议》所附《周时祫图》，《晦庵先生朱文公文集》卷 69，《朱子全书》第 23 册，第 3343~3344 页。此图亦已抄入杨复《仪礼经传通解续卷祭礼》，第 551 页。

② 除了上文提及的材料，《朱子语类》中还有一些关于庙室布局的讨论。其中许多强调"主"的方位当依西坐东向。朱熹：《朱子语类》卷 90，第 2293、2298 页。

③ 朱熹：《朱子语类》卷 90，第 2296 页。

④ 朱熹：《答郭子从》，《晦庵先生朱文公文集》卷 63，《朱子全书》第 23 册，第 3056 页。

⑤ 朱熹：《朱子语类》卷 90，第 2296 页。

小　结

　　朱熹对太庙制度的认识，展示了他的某些礼学思想如何深受前代礼学论述影响，特别是北宋礼议中新学学者的相关议论。通过将元丰二年礼议和当代礼仪之争联系起来，朱熹重新倡导复兴古礼的重要性——这一点其实北宋晚期礼学家和礼官们已有所强调。出身新学背景的礼官，尤其是陆佃和何洵直，以及他们的学术领袖王安石，发起了复兴古礼的运动。这一运动在宋徽宗时代达到一个短暂高峰。进入南宋以后，朱熹延续了这一运动，深入探讨了理想的太庙古制和其中的昭穆次序。通过编撰《经传通解》，朱熹奠定了一套理论基础。在此之上，其门人黄榦增补了大量的祭礼材料，而另一门人杨复整理、编目、补充、疏证了这些材料，并加入了更多行礼细节。《经传通解》所代表的道学礼学成就，是在他们手中一步步完成的。

　　作为朱熹及其门人的共同成果，《经传通解》和新学学者的太庙理论异曲同工，两者都着重协调太庙古礼和当代礼仪实践间的张力。在其享负盛名的宋代政治与思想史著作中，余英时强调了王安石和朱熹之间的思想延续性。他认为，二程兄弟所开展的道学运动是对王安石新学的反动。[①]这是非常重要的观察。近人研究中也为这一观察提供了一些新证据。[②]笔者对朱熹庙制理念的分疏，也可以说部分佐证了余英时的观察。就礼仪复古而言，道学经说和礼仪规范是对新学礼学的回应和发展。新学和道学在宗庙礼仪方面的共

----

① 余英时：《朱熹的历史世界》，第36~64页。

② 拙文 "The Way Turning Inward: An Examination of the 'New Learning' Usage of *daoxue* in Northern Song China," *Philosophy East and West* 69, 1 (2019), pp. 86-107。

识和期望跨越了两大思想传统之间的鸿沟——这一鸿沟因为道学家强烈的反新学态度以及后世研究者的想当然而更显隔绝。至少在礼学方面，新学和道学绝非如此截然二分。13世纪以后，道学的礼仪规范或曰礼教，逐渐渗透到社会各个层面。研究宋、元间社会变化的学者，都很重视这一现象。而南宋道学家的思想渊源，却较少为人所注意。从这个角度而言，考察朱熹所代表的南宋道学团体如何建构其宗庙理论，并不是无关痛痒的礼学问题。通过礼学这面透视镜所折射的光芒，我们得以窥探道学和新学思想关联之一隅，并为进一步深化研究道学史打下了基础。

第七章
南宋晚期庙仪理念的社会化

朱熹礼学以及他对宗庙礼仪的解说对当时人而言意义重大。理宗朝（1224~1264）的礼官在处理太庙礼仪争议时，也会提到朱熹礼学及其对元丰礼制改革的重视。绍定四年（1231）九月，临安太庙在一次意外中焚毁。朱学支持者、时任太常少卿的度正（1166~1235）上奏皇帝，提出火灾过后，正是再次审视太庙布局之时。度正认为这场火灾是一个凶兆。他建议朝廷重新考虑早前朱熹的意见，把僖祖神主置于太庙正中。因应其理论，度正提出了两套具体方案：第一套方案建基在朱熹太庙构思之上，只做了一点修正；第二套方案则是朱熹构思与理宗朝常规庙制之间的折中。① 度正奏疏中语带惋惜，他专门提出元丰二年礼议没有得到足够关注。② 在曾经参与元丰二年礼议的礼官之中，度正特别强调了陆佃的贡献——或许这是因为朱熹在《禘祫议》中提到过他，而度正明显十分了解这份文献。受朱熹影响，度正建议以另一种形式划分皇室太庙空间，将各庙室前部位置打通，做成单一空间，以供皇家祭祀时荐献祖先之用。

---

① 《宋史》卷107，第2589页。
② 《宋史》卷107，第2590页。

然而，经过朝廷集议讨论，度正的建议最终未被采纳。[①]

　　虽然度正提出过太庙修正方案，纵观南宋，礼官对太庙相关议题的兴趣骤减。现存的 13 世纪朝廷官方文书中，很少有关于太庙争议的记录。与官方的失语相对应，在南方乡村地区建立祠堂的主张广泛受到支持。许多现有研究关注 13 世纪以后南方乡村地区祖先崇拜的社会史，但只有很少一部分会尝试探索朝廷祭祖仪式与地方祭祖习俗之间的关系。考虑到太庙在皇室祭祖礼仪中扮演的重要角色，这一章中，笔者将会初步考察南宋至元之际宗庙礼仪论述的"社会化"。"社会化"一词在这里指涉的是中央朝廷与地方社会理念的分化。在这一前提下，太庙礼仪的社会化指的是这些仪式在理念层面已开始脱离原本的皇室脉络语境，其中一些元素成为新的社会规范。[②] 虽然直到 16 世纪，多数宗庙礼仪才被作为社会习俗广泛实践，但是南宋学者和士人在相关礼学著作中已经提出了太庙礼仪存在于"朝廷以外"的可能性。朱熹及其弟子的《仪礼经传通解》仍是我们探索这些著作的出发点。

从《仪礼经传通解》到南宋其他礼学注疏

　　从各方面来说，《仪礼经传通解》都是一部极为成功的著作。此书不单是朱熹及其门人的礼学结晶，更是以道学自视的儒者研习礼学必读之书。在此书的两个主要版本中，朱熹、黄榦及杨复基本上都是根据《中庸》的一段文字来理解

---

① 《宋史》卷 107，第 2590 页。
② 中国礼仪研究中对"社会化"一词的应用和反思，见 Robert Weller, "Religion, Ritual, and the Public Good in China," Fenggang Yang and Joseph B. Tomney, eds., *Confucianism and Spiritual Traditions in Modern China and Beyond*（Leiden：Brill, 2012），pp. 332, 343-345。

太庙仪式整体礼意。这段文字是："春、秋修其祖庙，陈其宗器，设其裳衣，荐其时食。宗庙之礼，所以序昭穆也。"[①]文字的主语是周武王和周公。[②] 基本上，《仪礼经传通解》对祭祖礼仪的修正建基于作者朱熹对周代礼仪规范的诠释。当然，正如上章中所分析，朱熹、黄榦及杨复折中于周代祭祖礼仪的原则，是由《大戴礼记》这类文献提供的具体行仪实践所支撑的。

在其著名的《中庸章句》中，朱熹引用了《祭统》"有事于太庙，则群昭群穆咸在而不失其伦"来注解《中庸》"宗庙之礼，所以序昭穆也"这一关于太庙理念的原则性规范。[③] 鉴于《中庸》在朱熹哲学中的重要性，[④] 朱氏在注解这一经典时援引了他认为文献权威性较低的《祭统》。就文本结构而言，《祭统》文字在这里的作用，用本雅明（Walter Benjamin）的话来说，是一种对既定文献（《中庸》）"根本结构与脉络的内部干扰"（implicit interruption to the fundamental structure and context）。[⑤] 但是就概念层面而言，朱熹把《中庸》的昭穆理念以及《祭统》的太庙昭穆序列用"经—注"的主次模式联系在一起，无形中开创了一种新的理解宗庙之视野：以复兴古礼为目的的"上层"（higher-order）理念，和强调行用的"下层"（lower-order）实践，两者是可

---

① 杨复：《仪礼经传通解续卷祭礼》，第 618 页。经文来源，见《礼记注疏》卷 52，《唐宋注疏十三经》第 2 册，第 569 页。

② 朱彬：《礼记训纂》，第 775 页。

③ 朱熹：《中庸章句》，《四书章句集注》，第 31~32 页。朱熹此处经解大概是受杨时影响：杨氏首先把《中庸》此段文句和《祭统》文字联系在一起。杨说见卫湜《礼记集说》卷 129，《四库全书》第 120 册，第 22 下页。不同处在于杨时将《中庸》《祭统》视为同等权威的文献，朱熹把《祭统》文字视为《中庸》之注解。

④ Soffel and Tillman, *Cultural Authority and Political Culture*, pp. 52–86.

⑤ Walter Benjamin, *Illumination* (New York: Schocken Books, 2007), p. 151.

以结合的——至少在所谓"礼文"层面。① 朱熹及其弟子的《仪礼经传通解》正是这一视野观照下的集大成之作。

《仪礼经传通解》有关太庙的论述可谓两宋相关讨论的渊海，在文献层面有力地推动了相关知识的统合。如上章所言，书中论述大致上体现了朱熹以太庙作为孝道象征精神的理解。如果把孝道视为祖先崇拜的基本精神，或者至少说是表面最重要的理由，那么庙仪就是祖先崇拜中的核心部分。由《仪礼经传通解》所开拓的这一庙仪观念，得到了一些南宋学者的支持，尤其是那些希望通过复兴儒家礼仪重塑社会的士人。南宋中后期学者与礼学家的见解，有不少依然循照北宋礼官和朱熹所阐述的框架而发展，集中于朝廷语境的"上层"礼仪理论。诸如僖祖太庙中的礼仪地位等，仍然是南宋学者礼学著作中的讨论点。然而，南宋学者和礼学家亦开始尝试把他们的宗庙理论扩展到朝廷以外，或者强调庙仪的实践操作，为这些仪节未来进入"下层"实践层面提供了一些灵感。下文以两部南宋礼学著作为例，简论一二。

第一部礼学著作是易祓（1156~1240）所撰的《周官总义》。同时代的一些人视易祓为一位具有天赋才华却心肠歹毒的学者，易祓依附权臣韩侂胄（1152~1207）及其军师苏师旦的行径，使他的形象变成了一个投机主义者。② 尽管恶名昭彰，易氏在礼学上却有卓越成就，清代《四库全书》的编撰者肯定了易氏《周官总义》"以经释经"、以经典互文

---

① 笔者从伊沛霞有关中国家礼的著作中借用了这两个术语。伊沛霞所用的"下层"和"上层"皆指思想而言，"上层"思想为笼统的儒家伦理，如孝道和古代圣人权威等。"下层"思想指的是儒家学者对礼仪细节的构想。Ebrey, *Confucianism and Family Rituals in Imperial China*, p. 220.

② 周密描述了易祓如何为苏师旦撰写升迁制词，将苏氏比之于孔子以献媚。周密：《齐东野语》卷11，第200页。易祓生平可见王可喜、王兆鹏《南宋词人易祓行年考》，《中国韵文学刊》2005年第4期，第71~72页。

来研究古礼之功。①

　　虽然现存历史文献无法证明易祓和朱熹之间有何直接联系，但他与道学群体可以说比较亲近。易祓年轻时曾是太学上舍生，当时他已产生了对《周礼》的兴趣。② 自绍熙五年起，易祓开始担任时任荆湖南路安抚使周必大（1126～1204）的幕僚。③ 周必大1180年代任职宰相时，已经开始扶持道学中人。周氏本人与朱熹和张栻（1133～1180）这些道学领袖颇为交好。庆元三年（1197）针对道学的庆元学禁发生时，周必大对受影响的道学士人们也予以同情。虽然周必大和朱熹对"道学"的诠释有所不同，有时候也会在提携道学士人这一点上意见相左，但他们在追求内圣之学路途上却是殊途同归。④ 周必大本人的显赫官宦生涯，以及连带的广阔交游圈子，促进了道学传播，使得道学为更多学者所认识。正如田浩先生所指出的，庆元时期道学家所遭受的迫害，正好表明道学家作为一个本来边界模糊的士人共同体，在其盟友和对手眼中已经变得难以忽视了。⑤ 周必大对道学的学理发展未必有什么重大贡献，但他身处中央政府之中，于维护道学实不无裨益。

　　易祓早年与周必大的接触有助于我们理解他对道学的兴趣。虽然易祓在庆元学禁时期似乎并没有为道学家辩护——

---

① 易祓：《周官总义》体要，《四库全书》第92册，第2上页。
② 《南宋馆阁续录》卷4，中华书局，1998，第281页。
③ 王可喜、王兆鹏：《南宋词人易祓行年考》，《中国韵文学刊》2005年第4期，第70页。
④ 见余英时《朱熹的历史世界》，第497～523页，尤其是第499～508页。
⑤ 田浩、程钢：《评余英时的〈朱熹的历史世界〉》，《世界哲学》2004年第4期，第103～107页。李超新近的研究指出，庆元学禁或曰党禁可能不如以往所想象的那般严重，许多道学出身的士人依然可以顺利进入官僚系统。详见李超《南宋宁宗朝前期政治研究》，上海古籍出版社，2019，第67～138页。不过，有关庆元学禁严重程度的辨析，并不影响道学家团体当时已为人所注意这一观点。

这一段时期他在秘书省任职，但是他在嘉泰初年（1201~
1202）与仰慕朱熹学问的度正实有交游。① 从绍熙到嘉泰，
易祓始终与道学相表里。而易氏存世之作《周官总义》，更
直接证明了道学宗师朱熹对他的影响。② 从这部著作来看，
易祓尤其为朱熹对周代诸侯庙的假想模型所吸引。他在《周
官总义》中用了相当大的篇幅引用朱熹所描述的这种模
型。③ 在解释诸侯庙制时，易祓认为朱熹的说法远较传统诠
释优胜。虽然朱熹原本的论述另外提出了几种关于天子太庙
的不同说法，但易祓在《周官总义》中却完全省略了这些说
法。④ 他一口咬定天子太庙就应该严格遵从朱熹的诸侯庙模
型。⑤ 易氏认为，既然朱熹的宗庙构想更好，那么汉唐以后
的传统讲法就不需要再讨论了。

在庙仪实践方面，易祓针对当时的常规宗庙礼仪提出了
批评。他认为应该废除四时之祭中九献礼的头两次献酒，因
为这两献本质上为裸礼，即灌酒于地之礼。易祓认为在四时
之祭这种庄严仪式中，裸礼这种仪节并不合时宜。⑥ 易祓进
一步提出，现实社会中，高级官员祭祀家庙的九献礼已不复
实行裸礼。他质疑为何这种裸礼仍然在比高官家庙更为神圣

---

① 王可喜、王兆鹏：《南宋词人易祓行年考》，《中国韵文学刊》2005 年
第 4 期，第 70 页。

② 易祓：《周官总义》体要，《四库全书》第 92 册，第 2 上页。

③ 易祓：《周官总义》卷 12，《四库全书》第 92 册，第 3 上~5 上页。

④ 朱熹本人针对天子宗庙不同模式的论述，除了《仪礼经传通解》和
《祧庙议状》几篇关键文字以外，其简明综述还可参考朱氏《中庸或
问》中的一段问答。朱熹：《中庸或问》，《四书或问》，上海古籍出版
社、安徽教育出版社，2001，第 77~82 页。《中庸或问》虽撰于朱熹
中年时期，这一段针对古天子庙制的综述却一直都是朱氏礼学重心。
卫湜十分明白这段综述的重要性，并将其全文采入《礼记集说》卷
30，《四库全书》第 117 册，第 47 下~48 上页。

⑤ 易祓：《周官总义》卷 12，《四库全书》第 92 册，第 5 上页。

⑥ 易祓：《周官总义》卷 12，《四库全书》第 92 册，第 14 下~15 上页。

的太庙中施行。① 在《周官总义》注疏中，易被特意讨论了朝廷以外的家庙礼仪习俗，并将之与皇室太庙庙仪相比对，礼学家对庙制的关注焦点，已经发生了转移。

第二份揭示新风气的礼学著作是王与之的《周礼订义》。王与之生于温州乐清县。众所周知，温州是深受永嘉学派学术影响的地区。《周礼订义》是整合宋代《周礼》注疏最全面的著作，② 包含五十一种两宋礼学注疏。虽然身属广义上的道学追随者，王与之对朱熹礼学却有所保留。③ 一个明显的事实是，王与之甚少在《周礼订义》中引用朱熹著述。考虑到朱熹《仪礼经传通解》比《周礼订义》早二十年刊行，朱熹礼学在福建、江南地区亦有一定传播度，王与之对朱熹礼学的忽视并不寻常。④

王与之在《周礼订义》的序言中，声称其著作乃对照朱熹《孟子集注》注释体例而撰成。⑤ 但是，当王氏开始解释诸如《周礼》六官先后次序和周代官职数目等基本问

① 易被：《周官总义》卷12，《四库全书》第92册，第15上页。
② 对《周礼订义》的介绍，见 Jaeyoon Song, "Tension and Balance：Changes of Constitutional Schemes in Southern Song Commentaries on the *Rituals of Zhou*," in *Statecraft and Classical Learning：The Rituals of Zhou in East Asian History*, p. 253。
③ 据真德秀（1178~1235）《周礼订义序》，王与之"其学本于程张。而于古今诸儒之学，莫不深究"。真德秀：《周礼订义序》，王与之《周礼订义》，《四库全书》第93册，第3上页。当然，这类序言多有修辞夸饰之处。"其学本于程张"恐怕不能尽信；"而于古今诸儒之学，莫不深究"倒是事实。
④ 据真德秀序，虽然《周礼订义》于绍定五年（1232）成书，其官方刊刻本却要到淳祐二年（1242）才出版。王与之家乡乐清县的地方官赵汝腾（1261年卒）在1242年向朝廷上呈了《周礼订义》官刻本。赵氏奏章及朝廷回应的诏令展示了国家及地方权力如何通过王汎森先生所谓权力的"毛细管作用"，试图把地方学术纳入礼仪正统的规划。见《周礼订义》所附奏章，《四库全书》第93册，第1上~2下页；牒文，第1上~2上页；州状，第1上~下页。
⑤ 王与之：《周礼订义》条例，《四库全书》第93册，第1上页。

题之时，他倾向于采纳朱熹以外学者的意见，而且特别钟情于永嘉学者。[①] 在他征引的五十一种注疏之中，有十二种出自永嘉学者，包括薛季宣（1134～1173）、陈傅良（1137～1203）、刘迎、一位王姓学者、杨恪、陈汲、黄度（1138～1213）、郑伯谦、曹叔远（1159～1234）、林荷、陈汪和李嘉会。[②] 地缘因素或能解释王与之对永嘉学者相关注疏的广泛采纳。也许因为王与之与籍贯温州的永嘉学者联系密切，他更容易接触这些学者的礼学著述。不过，广泛采用永嘉礼学之说不代表要忽视朱熹礼学。为何《周礼订义》除体例以外，于朱熹礼学多所忽视，仍然是我们必须面对的问题。

答案大概就在《周礼订义》文字之中。仔细阅读《周礼订义》凡例，我们会发现王与之相当重视为《周礼》各章配套他所认为"合适"注疏的重要性。[③] 真德秀在序言中总结道，王与之的著述用意乃在于展示《周礼》的"公心"。真德秀把"公心"理解为古代圣王与周公的共有价值，与后世学者和官员的"私心"截然相对。真氏称后世诠释者的异端邪说与权谋诡计污染了《周礼》本来的"公心"理念。[④] 真德秀并列"公心"和"私心"，自然是在变相批评王安石《周礼新义》离经叛道，喻指王氏以"私心"注《周礼》，而王氏对《周礼》的错误解释造成了现实层面上的政策失误。然而，真德秀之序所阐释之"公心"，与王与之原意并不一样。王与之撰作《周礼订义》，如果有其所谓

---

① 王与之在《周礼订义》弁言中讨论了这些关于《周礼》结构的基本问题。见王与之《周礼订义》弁言，《四库全书》第93册，第1上～18上页，尤其是第6上～9上、12上～18下页。
② 王与之：《周礼订义》姓氏，《四库全书》第93册，第3上～4上页。
③ 王与之：《周礼订义》条例，《四库全书》第93册，第1上页。
④ 真德秀：《周礼订义序》，《周礼订义》，《四库全书》第93册，第1上～3下页。真德秀序中的"私心"亦指邪佞统治者与政治家的个人利益。

"公心"的话，本是指在此书中广泛囊括各种两宋以后的
《周礼》学诠释传统。出于"公心"，王与之征引大量永嘉
学者注释，这些学者有些默默无闻却十分熟悉《周礼》。王
与之在书中对他们的礼仪理论亦有所修正。然而同样出于
"公心"，王与之频繁引用他认为有助于理解《周礼》文句
和古礼细节的新学注释。在《周礼订义》中，王安石《周
礼新义》与王昭禹《周礼详解》的文字引用随处可见，陈
祥道的《礼书》和陆佃的《礼记解》亦屡次在这部著作中
出现。

对于太庙礼仪之阐释，《周礼订义》展现出同样的兼
容倾向。与易被《周官总义》单方面侧重朱熹诸侯庙模式
不同，《周礼订义》认同王安石对宗庙坐向的纠正，进而
认为在都城建立一所体现中央权威的太庙是政府施加影响
力的必要手段，尤其是为了行政及教化人民。[1] 这种礼仪
景观与政治威信结合的想法，与王安石、王昭禹等人的新
学理念更相近。在王与之看来，参照皇宫及社稷坛等其他
重要建筑位置，定位太庙在都城中的方位，本是《周礼》
"辨方正位"之本义，对政府有效管治的推行非常重要。[2]
在其中一条按语中，王与之表明了他对太庙和社稷坛外墙
的高度关注。他称这些外墙为"壝"，而非朱熹《仪礼经
传通解》所习用的"都宫"。[3] 王与之对太庙高度的关注显
然与太庙的地理位置相关。南宋太庙与北宋相同，置于都
城中心，与人口稠密的区域邻近。一定高度的太庙外墙可
有效保护太庙的庄严，使之免受外间烦嚣俗世的侵扰。[4]

---

[1] 王与之：《周礼订义》卷1，《四库全书》第93册，第4下~5上页。
[2] 王与之：《周礼订义》卷1，《四库全书》第93册，第4下~5上页。整部《周礼订义》中，王与之一般用"愚案"一词来标示其个人意见。
[3] 王与之：《周礼订义》卷1，《四库全书》第93册，第4下~5上页。
[4] 在北宋，官员有时会建议迁走太庙附近民居，以免其活动声响干扰相关礼仪的执行。例见《续资治通鉴长编》卷143，第3459页。

此外，王与之着重批评在太庙奉献新鲜食品（荐新）的做法——这种做法是宋朝皇室遵行的惯习。王与之认为本质上荐新于太庙是非礼之举。荐新只适用于次一级的原庙主室祭献。[①] 虽然王与之在注释中并没有援引当世个案，但毫无疑问，他对宋廷在庙祭中使用时令食品很不满。王氏主张在庙祭中使用熟食（膰）。这方面他主要采用了永嘉学者薛季宣的诠释。薛氏认为，熟食象征了祭祀者与受祭者之间的亲密关系。[②] 薛季宣和王与之皆以汉字中的"熟"来指涉"煮熟"和"亲密"的双重意思："膰"作为"熟食"被用来象征庙祭中生者与死者之间的亲密感。如我们所知，传统汉唐注疏体系中，熟食祭祀因其后出，较之上古血食祭祀，本属于次一等。王与之对熟食祭祀的提倡，恐怕和当时社会习惯不无关系。

除了宗庙礼仪祭品以外，王与之亦确实回应了一些争议较久的宗庙议题，比如郑玄和王肃对太庙庙数布局的不同解释。通过引用另一位永嘉学者黄度的说法，王与之认为七庙布局是一种常规太庙制度。[③] 他亦引用了薛季宣注解来说明太庙昭穆序列在实际建筑方面的影响。[④] 在这些问题上，王与之对永嘉礼学的了解比对新学更为透彻。比如说，王氏虽然引用陈祥道的昭穆议论来说明太庙昭穆序次应该恒定不

---

① 王与之：《周礼订义》卷 52，《四库全书》第 94 册，第 22 下~23 下页。
② 王与之：《周礼订义》卷 30，《四库全书》第 93 册，第 7 上~8 下页。
③ 王与之：《周礼订义》卷 32，《四库全书》第 93 册，第 6 上~7 下页。黄度《周礼》学著作为《周礼说》，叶适（1150~1223）为此书作序，并指明此书旨在挑战王安石的《周礼新义》。据叶适所言，为了批判《周礼新义》，黄度日夜刻苦攻读此书，七十五岁时还曾通宵比对《周礼新义》与其他注疏，没有注意到水钟之声。叶适原序，见黄度《宋黄宣献公周礼说》，《续修四库全书》第 78 册，第 1 上~下页。叶适提供的这一有趣细节揭示了直到南宋中期，王氏新学——至少是其经学——在江南地区仍然具有一定影响力，所以才成为像黄度这类学者致力批评的对象。
④ 王与之：《周礼订义》卷 32，《四库全书》第 93 册，第 7 上页。

变，但他误把这番议论归诸陆佃名下——陆佃的看法与陈祥道全然相反。①

总体而言，王与之注解宗庙礼仪时更关注永嘉学者和新学学者的解释。如果易被的《周官总义》令人联想起朱熹礼学，王与之《周礼订义》则展示了对不同注释传统的兼容整合，尤其是永嘉学者与庙仪实践相关的注释。南宋另有一部作者不明的《周礼集说》，亦从王安石、王昭禹和陈祥道的注疏中引用庙制论述。《周礼集说》的无名氏作者在注解一些《周礼》用词时甚至把新学学者的解释摆在朱熹学说之前。② 没有新学学者的礼学著作，很难想象南宋《周礼》学会以何种形式展开。四库馆臣针对《周礼集说》有一段评论："盖安石《三经新义》虽为宋人所攻，而《周官新义》则王昭禹述之于前，林之奇述之于后，故此书亦相承援引，不废其文也。"③《周礼集说》和《周礼订义》具有同样的兼容并包态度，在不同方面拓展了关于宗庙礼仪理念的理解。这些理解不仅促进了礼学发展，更为后来社会层面上礼仪规范的推行提供了一定基础。

南宋精英与宗庙礼仪

随着南宋礼学家注疏，尤其是朱熹的《仪礼经传通解》的编纂和流播，学者对太庙的理解在 13 世纪慢慢转向了社会实践层面。太庙礼仪吸引着试图依据礼仪规范和礼仪表演来组织社会的地方精英。宗庙礼仪，尤其是昭穆之序，在南宋精英社会成为礼仪规范的讨论核心。一些南宋士大夫和地

---

① 王与之：《周礼订义》卷 32，《四库全书》第 93 册，第 8 上~下页。
② 比如《周礼集说》对"辨庙祧之昭穆"一句的注解。《周礼集说》卷 4，《四库全书》第 95 册，第 39 下~44 下页，尤其是第 40 上~下页。
③ 《周礼集说》序，《四库全书》第 95 册，第 2 上页。

方士人开始主张参考宗庙昭穆以规划葬地，凭以确立家礼祭祖中的祖先次序。

南宋士大夫的社会实践追求其来有自。自 11 世纪中叶起，已有一些北宋士大夫呼吁用宗庙仪式来规范日常礼仪。司马光《书仪》解释了为何冠、婚、丧、祭四种家礼的正确做法在形式上皆与宗庙礼仪有关。然而家庙传统在北宋士大夫家庭中一般不受重视，导致了相关仪节被遗忘。[①] 尽管如此，正如司马光在《书仪》中所指出的，一些宋代家礼的元素源出太庙。宋代士大夫在祭祖仪式中使用的祖先神板，就是太庙神主的替代品。[②] 除此以外，司马光还认为于独立庙室行四时之祭，是东汉以后太庙及私人家庙的共同传统。[③] 唯一区别只在于太庙时祭举行于每季首月，而家庙则在每季第二个月。[④]

司马光《书仪》成书十年之后，程颐也根据宗庙礼仪提出了他对丧礼的论述。程颐为士大夫阶层制定了一份木制祖先神主蓝图，类似太庙中所用神主。此外，他还简化了太庙时祭的程序，以符合当时所需。[⑤] 更重要的是，程颐强调始祖在冬至祭祀中至高无上之地位，这显然是受王安石熙宁五年太庙礼议的立论影响。我们应该还记得，王安石和元绛在确立始祖时强调"本统"的概念。程颐所提出的三献礼祭祀仪节，也强调冬至祭祀首要目标是追本溯源，报本

---

① 司马光在《书仪》中反复主张古代家礼原本是在宗庙中进行的，见司马光《书仪》卷 2，《四库全书》第 142 册，第 3 上页（冠礼）；卷 4，第 3 上页（昏礼）；卷 6，第 3 上页（丧礼）；卷 8，第 7 下页（祭礼）。崔美花认为司马光根据官僚等级的层级观念来建构其在《书仪》中的礼仪系统。Choi, *Death Rituals and Politics in Northern Song China*, pp. 94~122.

② 司马光：《书仪》卷 7，《四库全书》第 142 册，第 8 下页。

③ 司马光：《书仪》卷 10，《四库全书》第 142 册，第 2 下页。

④ 司马光：《书仪》卷 10，《四库全书》第 142 册，第 1 上页。

⑤ 程颐：《作主式》及《祭礼》，《二程集》，第 627~628 页。

返始。①

　　值得注意的是，司马光及程颐皆批评葬礼中的堪舆习俗，尤其是在选择葬地方面。② 程颐质疑以风水习惯的"五姓"规划葬地，即按照宫、商、角、徵、羽五音把不同姓氏归类于特定押韵系统，以之规划墓陵。五音对应着风水中的金、木、水、火、土五行。程颐把这种五行—五音系统视为异端风俗，主张葬地规划应依循昭穆秩序。③

　　纵使程颐排斥风水五行，他依然采用堪舆方法协助邵雍为其父亲选择葬地。④ 风水堪舆和儒家礼节的这种相互妥协反映了北宋尤其是北方地区的丧葬习惯。撰于嘉祐二年（1057）的堪舆手册《地理新书》，绘有几幅颇为清晰的墓穴布局图，题为"五音昭穆葬"。⑤ 这几幅图反映了宋代地理堪舆之学所理解的"昭穆"概念。根据《地理新

① 程颐：《祭礼》，《二程集》，第 628~629 页。朱熹对这份材料的可信度提出怀疑，认为并非程颐亲撰，但是他没有提供确凿证据。这份材料更像是一份完整祭仪的残本。在没有更多材料佐证下，该祭仪的作者仍以程颐可能性为最大。

② 见 Patricia Ebrey，"Sung Neo-Confucian Views on Geomancy，" in Irene Bloom and Joshua A. Fogel，eds.，*Meeting of Minds：Intellectual and Religious in East Asian Traditions of Thought*（New York：Columbia University Press，1997），pp. 75~97；刘祥光《宋代风水文化的扩展》，《台大历史学报》第 45 期，2010 年，第 35~38 页。

③ 程颐：《葬法决疑》，《二程集》，第 628 页。

④ 邵伯温：《邵氏闻见录》卷 20，中华书局，1983，第 221 页。有学者认为，程颐亦曾尝试把堪舆学的九宫概念引入其理想墓地布局。见 Ina Asim，"Status Symbol and Insurance Policy：Song Land Deeds for the Afterlife，" in Dieter Kuhn，ed.，*Burial in Song China*（Heidelberg：Edition Forum，1994），pp. 331-332。

⑤ 王洙等：《图解校正地理新书》，集文书局，1985，第 392~393 页。元代编成的《大汉原陵秘葬经》记载汉代葬地如何由汉代皇帝姓氏（刘姓）所属的特定音高所决定。五行—五音风水于皇家葬地的实际应用，见沈睿文《唐陵的布局：空间与秩序》，北京大学出版社，2009，第 41~43 页；Asim，"Status Symbol and Insurance Policy：Song Land Deeds for the Afterlife，" in Dieter Kuhn，ed.，*Burial in Song China*，p. 333。

书》，"昭穆"为葬地必要原则，但这一"昭穆"是指五音
葬地中某一特定墓域相对其他墓域的关系。《地理新书》
所记五音学说将整个葬地划分为七七四十九穴，所谓"昭
穆"葬乃指"西北偏西"某地之坟穴方位。① 换言之，《地
理新书》中的"昭穆"本质上从属于风水格局。只有配合
堪舆的五行/五音系统安排墓穴方位，葬地才可以真正成为
"吉"地。《地理新书》还提到了一条关于"吉"地墓葬
的基本原则，即所谓"贯鱼葬"。② "贯鱼葬"之名也见于
元代编成的《大汉原陵秘葬经》。③ 大致上来说，此类风水
文献中"五音昭穆葬"抑或"昭穆贯鱼葬"一类说法，皆
是借用"昭穆"之名以配合墓穴吉凶安排之实。但是这
种借用本身，已足以显示出儒家理念和堪舆学说的巧妙
融合。

　　两宋风水堪舆之学在葬地选择上影响颇大，两宋皇陵布
局亦受五音学说影响，这方面今人已有详尽研究。④ 风水堪
舆的影响在南宋民间墓葬习俗中自然也很明显。但是，随着
具有共同祖先的"宗族"（descent group）概念兴起，儒家
知识精英与风水习俗的对抗有了起色。⑤ "宗族"以及随之
而来的家礼运动，给儒家学者带来了新灵感。在家礼论述方
面，南宋士人比起他们的北宋先驱者做得更具体、更有创

---

① 王洙等：《图解校正地理新书》，第390页。
② 王洙等：《图解校正地理新书》，第390页。从字面上来说，"贯鱼葬"
　　指如同鱼群序列般的墓穴布局。
③ 《大汉原陵秘葬经》云"昭穆贯鱼葬大吉"，转引自沈睿文《唐陵的布
　　局：空间与秩序》，第84页。
④ 刘禾：《宋代皇陵布局与五音姓利说》，《浙江大学艺术与考古研究》
　　第3辑，浙江大学出版社，2018，第165～190页。
⑤ 在众多有关宋代"宗族"概念的定义和说明中，笔者从伊沛霞和华琛
　　的著作中获益尤多。Patricia Ebrey and James Watson，eds.，*Kinship Or-*
　　ganization in Late Imperial China（Los Angeles：University of California
　　Press，1986），pp. 4-9.

意。对宗庙礼仪的借鉴正是南宋家礼论述中的关键一环。这种借鉴尤其可以从兴起于南宋的三种特殊类型著作中看到，即士人家范、日用类书和族谱序。

前人学者已注意到家范在南宋的发展。[①] 大多数家范会列出一系列具体守则来规范其家族成员，其中一些家范则会讨论家礼与家族守则本意。吕祖谦（1137～1181）的六卷《家范》阐明了士大夫家礼如何规范了一个家庭乃至一个宗族的团结。吕氏尤其服膺《礼记·大传》关于理想宗族制度的记载。虽然《大传》强调了只有皇室统治者才有资格为其祖先举行禘祭，但吕祖谦把禘祭视为所有宗族皆能举行的祖先崇拜仪式。因此，他主张"盖尊祖然后能敬宗"。[②] 在吕祖谦看来，古礼虽然规定禘祭只能在太庙举行，然而禘祭的精神在"睦族治子弟"方面与家礼本意相合。[③] 吕氏进而论证，当一个宗族内部巩固了，便会自然繁衍。相对而言，宗族的繁衍亦会为宗族家庙增添荣耀。[④] 反而言之，宗族四散时，家庙亦会随之废败。据此，吕祖谦把宗族的起源追溯至上古宗庙制度：

> 古之典礼者，皆以"宗"名之。故伯夷作秩宗，《周官》有宗伯，下及乎都家，皆有宗人。宗者，庙也。

[①] Patricia Ebrey, *Family and Property in Sung China: Yuan Ts'ai's Precepts for Social Life* (Princeton: Princeton University Press, 1984); Liu Wang Hui-chen, *The Traditional Chinese Clan Rules* (Locust Valley: J. J. Augustin, 1959).

[②] 吕祖谦：《家范》，《东莱吕太史别集》卷1，《吕祖谦全集》第1册，第281页。此外，吕祖谦也强调对亲族的尊敬传递了推崇宗族共同祖先的心意。吕祖谦：《家范》，《东莱吕太史别集》卷1，《吕祖谦全集》第1册，第283页。

[③] 吕祖谦：《家范》，《东莱吕太史别集》卷1，《吕祖谦全集》第1册，第281页。

[④] 吕祖谦：《家范》，《东莱吕太史别集》卷1，《吕祖谦全集》第1册，第284页。

礼始于亲亲之法，非庙不统。所以别姓、收族，无不出于祖庙。①

借由把源自周代的"宗"与"庙"概念联系到南宋当时的宗族理解——具体以祠堂形式呈现，吕祖谦开始展开针对宗庙社会功能的分析。在他看来，鉴于所有皇族成员共享一姓，皇室太庙的功能便与"别姓"无甚关系。在《家范》后面的章节，吕祖谦解释道：祭祀祖先的家礼必然源自太庙礼仪。吕氏引用《王制》中的用语，主张南宋的知识精英即相当于周代贵族社会的士阶层，他们可以而且理应建设自己的"家庙"或"家祠"。由于他的道学背景，吕祖谦强调家庙、家祠的概念是由程颐、张载等道学先辈所创造。② 他进而提出家庙的两大根本要素，即使用木制神主象征祖先，并以昭穆交替安排祖先神主。③ 这两项当然也是太庙祭祀的重点。此外，吕祖谦《家范》和宋代宗庙礼仪规制共享不少祭祖仪式的重要步骤，诸如事前斋戒、祭器准备与布置、进献熟食，以及"助祭"角色等。当然，吕祖谦更改了一些细节，借此把家礼和皇室祭祀在礼数层面上区分开来。为了清晰起见，笔者把其中的一些主要分野以表格形式展示于下（见表7-1）。

---

① 吕祖谦：《家范》，《东莱吕太史别集》卷1，《吕祖谦全集》第1册，第284页。据贾公彦疏，"都家"一词指王畿中三个不同的封地等级，分别为"大都"、"小都"和"家邑"。《周礼注疏》卷31，《唐宋注疏十三经》第2册，第303页。
② 吕祖谦：《家范》，《东莱吕太史别集》卷4，《吕祖谦全集》第1册，第347页。事实上当然并非如此，详见拙文 "Inventing a New Tradition: The Revival of the Discourses of Family Shrines in the Northern Song," *Journal of Song-Yuan Studies* 47（2019）pp. 85-136。
③ 吕祖谦：《家范》，《东莱吕太史别集》卷4，《吕祖谦全集》第1册，第348页。

表 7-1　吕氏《家范》和官方礼典《政和五礼新仪》四时之祭的比较

	吕氏《家范》	《政和五礼新仪》
祭祀日期 *	每季第二个月	每季第一个月
事前斋戒 **	斋戒持续两天，族长会在祭前一天于家庙斋戒	斋戒持续十天，皇帝会在祭前一天在太庙斋戒
祭品 ***	果品、腌菜、馒头、米饭、鱼肉、羹饭	生牛、羊、猪肉、鱼肉与农作物。置于三足的鼎以及笾、豆、簠、簋等祭器之中
助祭 ****	族长的兄弟与他的妻子	皇族、经挑选的文武官员、太常寺及其他礼仪部门相关礼官

　　* 大多数礼仪手册中，一季中的第一和第二个月分别被称为"孟月"和"仲月"。吕祖谦：《家范》卷 4，《东莱吕太史别集》卷 4，《吕祖谦全集》第 1 册，第 348 页；《政和五礼新仪》卷 102，《四库全书》第 647 册，第 1 下页。

　　** 吕祖谦：《家范》，《东莱吕太史别集》卷 4，《吕祖谦全集》第 1 册，第 352 页；《政和五礼新仪》卷 102，《四库全书》第 647 册，第 2 上~3 上页。

　　*** 吕祖谦：《家范》，《东莱吕太史别集》卷 4，《吕祖谦全集》第 1 册，第 351 页；《政和五礼新仪》卷 104，《四库全书》第 647 册，第 1 上~2 上页。

　　**** 族长妻子负责在祭祀前一日检视和清洗礼器。吕祖谦：《家范》，《东莱吕太史别集》卷 4，《吕祖谦全集》第 1 册，第 349 页。族长兄弟则负责祭日"三献礼"中的"亚献"和"三献"。吕祖谦：《家范》，《东莱吕太史别集》卷 4，《吕祖谦全集》第 1 册，第 350~351。还有其他男性家族成员和执事者协助族长准备祭祀，但吕祖谦未详述他们与族长的关系。吕祖谦：《家范》，《东莱吕太史别集》卷 4，《吕祖谦全集》第 1 册，第 352~355 页。《政和五礼新仪》有专章叙述助祭者在庙祭中的职责，见《政和五礼新仪》卷 105，《四库全书》第 647 册，第 1 上~13 下页。

　　吕祖谦《家范》中的家礼显然较太庙四时之祭简便。虽然吕氏生前未能重修《家范》,[①] 但他依据《王制》所载的庙制层级系统，成功建构了一套由最高级禘礼到一般士人家礼一以贯之的宗族祭祀框架。

　　《家范》成书以后，成为之后南宋各种家范和礼仪手册中家庙论述的灵感来源。朱熹《家礼》显然是这些手册中最

---

　　① 据朱熹所述，《家范》有关家礼的部分比起其他部分较不完整。见吕祖谦《家范》，《东莱吕太史别集》卷 4，《吕祖谦全集》第 1 册，第 356~357 页。

具影响力的一本。伊沛霞认为朱熹在《家礼》中自我作古，发明了一些新仪式。[1] 事实上，其中一些仪式是朱熹根据他对太庙的构想加以改进而成的。最明显的例子是神主的方位规划。朱熹认为祠堂是家庙的替代品，而家庙与太庙的礼仪精神一致，所以他在《家礼》中建议祠堂的神主自西向东排列，这与他对太庙皇室祖先神主的想象一致。[2]

　　作为南方最具影响力的两位学者，吕祖谦和朱熹在他们的家礼手册中均采纳了一些源出太庙的礼仪。他们对家庙或者祠堂的论述延续和发展了司马光及程颐的礼仪主张，提倡知识精英与平民百姓回归儒家祭礼规范。宗庙礼仪的既有规定在吕、朱二人家范类著述中作为仪式标准，供人们遵从。尽管如此，这些学者著述的对象却仅限于士大夫及地方文人。教育程度较低的平民家庭很难接触到司马光《书仪》与吕祖谦《家范》等著述，遑论目不识丁的中下户农民。[3] 学者著述中经过修订的祭礼仪式，又如何向更广大的群众普及？

　　自 13 世纪中叶开始，记载日常仪式与知识的类书兴起，为上述问题提供了部分解决方法。这些类书虽仍由地方知识精英编纂，但作为资料集成，旨在提供一般民众学习日常仪式的基本规范。类书的编纂者通常会简化复杂的儒家礼仪程序，提供简明指引。由于有些类书的编纂者与道学群体相关，这些类书中亦会引入一些道学概念。[4] 在祭礼方面，地方文人陈元靓在其编纂的类书《事林广记》

---

① Ebrey, *Confucianism and Family Rituals in Imperial China*, pp. 106–107.

② 朱熹：《祧庙议状》，《晦庵先生朱文公文集》卷 15，《朱子全书》第 20 册，第 714~720 页所附诸图；又见本书图 6-4。

③ 罗友枝整合了关于宋代民间识字率大幅上升的材料，尤其是 12 世纪的。见 Evelyn Rawski, *Education and Popular Literacy in China* (Ann Arbor: University of Michigan Press, 1979)。

④ 类书《古今事文类聚》的早期编纂者祝穆即为朱熹门人。

中，加入了程颐对于棺椁尺寸和冬至祭祀中始祖角色的意见。① 早期元刻本《事林广记》中，亦记载了程颐对葬地昭穆布局的说明。②

《事林广记》较早的版本中，附有一幅《正寝时祭之图》（见图7-1）。此图为陈元靓本人所绘，且未见于之前的道学著作。③《正寝时祭之图》显示的是祖先神主由西至东按高祖、曾祖、祖和父的次序排列位置。陈元靓坦承此图受朱熹《家礼》启发。实际上此图也的确体现了朱熹对太庙主室空间规划的构想。

其他13世纪类书涉及家礼和家族祭祀时，同样会引用精英学者提出的礼仪规范。不过，很少有类书能在可读性上与《事林广记》媲美。《古今合璧事类备要》和《古今事文类聚》等书在不同类别和子类别之下，堆砌经典引文和历史例证。要了解这些文字，读者需要具备充分的经学、历史和文学知识。如果一个识字的村民阅读《古今合璧事类备要》"家庙"部分，想必会因为唐代太庙条目下对各种文学著作的旁征博引而大感困惑。④ 然而，这个村民在阅读《事林广记》时，或许会觉得此书关于四时之祭仪式步骤和空间规划的细节指引相对容易理解。而不识字的民众，在地方识字者的帮助下——有些是私塾老师，有些是地方习礼士人——也有机会学习到时祭的基本步骤。换言之，《事林广记》这种

---

① 陈元靓：《纂图增新群书类要事林广记》卷2下，中华书局，1999，第51页。

② 陈元靓：《新编群书类要事林广记》卷9之3，中华书局，1999，第498页。程颐原图见《葬说》，《二程集》，第628页。日本现存和刻本《事林广记》据元代1325年版重印，有关《事林广记》的元代版本以及其他日文版本，见森田宪司《关于在日本的事林广记诸本》，《事林广记》附录，中华书局，1999，第566~572页。

③ 陈元靓：《纂图增新群书类要事林广记》卷2下，第51页。

④ 谢维新：《古今合璧事类备要前集》卷69，《四库全书》第939册，第8上~10上页。

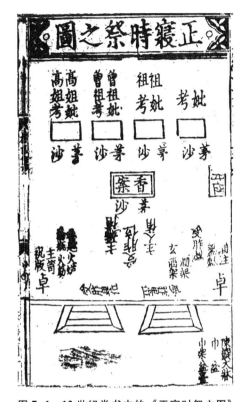

图 7-1　13 世纪类书中的《正寝时祭之图》

资料来源：陈元靓《纂图增新群书类要事林广记》卷 51，第 2 下页。

类书更具有操作性。不难想象，借助类书以及由类书衍生出
的各种民间礼仪小册子，原本出于宗庙的"上层"祭祀仪式
得以借用不同形态进入"下层"习俗层面，向更广大的社会
阶层传播开去。

　　宗庙礼仪社会化还有更重要的一个面向，即昭穆原则的
社会应用。北宋士大夫如吕大临（1044~1091）早已提出昭
穆在辨别家庭关系方面的用途。[1] 吕大临特别注意到昭穆序
列作为儒家规范"别人伦"的展示作用。[2] 范仲淹则主张妥

---

[1]　卫湜：《礼记集说》卷 129，《四库全书》第 120 册，第 18 下~19 下页。

[2]　卫湜：《礼记集说》卷 129，《四库全书》第 120 册，第 19 上页。

当的昭穆序列会帮助宗族成员"追思祖宗"。① 苏洵（1009~
1066）认为在一个宗族中，不同房族人选择子嗣以延续血脉
时，昭穆序列会自动订立出"大宗"和"小宗"。② 但是，三
位北宋学者都没有讨论昭穆在规范家庭血缘关系和宗族组织
中的具体作用。直到南宋晚期，针对昭穆社会应用的讲法才
急速增加，此时地方上的社会条件业已具备。随着南方宗族
社会的发展，地方精英对宗族礼仪的新想象亦出现。在这一
大背景下，地方士人开始把昭穆视为一种礼仪工具，以配合
他们对宗族社会体系的构想。

就理论而言，昭穆已然是宗法制度核心。《礼记·大传》
提到"合族以食，序以昭穆"，乃是宗法的本质。但把传统
上用于宗庙的昭穆移植到宗族礼仪之中，可能还要做出一些
修订。首先是昭穆理念的"超验化"。"超验化"一词在这
里是指昭穆脱离了宗庙礼仪的语境，而成为一种抽象的哲学
概念。与朱熹同时代的郑耕老（1108~1172）③ 就用这种方
式看待昭穆。他主张昭穆的核心理念是宗族制度中区分昭和
穆的两种"秩序"，他称之为"班"。④ 根据郑耕老的说法，
昭穆体现了宗族社会中固定的礼仪秩序。这种立论受朱熹把
昭穆视为太庙中固定空间坐标的看法影响。郑耕老很有可能
读过朱熹的礼学著作，并从中得到启发。然而相比朱熹，他
更强调昭穆这种礼仪秩序背后的形而上基础。郑耕老用自己

---

① 范仲淹：《续家谱序》，《范文正集补编》卷1，《四库全书》第1089
册，第23下页。

② 苏洵引用《礼记·大学》来解释"百世不迁之宗"与"五世则迁之
宗"两者昭穆之分别。见苏洵《族谱后录》与《大宗谱法》，《嘉祐
集》卷14，《四部丛刊初编缩本》第51册，第49~52页，尤其是第
50页。

③ 黄宗羲、全祖望编《增补宋元学案》卷4，第11上页。叶适曾为郑耕
老撰墓志铭，称许其"推明圣人之道，归于中正不偏"。叶适：《奉议
郎郑公墓志铭》，《叶适集》卷15，中华书局，1961，第280页。

④ 卫湜：《礼记集说》卷30，《四库全书》第117册，第39上~下页。

的方法调和了《礼记》对昭穆记载的差异。一方面，他把《王制》对天子庙制的描述视为运转不息的昭穆之"动"，其中涉及了宗庙的废除和替换。另一方面，他主张《祭法》所记坛、墠等庙制反映了昭穆不变的"定体"，他称之为昭穆之"常"。① 郑氏不仅将昭穆理解为一种谱系秩序，更认为这种秩序体现了祖先崇拜中动、静两种模式的循环不息。随着新祖先不断被纳入昭穆序列，并代替年代较远的祖先接受祭祀，昭穆序列本身象征了礼制上的一种永恒运动。

　　郑耕老理解的昭穆基本就是阴阳二气的象征。② 由于昭系祖先位于左边奇数位置，他们属于阳奇之班。相应的，处于右边偶数位置的穆系祖先则属于阴偶之班。③ 据郑氏所言，由于阳奇之数和阴偶之数属于各自成对的对称格局，昭系与穆系祖先各自的同质性是不言而喻的。因为祖孙昭穆同班，孙子可以在丧礼和祫祭中充当其祖父之尸，而其父亲则不能。昭班祖父以昭班之孙为其尸，穆班祖父以穆班之孙为其尸。在祭祀时，祖先神灵只有接触到属于同班的尸，才能相对容易地依附于其上。④

　　就家谱和族谱而言，郑耕老提出的这种超验性昭穆理念提供了重要理论元素，让昭穆论述可以延伸至不同的社会场域之中。然而，昭穆理念如何在实际层面上解决宗族结构问题，仍然需要一些理论推衍工作。这一任务由道学家和支持家庙体系的地方精英们执行。除了朱熹在《家礼》中对祠堂的推广外，魏了翁（1178～1237）作为道学名家亦强调古代宗族概念起源自同姓群体对礼仪秩序的尊重。昭穆作为一种

---

①　卫湜：《礼记集说》卷30，《四库全书》第117册，第39下页。
②　一些现代学者亦倾向于从形而上哲学角度把握古人对昭穆之理解。见许子滨《论昭穆之命名意义》，《汉学研究》第25卷第2期，2001年，第329～346页。
③　卫湜：《礼记集说》卷30，《四库全书》第117册，第40下～41上页。
④　卫湜：《礼记集说》卷30，《四库全书》第117册，第41上页。

礼仪秩序，根据儒家对"正姓"和"庶姓"的分别来规范宗族内部关系。① 在一篇墓志中，魏了翁明确指出昭穆在安排礼仪秩序中的重要性："凡有事〔于〕庙，庙之子姓，各以昭穆为序。旅酬赐爵，昭穆各齿；内宾宗妇，庙序以伦。盖不惟奠系明统，亦以别嫌明微。"② 最后半句话引自《礼记·礼运》。原文是："礼者，君之大柄也，所以别嫌明微。"③ 通过引用这段文字，魏了翁赋予了昭穆建构和巩固宗族的工具功能。

　　意识到昭穆在建构宗族概念方面可能起的作用后，南宋后期乃至元初士人经常在族谱序文中提及昭穆。他们指出族谱的首要功能就是"叙昭穆"。薛季宣提出编纂族谱是为了"序昭穆，别宗祧"。④ 薛氏进而推论，如果没有昭穆分辨姓氏，不同氏族之间便无法加以分辨。⑤ 见证南宋灭亡的福建人黄仲元（1231~1312）上溯了黄氏十三代昭穆，并将其宗族祠堂命名为"思敬堂"。⑥ 元代士人陈旅（1287~1342）生前即主张编纂族谱，因为对旁支众多的家族而言，编纂族

---

① "正姓"和"庶姓"概念源出《礼记·大传》郑玄注。见《礼记注疏》卷34，《唐宋注疏十三经》第2册，第394页。

② 魏了翁：《安德军节度使赠少保郡王赵公希錧神道碑》，《鹤山集》，《四库全书》第1173册，第23上页。据孔子与其弟子曾子的一段对话，家人去世后服丧期间不会举行旅酬之礼。旅酬通过家中主人和亲属宾客之间互相敬酒的形式，在服丧完结后的祭礼中举行。旅酬的传统解释，见《礼记注疏》卷18，《唐宋注疏十三经》第2册，第227~228页，尤其是孔颖达疏文。"内宾"一词指相关礼仪中参与的同宗女性，见《仪礼注疏》卷45，《唐宋注疏十三经》第2册，第365页。

③ 《礼记注疏》卷21，《唐宋注疏十三经》第2册，第264页。

④ 薛季宣：《贾氏家谱序》，《薛季宣集》卷30，上海古籍出版社，2003，第448页。

⑤ 元代儒者陈高（1314~1366）认为编纂族谱的目的在于"别宗支，叙昭穆，定长幼，辨亲疏也"。陈高：《族谱序》，《不系舟渔集》卷10，《四库全书》第1216册，第1上页。

⑥ 黄仲元：《族祠思敬堂记》，《四如集》卷1，《四库全书》第1188册，第4下~5上页。亦见陈高《吴氏世谱序》，《不系舟渔集》卷10，《四库全书》第1216册，第7下页。

谱可以厘清昭穆，消除各代之间的辈分混淆。根据这些士人的说法，族谱编纂之所以必要，是因为宗族成员可以通过修谱厘清昭穆次序。①

另外一些士人提出，不论社会和经济状况如何，族谱记载中昭穆序列的延伸标志着宗族的繁盛。元代儒者李存（1281～1354）在一份本地族谱题跋中评论："夫贫贱富贵者，势也；而昭昭穆穆虽百世不可绝者，义也。"②据李存所说，族谱中的昭穆排列揭示了所有宗族成员都源自共同祖先。因此，如果念及他们共同的血统来源的话，宗族中的富有者就不应该歧视贫弱者。③

南宋和元代学者如此看重宗族昭穆的记录，甚至有时候把订立昭穆视为编纂族谱的唯一理由。江西士人王礼（1314～1389）曾为江西庐陵县一个人口众多的刘姓宗族撰写序文，其中提到族谱的意义，即"在于明昭穆之次"。④他甚至说他写的族谱序文实非重点，因为族谱的编撰只在于表现宗族崇敬祖先的努力。王氏认为，值得庐陵知识精英更多注意和尊重的，是刘姓宗族的这一份努力，而非族谱本身。未能编纂族谱的精英家庭，甚至会被南宋及元代学者说成"禽兽不若也"——此语常被认为出自欧阳修，而他亦被视为族谱格式的发明者。⑤笔者在欧阳修文集中找不到这一激进批评。

① 陈旅：《丁氏世谱序》，《安雅堂集》卷4，《四库全书》第1213册，第19上～下页。

② 李存：《题章氏族谱后》，《俟庵集》卷27，《四库全书》第1213册，第2上页。

③ 李存：《题章氏族谱后》，《俟庵集》卷27，《四库全书》第1213册，第2上页。

④ 王礼：《夏派刘氏族谱序》，《麟原文集》后集卷1，《四库全书》第1220册，第9下页。

⑤ 例见谢维新《古今合璧事类备要续集》卷2，《四库全书》第940册，第3下～4上页；祝穆《古今事文类聚》后集卷1，《四库全书》第926册，第25下页；戴良《章氏家乘续》，《九灵山房集》卷6，《四库全书》第1219册，第11上～下页。关于欧阳修自家族谱的建构，是另

就笔者所知，宋人王得臣（1036~1116）的一部笔记首先记载了欧阳修对忽视族谱者的批评。[①]不管怎么说，南宋入元这一段时期，南方地区对族谱愈加重视，是一个明显可见的事实。

宗族如何实际吸纳昭穆概念是许多 12、13 世纪地方氏族亟待解决的问题。昭穆体系本是以血统纯正的同一姓氏团体为前提的，而现实中宗族成员却有着不同的来源。宗族成员之间关于宗族先祖的记忆交流，促成了统一的宗族与族谱。将源出异姓氏族的人员整合进庞大而统一的同姓族谱，常被称为"通谱"。[②]由南宋至元，编纂通谱的风气达到了高峰，由通谱而来的地方新宗族激增。这些宗族成员来自不同氏族，却有着被建构的对同一始祖的相近记忆。[③]南宋以后的同姓宗族，要准确还原、厘清其祖先昭穆次序，是几乎不可能的事情——如果该次序实际存在的话。基于这种困难，宋、元学者在族谱序中言及昭穆时，经常会用到"推"之一

外一个很有趣的故事。详见贺喜《〈欧阳氏谱图〉的流变与地方宗族的实体化》，《新史学》2016 年第 4 期，第 1~56 页。

① 王得臣：《麈史》，《宋元笔记丛书》，上海古籍出版社，1986，第 73~74 页。

② 关于 3 世纪已开始的通谱风俗，其简要描述可见顾炎武《日知录》卷23，《顾炎武全集》第 28 册，上海古籍出版社，第 878~881 页。文献中"亲族"和"氏族"两者的概念差别，许多时候难以辨清，因为"宗族"（晚期帝制中国语境中的 lineage）和"氏族"（源自远古的 clan）在相关文献中常常都称为"族"。对两种概念的经典区分，见 Maurice Freedman, *Chinese Lineage and Society：Fukien and Kwangtung* (London：Humanities Press, 1966), p. 169。又见 Ebrey and Watson, eds., *Kinship Organization in Late Imperial China*, pp. 5~6。

③ 已有大量相关研究。代表著述见 Maurice Freedman, *Lineage Organization in Southeastern China* (London：Athlone, 1958); Ebrey and Watson, eds., *Kinship Organization in Late Imperial China*; Faure, *Emperor and Ancestor：State and Lineage in South China*；常建华《明代宗族研究》，上海人民出版社，2005；Timothy Brook, "Funerary Ritual and the Building of Lineages in Late Imperial China," *Harvard Journal of Asiatic Studies* 49, 2 (1989)：465-499。

字。只有通过演绎推理，乃至一定的想象力，族谱编撰者才可能梳理出一个宗族中各房成员的昭穆。南宋士人方大琮（1183~1247）在其族谱序中已经留意到了这个问题。如他所言，方姓氏族收集和编纂关于自身昭穆的零散记载，是为了"推而上下之，则知源流之脉络，从而列之，则知子孙之多寡"。① 在构建福建莆田三个方姓氏族支系的历史时，方大琮坦言详考方姓氏族每位成员的昭穆并不可行。但是方大琮主张方纮是这三个支系的共同祖先。此人是一个在王莽管治下受到迫害的原汉朝官员。② 相比厘清早期先祖的昭穆记载，方大琮更关心南宋方氏宗族之繁衍，以及未来可预见的重修族谱。③ 借由重修族谱，方大琮相信方氏昭穆序列会绵延不绝。

鉴于血缘上许多宗族存在内部差异，一些宋、元宗族尝试仅凭辈分建立结构严谨的昭穆序列。南宋士人王炎认为，宗族成员拥有一位共同祖先，就应该根据固定的辈分排列其后代昭穆。④ 他还认为，宗族的昭穆应该本照皇室太庙昭穆，采用一套井然有序的序列，指定更迭相继的祖先为昭穆。如果一位父亲在宗族中被指定为昭，其子必然是穆。然而，这种昭穆序列很容易因为同一宗族众多支房的存在而被扰乱。不同支房族人之间流行的收养习俗，即过房，更会严重扰乱宗族昭穆。胡次焱，一位经历过宋元易代的 13 世纪文人，提及过房习俗如何扰乱了宗族昭穆次序。他举例说明了社会上三种不同的过房情况：第一种情况是房长以其侄孙为养子，

① 方大琮：《方氏族谱序》，《铁庵集》卷 31，《四库全书》第 1178 册，第 4 下页。
② 方大琮：《述莆田方三派聚族》，《铁庵集》卷 32，《四库全书》第 1178 册，第 3 上页。
③ 方大琮：《方氏族谱序》，《铁庵集》卷 31，《四库全书》第 1178 册，第 4 下页。
④ 王炎：《宗子论》，《双溪类稿》，《四库全书》第 1155 册，第 24 上~下页。

这样这个养子原本的兄长便要称他为"伯"；第二种情况是房长以其侄曾孙为养子，这样便更加荒谬，因为这个养子的生父便要称其为"伯"；第三种情况是房长以其弟为养子，由此，这个养子的胞弟便要称他为"侄"。胡次焱明白过房习俗可以加强不同支房之间的情感联系，进而巩固宗族。尽管如此，他还是严厉批评了跨代收养的做法。因为这种做法把后辈升格为长辈，或把长辈降格为后辈，扰乱了宗族昭穆。①

除了族谱以外，南宋和元代士人亦主张在常规宗族礼仪中纠正昭穆，尤其是丧礼。12世纪中叶以后，所谓"族葬"在精英家庭中大为流行。近年考古发掘显示了南宋一些精英家庭的葬地是以"族葬"形式依昭穆排列的。例如，吕祖谦家族在明招山（今浙江武义县）的葬地合共有五代家族成员。据吕氏家族墓葬图，每代葬地皆严谨遵照昭穆次序。②出土的吕祖谦家族墓地证实了方大琮对吕氏家族墓地的描述："每代之中，昭穆相从，凡四十余，《周官》族坟墓之说，吕氏深有取焉。"③ 不能肯定方大琮是否有机会实地考察吕氏墓葬，但吕氏后人自然有机会向方氏展示吕氏墓葬之图。④ 无论如何，方大琮对吕祖谦家族墓地的描述，反映了以昭穆作为家族墓葬要素的想法。⑤ 南宋和元代族葬的典型

---

① 胡次焱：《论过房》，《梅岩文集》卷5，《四库全书》第1188册，第4下~5下页。

② 郑嘉励：《明招山出土的南宋吕祖谦家族墓志》，包伟民、刘后滨主编《唐宋历史评论》第1辑，社会科学文献出版社，2015，第186~215页。

③ 方大琮：《辞方广礼部及诸坟》，《铁庵集》卷33，《四库全书》第1178册，第6下~7上页。

④ 家族墓葬图在后世更加开放。元代地方精英有时会邀请知名学者为其亲族的墓葬图撰写题跋，比如谢应芳《跋族葬图》，《龟巢稿》卷14，《四库全书》第1218册，第6上~下页。

⑤ 北宋士大夫苏颂在为一位地方官员撰写墓志铭时，提出依据昭穆的墓葬是"所谓以礼葬也"。但他没有解释在什么意义上这种做法是"礼葬"。苏颂：《颍州万寿县令张君墓志铭》，《苏魏公文集》卷58，第888页。

布局，会把昭列和穆列祖先交替排列，如同宋代太庙里的皇室祖先神主一般。[①] 北宋太庙中具有政治意味的昭穆，最终演变为南宋以后出现在葬地、族谱和众多家礼中的昭穆序列。昭穆的社会化于焉完成。

小　结

由太庙到族谱，两宋众多精英利用宗庙礼仪来界定不同阶层的政治和文化空间。北宋时期，关于庙议的论述基本集中于皇家领域，大多数与皇室礼仪正统的论述相关。功业和孝道两种理念之间的张力在北宋太庙礼议上一览无余。然而，如众多南宋及元代材料所示，这种张力在 12 世纪中叶以后，却因为地方士人对宗庙礼仪社会意义的重视而有所减弱。南宋及元代地方士人，与他们的前辈相比，也有着复兴古礼的追求。但是同时也有一些重要不同。南宋士人，尤其是那些与道学群体密切相关的士人，认为道德修养是为社会谋求福祉的关键，而礼仪的正确实践则是臻至完美社会的捷径。相比北宋学者，南宋道学士人对礼仪的社会教化效果更感兴趣。在中国南方迅速发展的宗族体系中，这些士人更强调通过修正、改造礼仪来加强宗族教化力量。

南宋庙仪论述展示了从朝廷到社会，以及由理论到实践的焦点转移。这些论述强调以礼仪实践来应对当时社会状况。在各种相关文献中，包括士人家范、日常应用类书以及族谱序，南宋士人通过家礼形式修订宗庙礼仪。对昭穆理解的转变可以作为这种修订的示例：北宋礼官视昭穆为皇室祭

① 元代学者李祁对某地方家庭墓葬布局的记载，即提到该墓葬曾祖、祖及父母交错而布的昭穆格局。李祁：《薛氏世坟记》，《云阳集》卷 7，《四库全书》第 1219 册，第 21 下~22 上页。

祖礼仪的核心元素，[1] 但是南宋学者却从一种更具普遍性的角度理解昭穆，赋予昭穆维持氏族和宗族成员之间联系的意义。这种由朝廷到社会的焦点转移，同时也反映了士人如何通过修正礼仪，维系他们作为地方知识精英的身份。借鉴宗庙之礼，南宋及元代士人逐步定义了宗族中的集体礼仪，并为这些礼仪在晚期帝制中国中的进一步推行奠定了坚实基础。

---

① 有许多这样的例子，比如杨杰《禘祫合正位序议》，《无为集校笺》卷 15，第 505~506 页；《曾肇行状》，《曲阜集》卷 4，《四库全书》第 1101 册，第 17 上页；余靖《汉武不宜称宗论》，《武溪集》卷 4，《四库全书》第 1089 册，第 3 上~下页。

结　语

　　这部书为中国中古史提供了一个"缺失了的环节"。比起士大夫的政治立场，本书希望能够更多展示宋代皇家礼仪与士大夫学术追求互相交织的图景。根据他们自身对皇室礼仪传统和礼经注疏的理解，北宋礼官试图在皇权笼罩下发起宗庙礼仪复兴运动。在王安石礼学和相关礼议影响下，北宋官员和学者相当重视修正太庙布局，力图使皇家太庙符合礼经所载的"古制"。王安石新学圈子以外的士大夫同样拥护新学对理想太庙的倡议，即使他们当中有些是新法的坚决反对者。从政治史角度出发，一种常见的观点认为，北宋晚期朋党政治逐渐走向新法党和旧法党两大政治集团截然对立的局面。当然，党派构成可以是非常复杂的，党内斗争亦十分激烈。然而，北宋晚期士大夫政治立场与礼仪旨趣之间的差异，却为这种观点提供了一种修正视角。正如熙宁五年太庙始祖争议所揭示的，11世纪晚期的一些礼官，在推动礼仪改革方面与王安石和神宗有着共同旨趣，尽管这些礼官在政治层面持保守立场。通过分析这类事例，本书阐明了宋代太庙相关礼议如何反映士大夫的礼仪旨趣，进而形塑他们的学术身份。

　　宋代太庙礼议亦延续了以往朝代对太庙次序规划的讨论和实践。本书从不同角度考察了这种延续。汉代以后，尊贤和孝道两种理念之间的冲突一直与昭穆理论相即不离。宋代礼官在构思皇室祖先昭穆和始祖位置时，亦大致遵循这两种理念。三位曾参与元丰二年太庙昭穆礼议的新学礼官，即陆佃、何洵直和张璪，依据对礼经相关文字不同的理解来诠释昭穆序次。一方面，儒家的孝道论述为昭穆规范祖先世代关系提供了大框架。另一方面，昭穆作为谱系标志，亦标示出了一种典型的尊贤精神，其中皇室祖先的礼仪地位受其政治事功影响，尤以始祖为重。

没有机会参与朝廷礼议的新学礼学家同样对太庙理论做出了贡献。事实上，他们对太庙和庙仪的诠释超出了王安石本人礼学所限定的学术范畴，反映了更进一步的多元性和完整性。通过 11 世纪晚期的一些礼仪改革，尤其是神宗元丰时期针对皇室祭祀礼仪所做的变革，新学礼学家和新学影响下的礼官大幅修订了北宋皇室礼仪。这些变革在神宗朝未竟全功，但最终导向了徽宗 12 世纪初所致力的一系列礼仪工程，包括颁布新礼典、编修新道藏、雅乐改革，以及建造独立明堂等重要成果。①

北宋对太庙的高度关注在南宋有了新的变化。新学与道学两大学术体系在礼学上的因袭关系相当值得重视。从朱子礼学尤其是《仪礼经传通解》这部道学礼学集大成之作中，我们可以看到，新学和道学在太庙议题上殊途同归。伴随着道学发展，南宋和元初也见证了庙仪概念的转变："庙制"由政治上的皇家宏图，变成了社会精英阶层的日常家礼应用。笔者在这部书中运用了"社会化"一词形容这种转变。为了巩固家族或宗族，南宋及元代的知识精英把宗庙礼仪纳进家范和族规。在元代以后的地方祠堂和墓地中，尊贤与孝道两种理念之间的强烈张力有所减弱。这一方面是因为许多宗族成员根本谈不上政治功业，或者功业隐晦不明。更重要的原

---

① Ebrey, *Emperor Huizong*, pp. 243-254, 160-165, 265-273.

因是，在后世许多家族理解中，孝道本身即被视为一种功业。①

晚期帝制中国的宗庙礼仪持续其"社会化"过程。周启荣（Kai-wing Chow）在其研究明清礼仪的著作中提出："礼仪主义（在乡间社会）的支配地位促成了宗族本位祭祖仪式之萌芽。这有助于重塑帝国与地方士绅之间的关系。"② 皇室祭祖仪式在士绅和平民阶层中的"社会化"与周启荣著作中描述的"礼仪主义"（ritualism）同时而兴。明清礼学著作中的昭穆论述大概可以证实这一论断。季本（1485~1563），一位一般被视为王守仁（1472~1529）学说追随者的明代儒者，批评由刘歆到朱熹的历代大儒之昭穆理解都局限于朝廷礼仪。季本很可能受1520~1530年代的大礼议所影响，③ 遂倡议整体复兴儒家礼仪中的昭穆。他又断言，理想社会中，反映"天下之达道"的昭穆能够适用于不同社会背景的家庭。④ 他认为昭穆在地方宗族乃

① 关于明清族规中孝道理念的通论，见 Hui-Chen Wang Liu，"An Analysis of Chinese Clan Rules：Confucian Theories in Action，" in David Nivison and Arthur Wright, eds.，*Confucianism in Action*（Stanford：Stanford University Press，1959），pp. 63-96，尤其是第84~86页。

② Kai-wing Chow，*The Rise of Confucian Ritualism in Late Imperial China*（Stanford：Stanford University Press，1994），p. 224.

③ 针对明中叶大礼议的研究为数众多。西文研究中，费克光（Carney Fisher）的早期著作仍然是最为翔实的描述。见 Carney Fisher，*The Chosen One：Succession and Adoption in the Court of Mine Shizong*（Sydney：Allen & Unwin，1990）。另外有研究指出，大礼议之争是明代士大夫以"扶阙"形式集体示威的最后一次展示。John Dardess，"Protesting to the Death：The *fuque* in Ming Political History，" *Ming Studies*（2003：1）：86-125，尤其是第109~119页。科大卫（David Faure）将大礼议联系到1530年代以后儒家礼仪的整体复兴与宗族社会转型。Faure，*Emperor and Ancestor：State and Lineage in South China*, pp. 100-108. 笔者对季本太庙论述的背景理解受其启发。

④ 季本：《庙制考议》，《四库全书存目丛书》第105册，庄严文化事业有限公司，1997，第16下页。"天下之达道"一句出自《中庸》，原指"和"一概念而言。

至农村小家庭之中是可以实践的，如同中央朝廷举行太庙祭祖仪式和国家祭礼一般。

　　详细分析季本的昭穆理论将会超出本书的讨论范围。然而季本特别重视宋代元丰礼议中陆佃的观点，以及朱熹对陆佃的回应，这一点值得注意。① 陆佃把昭穆序列视为一个家族之中父子关系的礼仪标示，季本尤其认同这一观点。鉴于明代当时的祭祖习俗，季本从实践角度出发，提出放宽宗族建筑（家庙或祠堂）空间面向的规定，使得昭与穆的两排祖先不必严格安置于始祖左右两方。据他所言，昭穆的安排依据应该是宗族建筑所在的地理面貌、山川形势等。② 季本主张，地方宗族建筑采用昭穆或者其他宗庙礼仪的最终目标，是让处于不同环境中的一般民众都能展现孝道精神。

　　季本并非孤例。16 世纪不少明儒对乡间祭祖仪式中的昭穆序列深感兴趣。在季本提出相关论述时，明朝廷正在修订庙仪。1534 年，明世宗（朱厚熜，1522～1567 年在位）在北京建立了八所独立太庙，复兴了多庙并立的太庙古制。然而，1541 年的一场意外火灾使大多数新建成的太庙化为灰烬。1545 年，明廷完成了太庙重建，重新采用了原来一庙多室的制度。在这次太庙重建中，世宗提出明室祖先的序列不应为昭穆所限，应该以人情伦理为本。③ 世宗的声明无疑与他在之前大礼议中的立场一致，反映了他尊崇其父兴献王（朱祐杬）的个人意愿。自然，皇帝本人的这一声明也变相地加强了宗庙礼仪和孝道观念之间的联系，和季本疏解庙制

----

① 季本：《庙制考议》卷 105，《四库全书存目丛书》第 105 册，第 17 上～18 下页。
② 季本总结其论点为："以人定庙，则可；以庙定人，则不可。"季本：《庙制考议》，《四库全书存目丛书》第 105 册，第 18 下～19 上页。
③ 明世宗的太庙意见详见赵克生《明代的国家礼制与社会生活》，中华书局，2012，第 11～15 页。

产生了类似的社会影响。

　　像季本一样重视宗庙礼仪的学者相继出现。自明而清，这些学者包括万斯同、秦蕙田、毛奇龄（1623～1716）、惠栋（1697～1758）、黄以周（1828～1899）、皮锡瑞（1850～1908）等一大批礼学专家。现代学者常把他们视为考据学家。事实上，他们的学术成就大部分体现在礼学方面。万斯同、惠栋、毛奇龄、皮锡瑞都撰写过关于太庙和庙制的专著，并强调太庙在展示孝道方面的重大作用。[①] 尤其有意思的是秦蕙田。他在摘录历代太庙文献以后——这正是秦氏《五礼通考》的写作特色，特别指出宋代礼官以及朝廷礼制不合古礼精神之处，并将之与北方少数民族王朝简朴的"古礼"精神对比。这或许反映了清廷对学者著作进行审查监控所造成的自我审查现象。[②]

　　其他明清学者重视宗庙礼仪，也不仅是因为他们意在宣传儒家礼仪规范。相关礼学论述大量出现，恐怕也代表了清代学者们面对朝廷礼仪规范所做出的思想反应。少数民族王朝对礼仪规范的重视尤其明显。在分析清代皇室礼仪之时，学者罗友枝分辨了两种管治原则：以德治国（rule by virtue）和以家治国（rule by heredity）。[③] 清廷统治者把管治的合法性与礼仪的一贯性扯上关系，在儒家礼仪规范和满洲萨满宗

[①]　万斯同：《庙制图考》，《四库全书珍本》第 369 册；惠栋：《禘说》卷 2，《续修四库全书》第 105 册，第 3 上～4 下页；毛奇龄：《庙制折衷》卷 2，《四库全书存目丛书》第 108 册，第 17 上～22 下页（太庙空间布局）；皮锡瑞：《鲁礼禘祫义疏证》，《续修四库全书》第 112 册，第 3 上～5 上页。

[②]　例如，秦蕙田批评宋代礼官把太庙时祭仪式复杂化了，尤其与北辽时祭仪式相比。秦蕙田：《五礼通考》卷 94，第 5789 页。关于清代学者自我审查现象最精准之分析，见王汎森《权力的毛细管作用：清代的学术、思想与心态》，联经出版事业股份有限公司，2013，第 393～500 页。

[③]　Rawski, *The Last Emperors*, pp. 201-203.

教之间试图取得折中。① 如果我们把视野放得更广阔一点，从北方少数民族王朝起点北魏开始考虑，那么 4～16 世纪，整套皇家祭祖礼仪的发展历史，一般是依循魏侯玮所述，由"直系祖先"转变到"政治祖先"的。② 换言之，即由少数民族传统中的直系血缘亲属转变至中原政治中的皇帝谱系。伴随着这一礼仪发展过程，征服王朝取得了象征层面上的统治合法性。③ 但是，清代皇室礼仪实际上逆转了这一过程。清廷强调直系血缘亲属以及爱新觉罗血统的一脉相承。为此，清代皇室祭祖礼仪强调皇帝对其祖先的个人孝亲情感，而非中原皇帝"敬天爱民，尊奉社稷"的嫡长宗法制礼仪属性。17 世纪以后的清帝即位礼仪，明显把焦点从敬天转移到孝亲直系祖先上。④ 清代皇室礼仪，包括祭祖宗庙礼仪在内，其最终象征仍是爱新觉罗氏一脉相承的血亲统治体制。

什么因素导致了清代礼仪由"政治祖先"反向回转为"直系祖先"？很难找到一个简单答案。显然，11 世纪以后广义层面上皇权的上升导致晚期帝制中国大多数皇室礼仪的内卷化（involution）。可是，皇权自身不足以解释为何清朝统治者早期试图"儒家化"其氏族萨满祭祀，以及为何要在

① 已有大量研究关注清廷对儒家礼仪规范的选择性接纳。其简述见 Rawski, *The Last Emperors*, pp. 197-230；Mark C. Elliott, *The Manchu Way: The Eight Banners and Ethnic Identity in Late Imperial China* (Stanford: Stanford University Press, 2001), pp. 235-241。

② Wechsler, *Offerings of Jade and Silk*, p. 136.

③ 当然，我们不能夸大这一过程在各个少数民族王朝时代中的作用。不少研究已指出，北方王朝自身礼仪传统亦具有延续性。其延续性不仅体现于入主中原以后，更体现于对以前北方王朝礼仪传统的继承上，即所谓"北亚"乃至"内亚"传统。关于后者的方法论意义，见罗新《黑毡上的北魏皇帝》，海豚出版社，2014，第 75～95 页。

④ Evelyn Rawski, "The Creation of an Emperor in Eighteenth-Century China," in Bell Yung, Evelyn Rawski, and Rubie Watson, eds., *Harmony and Counterpoint: Ritual Music in Chinese Context* (Stanford: Stanford University Press, 1996), pp. 150-174.

北京城中的明代太庙举行这些祭祀。考察过宋代太庙相关论述之后，本书认为皇室祭祀礼仪在普遍意义上象征着知识精英的文化资本与中国式皇权之间的博弈。皇室祭祖礼仪并非仅起到彰显皇权或者统治合法性的作用——皇室一方自然主要追求这些作用，我们可以把这些作用归纳为权力展现（illustration of power）——更重要的是，祭祖礼仪自身亦具有其权威（authority）。这种权威来源，正是历代士大夫和士人反复强调的礼仪正统及其背后承载的道德力量。政治学家劳伦斯·R.沙利文（Lawrence R. Sullivan）认为："没有权威的权力，只会沦为没有道德义务的纯粹压迫。"① 就太庙礼仪而言，这些礼仪提供了一系列规范式渠道（standardized channels），使得儒家规范的道德权威能够通过这些渠道灌注入政治权力，甚至在某种程度上反向操控权力。在专制的皇权体系中，太庙礼仪不仅有在政治层面上展现权力的意义，其道德权威亦不可忽视。理解这一权威背后的意义，才能明白中国传统知识精英汲汲不倦沉迷于礼学细节的苦心。

　　强调皇室祭祖礼仪道德权威的一面，也是两宋太庙论述的特征。随着南北宋之交专制皇权的强化，太庙论述的焦点由政治功业转到了儒家孝道精神。② 从思想史的角度来看，11世纪后期到12世纪中期，礼仪理论和实践的权威载体由国家官僚转移到了知识精英手中。笔者在最新的研究中将之

---

① Lawrence R. Sullivan，"Intellectual and Political Controversies over Authority in China：1898‑1922，" in Peter D. Hershock and Roger T. Ames，eds.，*Confucian Cultures of Authority*（New York：State University of New York Press，2006），p. 171. 沙利文此书对权力与权威的区分吸收了伊夫·西蒙（Yves Simon）和卡尔·弗里德里希（Carl Friedrich）的一些想法。见 Sullivan，"Intellectual and Political Controversies over Authority in China：1898‑1922，" in Peter D. Hershock and Roger T. Ames，eds.，*Confucian Cultures of Authority*，pp. 196‑197，注释 2、3。

② 就南宋初年君主专制的强化，见寺地遵《南宋初期政治历史研究》，溪水社，1988。日本学者藤本猛于徽宗朝专制亦多有专论，兹不详引。

概括为从礼官到礼学家的转变。我们大概仍会记得，朱熹如
何称赞新学学者陆佃根据儒家孝道理念来建构理想太庙的努
力。通过朱熹的介绍，陆佃的太庙构想亦为明清学者所赏
识。陆氏针对太庙礼仪的创造性诠释，体现了儒家礼学家治
礼、学礼所体现的尊严与权威。而这一权威和尊严，并不必
然依附于皇权和官僚制度。

　　20 世纪初，由于独裁君主制的崩溃，加上士大夫和士人
阶层逐渐退出国家权力和文化霸权中的枢纽位置，传统文化
权威与政治权力之间的合作关系自民国时期开始分崩离析。
纵观整个 20 世纪，"儒家" 之名以及背后承载的文化传统在
1920 年代的新文化运动和 1960~1970 年代的政治运动中历
经风雨。在这些运动期间，深受儒家理念影响的传统礼仪亦
受到了强烈冲击。随着时代发展，一些传统礼仪在当代中国
逐渐得以恢复。[1] 2004 年 9 月 28 日曲阜孔庙的官方祭孔活
动，以及同年首尔首个孔子学院的成立，被一些学者看作儒
家理念在国家层面的回归。就实践层面而言，所谓 "大众儒
学" 的出现，为儒家礼仪复兴提供了新的切入点，尤其是在
祭礼、丧礼和婚礼方面。[2] 从宋代到当代，走过这条礼仪复
兴的千年旅途，也就走过了历史上建构、想象和定义中国文
化的悠长之路。

---

[1]　Kam Louie, *Critiques of Confucius in Contemporary China* (New York： St. Martin's Press, 1980), pp. 97–136.

[2]　针对 "大众儒学" 的不同研究取径，见 Guillaume Dutournier and Zhe Ji, "Social Experimentation and 'Popular Confucianism'： The Case of the Lu-jiang Cultural Education Centre," *Perspectives* 4, 80 (2009)： 67 – 81; Philip Clart, "Confucius and the Mediums： Is There a 'Popular Confucian-ism," *T'oung Pao* 89 (2003)： 1 – 38. 从历史人类学视角，柯若朴 (Philip Clart) 考察了台湾宗教活动中 "大众儒学" 一词的用法，并讨论了 "宗教化儒学" 这一有趣概念。部分人类学家采用这一术语来描述普通民众的祭祀活动。

参考文献

史料

班固：《汉书》，中华书局，1962。

毕沅：《续资治通鉴》，中华书局，1964。

不著名氏：《周礼集说》，《四库全书》第 95 册，上海古籍出版社，1987。

蔡上翔：《王荆公年谱考略》，中华书局，2006。

蔡邕：《蔡中郎集》，中华书局，1936。

晁补之：《鸡肋集》，《四部丛刊初编缩本》第 56 册，商务印书馆，1967。

晁说之：《晁氏客语》，《全宋笔记》第 1 编第 10 册，大象出版社，2006。

陈高：《不系舟渔集》，《四库全书》第 1216 册。

陈旅：《安雅堂集》，《四库全书》第 1213 册。

陈襄：《古灵集》，《四库全书》第 1093 册。

陈祥道：《礼书》，《四库全书》第 130 册。

陈祥道：《礼书》，东京大学东洋文化研究所藏宋刊元修本。

陈元靓：《新编群书类要事林广记》，中华书局，1999。

陈元靓：《纂图增新群书类要事林广记》，中华书局，1999。

陈振孙：《直斋书录解题》，广文书局，1968。

程颢、程颐：《二程遗书》，《二程集》，中华书局，1981。

戴良：《九灵山房集》，《四库全书》第 1219 册。

杜大珪编《名臣碑传琬琰之集》，《四库全书》第 1092 册。

杜佑：《通典》，中华书局，1988。

杜预注，孔颖达疏《春秋左传注疏》，《唐宋注疏十三经》第 3 册，四部备要本，中华书局，1998。

范宁注，杨士勋疏《春秋穀梁传注疏》，《唐宋注疏十三经》第 3 册，四部备要本，中华书局，1998。

范晔：《后汉书》，中华书局，2003。

范镇：《东斋记事》，中华书局，1980。

范仲淹：《范文正集补编》，《四库全书》第 1089 册。

范祖禹：《范太史集》，《四库全书》第 1100 册。

方大琮：《铁庵集》，《四库全书》第 1178 册。

方勺：《泊宅编》，《全宋笔记》第 2 编第 8 册。

房玄龄等：《晋书》，中华书局，1975。

葛胜仲：《丹阳集》，《四库全书》第 1127 册。

顾栋高：《王荆公年谱》，吴洪泽、尹波主编《宋人年谱丛刊》第 3 册，四川大学出版社，2003。

顾炎武：《日知录》，《顾炎武全集》第 28 册，上海古籍出版社，2011。

韩维：《南阳集》，《四库全书》第 1101 册。

韩婴撰，许维通校释《韩诗外传集释》，中华书局，1980。

韩愈：《韩昌黎集》，商务印书馆，1958。

何休注，徐彦疏《春秋公羊传注疏》，《唐宋注疏十三经》第 3 册，四部备要本，中华书局，1998。

胡次焱：《梅岩文集》，《四库全书》第 1188 册。

胡宏：《胡宏集》，中华书局，1987。

黄度：《宋黄宣献公周礼说》，《续修四库全书》第 78

册，上海古籍出版社，1995。

黄士毅编，徐时仪、杨艳汇校《朱子语类汇校》，上海古籍出版社，2016。

黄以周：《礼书通故》，中华书局，2007。

黄仲元：《四如集》，《四库全书》第1188册。

惠栋：《禘说》，《续修四库全书》第105册。

季本：《庙制考议》，《四库全书存目丛书》第105册，庄严文化事业有限公司，1997。

金鹗：《求古录礼说》，《续修四库全书》第110册。

李存：《俟庵集》，《四库全书》第1213册。

李纲：《李纲全集》，岳麓书社，2004。

李朴：《丰清敏公遗事》，《全宋笔记》第2编第8册。

李祁：《云阳集》，《四库全书》第1219册。

李如圭：《仪礼释官》，《四库全书》第103册。

李心传：《建炎以来系年要录》，中华书局，2013。

李廌：《师友谈记》，中华书局，2002。

卢文弨撰，陈东辉、彭喜双校《仪礼注疏详校》，"中研院"中国文哲研究所，2012。

陆佃：《陶山集》，《四库全书》第1117册。

陆心源：《元祐党人传》，《续修四库全书》第517册。

陆游：《老学庵笔记》，《宋元笔记小说大观》第4册，上海古籍出版社，2007。

吕本中：《紫微杂说》，《全宋笔记》第3编第6册。

吕祖谦：《东莱吕太史别集》，黄灵庚等编《吕祖谦全集》，浙江古籍出版社，2008。

吕祖谦编《皇朝文鉴》，黄灵庚等编《吕祖谦全集》，浙江古籍出版社，2008。

马端临：《文献通考》，中华书局，1986。

马国翰：《玉函山房辑佚书》，上海古籍出版社，1990。

毛亨笺，郑玄注，孔颖达疏《毛诗正义》，香港中华书局，1964。

毛奇龄：《庙制折衷》，《四库全书存目丛书》第 108 册。

《南宋馆阁续录》，中华书局，1998。

聂崇义：《三礼图集注》，《四库全书》第 129 册。

欧阳修：《太常因革礼》，《丛书集成初编》，商务印书馆，1936。

欧阳修、宋祁等：《新唐书》，中华书局，1975。

庞元英：《文昌杂录》，《全宋笔记》第 2 编第 4 册。

皮锡瑞：《鲁礼禘祫义疏证》，《续修四库全书》第 112 册。

秦蕙田：《五礼通考》，新兴书局，1970。

丘葵：《周礼补亡》，顾可久辑，哈佛燕京图书馆中文善本特藏。

邵伯温：《邵氏闻见录》，中华书局，1983。

邵博：《邵氏闻见后录》，中华书局，1997。

司马光：《温国文正司马公集》，《四部丛刊初编缩本》第 46 册。

宋敏求：《春明退朝录》，中华书局，1980。

苏颂：《苏魏公文集》，王同策等点校，中华书局，2004。

苏洵：《嘉祐集》，《四部丛刊初编缩本》第 51 册。

苏舆：《春秋繁露义证》，中华书局，1992。

苏辙：《龙川略志》，中华书局，1982。

汤勤福、王志跃：《宋史礼志辨证》，上海三联书店，2011。

万斯同：《庙制图考》，《四库全书珍本》第 369 册，台湾商务印书馆，1976。

王安石：《临川先生文集》，《四部丛刊初编缩本》第 51 册。

王安石：《王文公文集》，中华书局，1962。

王安石：《周礼新义》，程元敏：《三经新义辑考汇评》，华东师范大学出版社，2011。

王弼、韩康伯注，孔颖达疏《周易注疏》，《唐宋注疏十三经》第 1 册，四部备要本，中华书局，1998。

王昶：《东都事略》，文海出版社，1967。

王昶：《金石萃编》，《续修四库全书》第 890 册。

王得臣：《麈史》，《宋元笔记丛书》，上海古籍出版社，1986。

王礼：《麟原文集》，《四库全书》第 1220 册。

王利器校注《盐铁论校注》，中华书局，1992。

王聘珍：《大戴礼记解诂》，中华书局，1983。

王溥：《唐会要》，中华书局，1955。

王瑞来校补《宋宰辅编年录校补》，中华书局，1986。

王肃注解《孔子家语》，《四库全书》第 695 册。

王先谦：《荀子集解》，中华书局，1988。

王先谦：《汉书补注》，广陵书社，2006。

王炎：《双溪类稿》，《四库全书》第 1155 册。

王与之：《周礼订义》，《四库全书》第 93~94 册。

王昭禹：《周礼详解》，《四库全书》第 91 册。

王洙等：《图解校正地理新书》，集文书局，1985。

王梓材、冯云濠编《稿本宋元学案补遗》，北京图书馆出版社，2002。

卫宏撰，孙星衍辑《汉旧仪》，中华书局，1985。

魏了翁：《鹤山集》，《四库全书》第 1173 册。

文莹：《湘山野录续录》，中华书局，1984。

萧嵩等：《大唐开元礼》，民族出版社，2000。

谢维新：《古今合璧事类备要前集》，《四库全书》第 939 册。

谢维新：《古今合璧事类备要续集》，《四库全书》第 940 册。

谢应芳：《龟巢稿》，《四库全书》第 1218 册。

徐松辑《中兴礼书》，《续修四库全书》第 822 册。

薛季宣：《薛季宣集》，上海古籍出版社，2003。

严可均编《全上古三代秦汉三国六朝文》，世界书局，1963。

颜真卿：《颜鲁公文集》，《四部备要》第 228 册，中华书局，1936。

杨复：《仪礼旁通图》，《四库全书》第 104 册。

杨复：《仪礼经传通解续卷祭礼》，"中研院"中国文哲研究所，2011。

杨杰撰，曹小云校笺《无为集校笺》，黄山书社，2014。

杨倞注《荀子（附校勘补遗）》，《丛书集成初编》，商务印书馆，1936。

杨时：《杨时集》，中华书局，2018。

叶梦得：《石林燕语》，中华书局，1984。

叶时：《礼经会元》，《四库全书》第 92 册。

叶适：《叶适集》，中华书局，1961。

易祓：《周官总义》，《四库全书》第 92 册。

尹洙：《河南集》，《四部丛刊初编缩本》第 45 册。

余靖：《武溪集》，《四库全书》第 1089 册。

曾布：《曾公遗录》，《全宋笔记》第 1 编第 8 册。

曾巩：《元丰类稿》，《四部丛刊》第 860~869 册，商务印书馆，1936。

曾敏行：《独醒杂志》，《全宋笔记》第 4 编第 5 册。

曾肇：《曲阜集》，《四库全书》第 1101 册。

张方平：《乐全集》，《四库全书》第 1104 册。

张纲：《华阳集》，《四库全书》第 1131 册。

张师正：《倦游杂录》，上海古籍出版社，1993。

张志烈、马德富、周裕锴编《苏轼全集校注》，河北人民出版社，2010。

章学诚：《文史通义》，中华书局，1985。

郑居中等：《政和五礼新仪》，《四库全书》第647册。

郑居中等：《政和五礼新仪》，汪潇晨、周佳点校，《中华礼藏·礼制卷·总制之属》第3册，浙江大学出版社，2017。

郑玄注，贾公彦疏《周礼注疏》，《唐宋注疏十三经》第2册，四部备要本，中华书局，1998。

郑玄注，孔颖达疏《礼记注疏》，《唐宋注疏十三经》第2册，四部备要本，中华书局，1998。

周密：《齐东野语》，中华书局，1983。

朱弁：《曲洧旧闻》，中华书局，2002。

朱彬：《礼记训纂》，中华书局，1996。

朱熹、黄榦：《仪礼经传通解正续编》，北京大学出版社，2002。

朱熹：《晦庵先生朱文公文集》，朱杰人、严佐之、刘永翔主编《朱子全书》第20～23册，上海古籍出版社，安徽教育出版社，2002。

朱熹：《三朝名臣言行录》，《四部丛刊》第1094～1101册。

朱熹：《诗集传》，上海古籍出版社，1980。

朱熹：《四书章句集注》，上海古籍出版社、安徽教育出版社，2001。

朱彝尊：《经义考》，中华书局，1998。

祝穆：《古今事文类聚》，《四库全书》第926册。

研究论著

中文论著（含译著）

常建华：《明代宗族研究》，上海人民出版社，2005。

陈芳妹：《青铜器与宋代文化史》，台湾大学出版中心，2016。

陈来：《朱子书信编年考证》，生活·读书·新知三联书店，2011。

陈全方：《周原与周文化》，上海人民出版社，1988。

陈弱水：《柳宗元与唐代思想变迁》，江苏教育出版社，2010。

陈戍国：《中国礼制史（隋唐五代卷）》，湖南教育出版社，1998。

陈述：《〈东都事略〉撰人王赏称父子》，《中央研究院历史语言研究所集刊》第8本第1分，1939年。

陈杏珍：《宋严州刻本〈礼记集说〉》，《故宫博物院院刊》1999年第4期。

陈学霖：《柯维骐宋史新编述评》，《宋史研究集》第20辑，中华丛书编审委员会，1990。

陈学霖：《宋金二帝弈棋定天下——〈宣和遗事〉考史一则》，《宋史论集》，东大图书公司，1993。

陈寅恪：《唐代政治史述论稿》，河北教育出版社，2002。

崔建华：《论皇权传承规范对西汉帝陵布局的制约》，《考古与文物》2012年第2期。

邓广铭：《北宋政治改革家王安石》，生活·读书·新知三联书店，2007。

邓小南：《祖宗之法：北宋前期政治述略》，生活·读书·新知三联书店，2006。

邓智睿：《天下一家到一家天下：以唐宋庙议与君位强化为中心的讨论》，硕士学位论文，台湾师范大学，2011。

范云飞：《从"周礼"到"汉制"——公私视角下的秦汉地户宗庙制度》，《史林》2020年第2期。

方诚峰：《北宋晚期的政治体制与政治文化》，北京大学出版社，2015。

冯茜：《中晚唐郊庙礼制新变中的儒学色彩——礼制意义上的"太祖"在唐代郊庙中的出现及其地位的凸显》，《文史》2014年第3辑，中华书局，2014。

甘怀真：《皇权、礼仪与经典诠释：中国古代政治史研究》，喜玛拉雅研究发展基金会，2003。

甘怀真：《唐代家庙礼制研究》，台湾商务印书馆，1991。

高明士：《礼法意义下的宗庙——以中国中古为主》，《东亚传统家礼、教育与国法（一）：家族、家礼与教育》，华东师范大学出版社，2008。

龚延明：《宋代官制辞典》，中华书局，2017。

古丽巍：《"无论于旧，不间于新"：论北宋熙丰之际的政局转换》，《中华文史论丛》2020年第3期。

郭善兵：《中国古代帝王宗庙礼制研究》，人民出版社，2007。

杭州市文物考古所编《南宋太庙遗址》，文物出版社，2007。

华喆：《父子彝伦：北宋元丰昭穆之议再评价》，《中国哲学史》2017年第3期。

黄进兴：《优入圣域：权力、信仰与正当性》，允晨文化实业股份有限公司，1994。

黄启江：《北宋居士杨杰与佛教——兼补〈宋史〉杨杰本传之缺》，《汉学研究》2003年第1期。

黄益飞：《西周金文礼制研究》，中国社会科学出版社，2019。

金春峰：《周官之成书及其反映的文化与时代新考》，东大图书公司，1993。

近藤一成：《王安石的科举改革》，《日本中青年学者论中国史：宋元明清卷》，上海古籍出版社，1995。

康乐：《从西郊到南郊：国家祭典与北魏政治》，稻禾出版社，1995。

孔维京：《辽代"七庙"与皇家宗庙祭祀考论》，《史学月刊》2021年第6期。

雷百景、李雯：《西汉帝陵昭穆制度再探讨》，《文博》2008年第2期。

雷闻：《郊庙之外：隋唐国家祭祀与宗教》，生活·读书·新知三联书店，2009。

李伯谦：《从晋侯墓地看西周公墓墓地制度的几个问题》，《考古》1997年第11期。

李超：《南宋宁宗朝前期政治研究》，上海古籍出版社，2019。

李峰：《西周的政体：中国早期的官僚制度和国家》，生活·读书·新知三联书店，2010。

李衡眉：《历代昭穆制度中始祖称呼之误厘正》，《求是学刊》1995年第3期。

李衡眉：《昭穆制度研究》，齐鲁书社，1996。

李华瑞：《王安石变法研究史》，人民出版社，2004。

李如钧：《予夺在上：宋徽宗朝的违御笔责罚》，《台大历史学报》第60期，2017年。

李永：《宗庙与政治：武则天时期太庙体制研究》，《学术月刊》2017年第8期。

李裕民：《揭开"斧声烛影"之谜》，《宋史新探》，陕西师范大学出版社，1999。

李震：《曾巩年谱》，苏州大学出版社，1997。

林振礼：《朱熹谱序发微》，《中国哲学史》2001年第1期。

刘安志：《关于〈大唐开元礼〉的性质及行用问题》，《新资料与中古文史论稿》，上海古籍出版社，2020。

刘成国：《变革中的文人与文学：王安石的生平与创作考论》，浙江大学出版社，2011。

刘成国：《荆公新学研究》，上海古籍出版社，2006。

刘成国：《王安石年谱长编》，中华书局，2018。

刘禾：《宋代皇陵布局与五音姓利说》，《浙江大学艺术与考古研究》第 3 辑，浙江大学出版社，2018。

刘祥光：《宋代风水文化的扩展》，《台大历史学报》第 45 期，2010 年。

刘子健：《两宋史研究汇编》，联经出版事业公司，1987。

楼劲：《关于开宝通礼若干问题的考察》，《中国社会科学院历史研究所学刊》第 4 集，商务印书馆，2007。

楼劲：《宋初三朝的礼例与礼制形态的变迁》，吴丽娱主编《礼与中国社会：隋唐五代宋元卷》，中国社会科学出版社，2016。

罗家祥：《北宋党争研究》，文津出版社，1993。

罗新：《黑毡上的北魏皇帝》，海豚出版社，2014。

彭美玲：《两宋皇家原庙及其礼俗意义浅探》，《成大中文学报》第 52 期，2016 年。

平冈武夫编《唐代的长安与洛阳（地图）》，上海古籍出版社，1991。

平田茂树：《宋代政治结构研究》，林松涛、朱刚等译，上海古籍出版社，2010。

漆侠：《王安石变法》，上海人民出版社，1979。

乔秀岩：《义疏学衰亡史论》，万卷楼图书股份有限公司，2013。

森田宪司：《关于在日本的事林广记诸本》，中华书局，1999。

沈睿文：《西汉帝陵陵地秩序》，《文博》2001 年第 3 期。

沈睿文：《唐陵的布局：空间与秩序》，北京大学出版社，2009。

沈松勤：《北宋文人与党争：中国士大夫群体研究之一》，人民出版社，1998。

沈文倬：《宗周礼乐文明考论》，浙江大学出版社，1999。

史颖然：《北宋中期祭天礼仪改革与圣王传统》，硕士学位论文，香港中文大学，2020。

束景南：《朱熹年谱长编》，华东师范大学出版社，2014。

宋晞：《宋代的宗学》，《青山博士古稀纪念宋代史论丛》，省心书房，1974。

孙猛校证《郡斋读书志校证》，上海古籍出版社，1990。

唐长孺：《魏晋南北朝隋唐史三论》，武汉大学出版社，1992。

田浩、程钢：《评余英时的〈朱熹的历史世界〉》，《世界哲学》2004年第4期。

涂美云：《北宋党争与文祸、学禁之关系研究》，万卷楼图书股份有限公司，2012。

王锷：《〈礼记〉成书考》，中华书局，2007。

王锷：《三礼研究论著提要》（增订本），甘肃人民出版社，2007。

王汎森：《权力的毛细管作用：清代的学术、思想与心态》，联经出版事业股份有限公司，2013。

王可喜、王兆鹏：《南宋词人易祓行年考》，《中国韵文学刊》2005年第4期。

王美华：《官方礼制的庶民化倾向与唐宋礼制下移》，《济南大学学报》（社会科学版）2006年第1期。

王瑞来：《论宋代相权》，《历史研究》1985年第2期。

维克多·特纳：《仪式过程：结构与反结构》，黄剑波、柳博赟译，中国人民大学出版社，2006。

尾形勇：《中国古代的"家"与国家》，张鹤泉译，中华书局，2010。

闻人军译注《考工记译注》，上海古籍出版社，1993。

吾妻重二：《爱敬与仪章：东亚视域中的朱子家礼》，吴震等译，上海古籍出版社，2021。

吴丽娱：《礼用之辨：〈大唐开元礼〉的行用释疑》，《文史》2005 年第 2 辑，中华书局，2005。

吴丽娱：《营造盛世——〈大唐开元礼〉的撰作缘起》，《中国史研究》2005 年第 3 期。

吴丽娱：《终极之典：中古丧葬制度研究》，中华书局，2012。

吴万居：《宋代三礼学研究》，"国立编译馆"，1999。

陕西省雍城考古队：《凤翔马家庄一号建筑群遗址发掘简报》，《文物》1985 年第 2 期。

夏长朴：《从李心传〈道命录〉论宋代道学的成立与发展》，《宋史研究集》第 36 辑，中华丛书编审委员会，2006。

辛德勇：《隋唐两京丛考》，三秦出版社，1991。

许雅惠：《南宋金石收藏与中兴情结》，《美术史研究集刊》第 31 期，2011 年。

许子滨：《论昭穆之命名意义》，《汉学研究》2001 年第 2 期。

薛梦潇：《"周人明堂"的本义、重建与经学想象》，《历史研究》2015 年第 6 期。

杨伯峻编著《春秋左传注》，中华书局，1983。

杨宽：《中国古代陵寝制度研究》，上海古籍出版社，1985。

杨天保：《金陵王学研究：王安石早期学术思想的历史考察（1021~1067）》，上海人民出版社，2008。

杨志刚：《"礼下庶人"的历史考察》，《社会科学战线》1994 年第 6 期。

殷慧：《礼理双彰：朱熹礼学思想探微》，中华书局，2019。

余英时：《朱熹的历史世界：宋代士大夫政治文化的研究》，生活·读书·新知三联书店，2004。

曾瑞龙：《经略幽燕》，香港中文大学出版社，2005。

张光直：《中国青铜时代》，生活·读书·新知三联书店，1983。

张广达：《内藤湖南的唐宋变革说及其影响》，荣新江主编《唐研究》第 11 卷，北京大学出版社，2005。

张焕君：《宋代太庙中的始祖之争——以绍熙五年为中心》，《中国文化研究》2006 年第 2 期。

张文昌：《制礼以教天下：唐宋礼书与国家社会》，台湾大学出版中心，2012。

张晓宇：《从元明递修百五十卷本〈礼书〉略论陈祥道〈礼书〉的进献过程及意义》，《历史文献研究》第 39 期，2017 年。

张晓宇：《从黄隐事件再论元祐初期政局与党争》，《中国文化研究所学报》第 66 期，2018 年。

张晓宇：《从“变唐之礼”到“章献新仪”——北宋前期“新礼”问题与〈太常因革礼〉》，《汉学研究》2019 年第 1 期。

张晓宇：《学统四起下的北宋古礼运动：陈烈事迹的一个思想史考察》，《新史学》2019 年第 2 期。

张晓宇：《专达的闲职——唐至北宋太常礼院沿革考》，香港中文大学历史系中国历史研究中心、新亚研究所编《中国古代政治制度与历史地理——严耕望先生百龄纪念论文集》，齐鲁书社，2020。

张晓宇：《北宋太庙时享争议中的礼学理念》，《饶宗颐国学院院刊》2021 年第 8 期。

张元：《从王安石的先王观念看他与宋神宗的关系》，《宋史研究集》第 23 辑，中华丛书编审委员会，1993。

赵化成：《从商周集中公墓制到秦汉独立陵园制的演化轨迹》，《文物》2006 年第 7 期。

赵克生：《明代的国家礼制与社会生活》，中华书局，2012。

赵永磊：《塑造正统：北魏太庙制度的构建》，《历史研究》2017 年第 6 期。

赵永磊：《神主序列与皇位传承：北齐太祖二祧庙的构建》，《学术月刊》2018 年第 1 期。

郑嘉励：《明招山出土的南宋吕祖谦家族墓志》，包伟民、刘后滨主编《唐宋历史评论》第 1 辑，社会科学文献出版社，2015。

中国社会科学院考古研究所编《西汉礼制建筑遗址》，文物出版社，2003。

朱凤瀚：《殷墟卜辞所见商王室宗庙制度》，《历史研究》1990 年第 6 期。

朱溢：《从郊丘之争到天地分合之争——唐至北宋时期郊祀主神位的变化》，《汉学研究》2009 年第 2 期。

朱溢：《事邦国之神祇：唐至北宋吉礼变迁研究》，上海古籍出版社，2014。

外文论著

Arnheim, Rudolf, *New Essays on the Psychology of Art* (Berkeley: University of California Press, 1986).

Asim, Ina, "Status Symbol and Insurance Policy: Song Land Deeds for the Afterlife," in Dieter Kuhn, ed., *Burial in Song China* (Heidelberg: Edition Forum, 1994).

Bell, Catherine, *Ritual: Perspectives and Dimension* (New York: Oxford University Press, 1997).

Benjamin, Walter, *Illumination* (New York: Schocken Books, 2007).

Bloom, Harold, *The Anxiety of Influence: A Theory of Po-*

etry (New York: Oxford University Press, 1973).

Bokenkamp, Stephen, *Ancestors and Anxiety: Daoism and the Birth of Rebirth in China* (Berkeley: University of California Press, 2007).

Bol, Peter, "Government, Society, and State: On the Political Visions of Ssu-ma Kuang and Wang An-shih," in Robert Hymes and Conrad Schirokauer, eds. , *Ordering the World: Approaches to State and Society in Sung Dynasty China* (Berkeley: University of California Press, 1993).

Bol, Peter, "Neo-Confucianism and Local Society, 12th–16th Century: A Case Study," in Paul Jakov Smith and Richard von Glahn, eds. , *The Song-Yuan-Ming Transition in Chinese History* (Cambridge: Harvard University Asia Center, 2003).

Bol, Peter, "Reconceptualizing the Order of Things in Northern and Southern Sung," in John. W. Chaffee and Denis Twitchett, eds. , *The Cambridge History of China*, Vol. 5, Part II : *Sung China, 960–1279* (Cambridge: Cambridge University Press, 2009).

Bol, Peter, "The Rise of Local History: History, Geography, and Culture in Southern Song and Yuan Wuzhou," *Harvard Journal of Asiatic Studies* (2001).

Bol, Peter, *This Culture of Ours: Intellectual Transitions in T'ang and Sung China* (Stanford: Stanford University Press, 1992).

Bol, Peter, "Wang Anshi and the *Zhouli*," in Benjamin Elman and Martin Kern, eds. , *Statecraft and Classical Learning: The Rituals of Zhou in East Asian History* (Boston: Brill, 2010).

Bourdieu, Pierre, "The Forms of Capital," in J. Richardson, ed., *Handbook of Theory and Research for the Sociology of Education* (New York, Greenwood, 1986).

Brashier, Kevin, *Ancestral Memory in Early China* (Cambridge: Harvard University Press, 2011).

Chaffee, John, *Branches of Heaven: A History of the Imperial Clan of Sung China* (Cambridge: Harvard University Press, 1999).

Chaffee, John, *The Thorny Gates of Learning in Sung China: A Social History of Examinations* (New York: State University of New York Press, 1995).

Chen Wenyi 陈雯怡, "Networks, Communities, and Identities: On the Discursive Practices of Yuan literati" (Ph.D. diss., Harvard University, 2007).

Cheung Hiu Yu 张晓宇, "The 1079 Zhaomu Debate: The Song Ritual Controversy over Ancestral Rites," Western Branch Meeting of the American Oriental Society, 2012.

Cheung Hiu Yu, "Inventing a New Tradition: The Revival of the Discourses of Family Shrines in the Northern Song," *Journal of Song-Yuan Studies* 47 (2019).

Cheung Hiu Yu, "Ritual and Politics: An Examination of the 1072 Primal Ancestor Debate in the Northern Song," *Frontiers of History in China* 13, 3 (2018).

Cheung Hiu Yu, "The Way Turning Inward: An Examination of the 'New Learning' Usage of *daoxue* in Northern Song China," *Philosophy East and West* 69, 1 (2019).

Cheung Hiu Yu, "Ritual Officials and the Rise of Confucian Ritualism in the Eleventh Century," *T'oung Pao* 108 (2022).

Ching, Julia, *The Religious Thought of Chu Hsi* (New York: Oxford University Press, 2000).

Choi, Mihwa, *Death Rituals and Politics in Northern Song China* (New York: Oxford University Press, 2017).

Chow Kai-wing 周启荣, *The Rise of Confucian Ritualism in Late Imperial China* (Stanford: Stanford University Press, 1994).

Clark, Hugh, *Community, Trade and Networks* (Cambridge: Cambridge University Press, 1991).

Clart, Philip, "Confucius and the Mediums: Is There a 'Popular Confucianism'," *T'oung Pao* 89 (2003).

Danforth, Timothy, "The Imperial Ancestral in China's Western Han Dynasty: Institutional Tradition and Personal Belief" (Ph. D. diss., Harvard University, 2006).

Dardess, John, "Protesting to the Death: The *Fuque* in Ming Political History," *Ming Studies* 1 (2003).

Darwin, Charles, annotated by James Costa, *The Annotated Origin: A Facsimile of the First Edition of On the Origin of Species* (Cambridge: Belknap Press of Harvard University Press, 2009).

de Pee, Christian, *The Writing of Weddings in Middle-Period China Texts and Ritual Practice in the Eighth through Fourteenth Centuries* (Albany: State University of New York Press, 2007).

de Weerdt, Hilde, *Competition over Content: Negotiating Standards for the Civil Service Examinations in Imperial China (1127-1279)* (Cambridge: Harvard University Press, 2007).

de Weerdt, Hilde, Review of *Divided by a Common Language: Factional Conflict in Late Northern Song China*, by Ari Levine, *Journal of Asian Studies* 69, 2 (2010).

de Weerdt, Hilde, Review of *Ritendiskussionen am Hof der nördlichen Song-Dynastie (1034-1093): Zwischen Ritengelehr-*

samkeit, *Machtkampfund intellektuellen Bewegungen*, by Christian Meyer, *Bulletin of the School of Oriental and African Studies* 72, 1 (2009).

Dilthey, Wilhelm, *Pattern and Meaning in History* (New York: Harper Torchbooks, 1962).

Durkheim, Émile, *Elementary Forms of the Religious Life*, trans. by Joseph Swain (London: Allen and Unwin, 1976).

Dutournier, Guillaume and Zhe Ji, "Social Experimentation and 'Popular Confucianism': The Case of the Lujiang Cultural Education Centre," *Perspectives* 4: 80 (2009).

Eastman, Lloyd, *Family, Field, and Ancestors: Constancy and Change in China's Social and Economic History, 1550–1949* (New York: Oxford University Press, 1988).

Ebrey, Patricia Buckley, *Accumulating Culture: The Collections of Emperor Huizong* (Seattle: University of Washington Press, 2008).

Ebrey, Patricia Buckley, *Chu Hsi's Family Rituals: A Twelfth-Century Chinese Manual for the Performance of Cappings, Weddings, Funerals, and Ancestral Rites* (Princeton: Princeton University Press, 1991).

Ebrey, Patricia Buckley, *Confucianism and Family Rituals in Imperial China: A Social History of Writing about Rites* (Princeton: Princeton University Press, 1991).

Ebrey, Patricia Buckley, *Emperor Huizong* (Cambridge: Harvard University Press, 2014).

Ebrey, Patricia Buckley, *Family and Property in Sung China: Yuan Ts'ai's Precepts for Social Life* (Princeton: Princeton University Press, 1984).

Ebrey, Patricia Buckley, "Portrait Sculptures in Imperial

Ancestral Rites in Song China," *T'oung Pao* 83 (1997).

Ebrey, Patricia Buckley, "Sung Neo-Confucian Views on Geomancy," in Irene Bloom and Joshua A. Fogel, eds. , *Meeting of Minds: Intellectual and Religious in East Asian Traditions of Thought* (New York: Columbia University Press, 1997).

Ebrey, Patricia Buckley, "The Early Stages in the Development of Descent Group Organization," in Patricia Ebrey and James Watson, eds. , *Kinship Organization in Late Imperial China: 1000-1940* (Los Angeles: University of California Press, 1986).

Ebrey, Patricia, and James Watson, eds. , *Kinship Organization in Late Imperial China: 1000-1940* (Los Angeles: University of California Press, 1986).

Eliade, Mircea, *Myth and Reality*, trans. by Willard R. Trask (New York: Harper and Row, 1963).

Elliott, Mark C. , *The Manchu Way: The Eight Banners and Ethnic Identity in Late Imperial China* (Stanford: Stanford University Press, 2001).

Eno, Robert, *The Confucian Creation of Heaven: Philosophy and the Defense of Ritual Mastery* (New York: State University of New York, 1990).

Faure, David, *Emperor and Ancestor: State and Lineage in South China* (Stanford: Stanford University Press, 2007).

Feng Jiren, *Chinese Architecture and Metaphor: Song Culture in the Yingzhao Fashi Building Manual* (Hong Kong: Hong Kong University Press, 2012).

Feuchtwang, Stephan, and Arthur Wolf, eds. , *Religion and Ritual in Chinese Society* (Stanford: Stanford University Press, 1974).

Fisher, Carney, *The Chosen One: Succession and Adoption in the Court of Ming Shizong* (Sydney: Allen & Unwin, 1990).

Forte, Antonino, *Mingtang and Buddhist Utopias in the History of the Astronomical Clock the Tower, Statue and Armillary Sphere Constructed by Empress Wu* (Rome: Instituto Italiano per il Medio ed Estremo Oriente, 1988).

Freedman, Maurice, *Chinese Lineage and Society: Fukien and Kwangtung* (London: Humanities Press, 1966).

Gale, Essen, *Discourses on Salt and Iron: A Debate On State Control of Commerce and Industry in Ancient China* (Taipei: Ch'eng-wen Publishing Company, 1967).

Gallagher, Catherine, and Stephen Greenblatt, *Practicing New Historicism* (Chicago: Chicago University Press, 2000).

Geertz, Clifford, *Negara: The Theatrical State in Nineteenth-Century Bali* (Princeton: Princeton University Press, 1980).

Goody, Jack, "Religion and Ritual from Tylor to Parsons: the Definitional Problem," *Myth, Ritual and the Oral* (Cambridge: Cambridge University Press, 2010).

Hartman, Charles, "A Textual History of Cai Jing's Biography in the Songshi," in Patricia Ebrey and Maggie Bickford, eds. , *Emperor Huizong and Late Northern Song China: The Politics of Culture and the Culture of Politics* (Cambridge: Harvard University Asian Center, 2006).

Hartman, Charles, "Sung Government and Politics," in John W. Chaffee and Denis Twitchett, eds. , *The Cambridge History of China*, Vol. 5, Part II: *Sung China, 907 - 1279* (Cambridge, UK: Cambridge University Press, 2015).

Hartwell, Robert, "Demographic, Political and Social Transformation of China, 750–1550," *Harvard Journal of Asiatic Studies* 42: 2 (1982).

Henderson, John, *The Development and Decline of Chinese Cosmology* (New York: Columbia University Press, 1984).

Hsu, L. K. Francis, *Under the Ancestors' Shadow: Kinship, Personality, and Social Mobility in Village China* (New York: Natural History Library, 1967).

Hwang, Ming-chorng, "Ming-tang: Cosmology, Political Order and Monuments in Early China" (Ph.D. diss., Harvard University, 1996).

Hymes, Roberts, *Statesmen and Gentlemen: The Elite of Fu-Chou, Chiang-Hsi, in Northern and Southern Sung* (New York: Cambridge University Press, 1986).

Hymes, Roberts, "Sung Society and Social Change," in John W. Chaffee and Denis Twitchett, eds., *The Cambridge History of China*, Vol. 5, Part *II*: *Sung China, 907–1279* (Cambridge, UK: Cambridge University Press, 2015).

Ji, Xiao-bin, *Politics and Conservatism in Northern Song China: The Career and Thought of Sima Guang* (A.D. 1019–1086) (Hong Kong: Chinese University Press, 2005).

Jiang Tao 蒋韬, "Intimate Authority: The Rule of Ritual in Classical Confucian Political Discourse," in Peter D. Hershock and Roger T. Ames, eds., *Confucian Cultures of Authority* (New York: State University of New York Press, 2006).

Johnson, David, *Spectacle and Sacrifice: The Ritual Foundations of Village Life in North China* (Cambridge: Harvard University Press, 2009).

Keightley, David, *The Ancestral Landscape: Time, Space, and Community in Late Shang China* (Berkeley: University of

California Press, 2000).

Keightley, David, "The Religious Commitment, Shang Theology and the Genesis of Chinese Political Culture," *History of Religions* No. 17 (1978).

Kertzer, David I. , *Ritual, Politics, and Power* (New Haven: Yale University Press, 1988).

Knoblock, John, *Xunzi: A Translation and Study of the Complete Works* (Stanford: Stanford University Press, 1994).

Kracke, E. A. , *Civil Service in Early Sung China: 960-1067* (Cambridge: Harvard University Press, 1953).

Kracke, E. A. , "Region, Family and Individual in the Chinese Examination System," in John K. Fairbank, ed. , *Chinese Thought and Institutions* (Chicago: University of Chicago Press, 1967).

Kramers, R. , *K'ung Tzu Chia Yu: The School Sayings* (Leiden: Brill, 1950).

Kroher, Martin, " '*With Malice Toward None*' to '*A House Divided*': *The Impact of Changing Perceptions of Ritual and Sincerity on Elite Social Cohesion and Political Culture in Northern Song China, 1027-1067*" (Ph. D. diss. , Harvard University, 2014).

Kuhn, Thomas, *The Structure of Scientific Revolutions* (Chicago: The University of Chicago Press, 1970).

Kurz, Johannes L. , *Das Kompilationsprojekt Song Taizongs* (*r. 976-997*) (Bern: Lang, 2003).

Kurz, Johannes L. , "The Politics of Collecting Knowledge: Song Taizong's Compilations Project," *T'oung Pao* 87: 4 - 5 (2001).

Lau Napyin 柳立言 and Huang Kuanchung 黄宽重, "Founding and Consolidation of the Sung Dynasty under T'ai-tsu (960-

976), T'ai-tsung (976-997), and Chen-tsung (997-1022)," in Denis Twitchett and Paul Jakov Smith, eds. , *The Cambridge History of China*, *Vol. 5*, *Part I*: *The Sung Dynasty and its Precursors*, *907 - 1279* (Cambridge: Cambridge University Press, 2009).

Laidlaw, James, "On Theatre and Theory: Reflections on Ritual in Imperial Chinese Politics," in Joseph P. McDermott, ed. , *State and Court Ritual in China* (Cambridge: Cambridge University Press, 1999).

Lee, Thomas, *Government Education and Examinations in Sung China* (Hong Kong: Chinese University Press, 1985).

Legge, James, *The Sacred Books of China*: *The Texts of Confucianism* (New York: Gordon Press, 1976).

Levine, Ari Daniel, *Divided by a Common Language*: *Factional Conflict in Late Northern Song China* (Honolulu: University of Hawai'i Press, 2008).

Levine, Ari Daniel, "The Reigns of Hui-tsung and Ch'in-tsung (1126-1127) and the Fall of the Northern Sung," in Denis Twitchett and Paul Jakov Smith, eds. , *The Cambridge History of China*, *Vol. 5*, *Part I*: *The Sung Dynasty and its Precursors*, *907-1279* (Cambridge: Cambridge University Press, 2009).

Lewis, Mark, *The Construction of Space in Early China* (Albany: State University of New York Press, 2006).

Li Cho-Ying and Charles Hartman, "A Newly Discovered Inscription by Qin Gui: Its Implications for the History of Song 'Daoxue'," *Harvard Journal of Asiatic Studies* 70, 2 (2010).

Liu, Wang Hui-Chen, "An Analysis of Chinese Clan Rules: Confucian Theories in Action," in David Nivison and Arthur Wright, eds. , *Confucianism in Action* (Stanford: Stanford University Press, 1959).

Liu, Wang Hui-Chen, *The Traditional Chinese Clan Rules* (Locust Valley: J. J. Augustin, 1959).

Liu, T. C. James (Liu Zijian 刘子健), "How Did a Neo-Confucian School Become the State Orthodoxy?" *Philosophy East and West* 23, 4 (1973).

Liu, T. C. James, *Reform in Sung China: Wang An-shih (1021–1086) and His New Policies* (Cambridge: Harvard University Press, 1968).

Liu Yonghua, *Confucian Rituals and Chinese Villagers: Ritual Change and Social Transformation in a Southeastern Chinese Community, 1368–1949* (Leiden and Boston: Brill, 2013).

Lo, Winston, *An Introduction to the Civil Service of Sung China: With Emphasis on its Personnel Administration* (Honolulu: University of Hawai'i Press, 1987).

Loewe, Michael, ed., *Early Chinese Texts: A Bibliographical Guide* (Berkeley: University of California, 1993).

Loewe, Michael, *Problems of Han Administration: Ancestral Rites, Weights and Measures, and the Means of Protest* (Leiden: Brill, 2016).

Loewe, Michael, "The Imperial Way of Death in Han China," in Joseph P. McDermott, ed., *State and Court Ritual in China* (Cambridge: Cambridge University Press, 1999).

Louie, Kam, *Critiques of Confucius in Contemporary China* (New York: St. Martin's Press, 1980).

Lovejoy, Author, *The Great Chain of Being: A Study of an History of Idea* (Cambridge: Harvard University Press, 1936).

Makeham, John, *Transmitters and Creators: Chinese Commentators and Commentaries on the Analects* (Cambridge: Harvard University Asian Center, 2004).

McDermott, Joseph, ed. , *State and Court Ritual in China* (New York: Cambridge University Press, 1999).

McDermott, Joseph, *The Making of a New Rural Order in South China*, Vol. 1: *Village, Land, and Lineage in Huizhou*, *900-1600* (Cambridge: Cambridge University Press, 2013).

McGrath, Michael, "The Reigns of Jen-tsung (1022 - 1063) and Ying-tsung (1063-1067)," in Denis Twitchett and Paul Jakov Smith, eds. , *The Cambridge History of China*, Vol. 5, Part I: *The Sung Dynasty and its Precursors*, *907-1279* (Cambridge, UK: Cambridge University Press, 2009).

McMullen, David L. , "Bureaucrats and Cosmology: The Ritual Code of T'ang China," in David Cannadine and Simon Price, eds. , *Ritual of Royalty: Power and Ceremonial in Traditional Societies* (Cambridge: Cambridge University Press, 1987).

McMullen, David L. , *State and Scholars in T'ang China* (Cambridge: Cambridge University Press, 1988).

McMullen, David L. , "The Death Rites of Tang Daizong," in Joseph P. McDermott, ed. , *State and Court Ritual in China* (Cambridge: Cambridge University Press, 1999).

Meyer, Christian, "Negotiating Rites in Imperial China: The Case of Northern Song Court Ritual Debates from 1032 to 1093," in Ute Hüsken and Frank Neubert, eds. , *Negotiating Rites* (Oxford: Oxford University Press, 2011).

Meyer, Christian, *Ritendiskussionen am Hof der nördlichen Song-Dynastie (1034 - 1093): Zwischen Ritengelehrsamkeit, Machtkampf und intellektuellen Bewegungen* (Sankt Augustin: Institut Monumenta Serica, 2008).

Miyakawa, Hisayuki 宫川尚志, "An Outline of the Naitō

Hypothesis and its Effects on Japanese Studies of China," *The Far Eastern Quarterly*, 14, 4 (1955).

Moser, Jeffrey, "Recasting Antiquity: Ancient Bronzes and Ritual Hermeneutics in the Song Dynasty" (Ph. D. diss., Harvard University, 2010).

Nylan, Michael, *The Five "Confucian" Classics* (New Haven: Yale University Press, 2001).

Puett, Michael, *To Become a God: Cosmology, Sacrifice, and Self-Divinization in Early China* (Cambridge: Harvard University Asia Center, 2002).

Queen, Sarah, *From Chronicle to Canon: The Hermeneutics of the Spring and Autumn, According to Tung Chung-shu* (New York: Cambridge University Press, 1996).

Rawski, Evelyn S., *Education and Popular Literacy in China* (Ann Arbor: University of Michigan Press, 1979).

Rawski, Evelyn S., "The Creation of an Emperor in Eighteenth-Century China," in Bell Yung, Evelyn Rawski, and Rubie Watson, eds., *Harmony and Counterpoint: Ritual Music in Chinese Context* (Stanford: Stanford University Press, 1996).

Rawski, Evelyn S., *The Last Emperors: A Social History of Qing Imperial Institutions* (Berkeley: University of California Press, 1998).

Schaberg, David, "The *Zhouli* as Constitutional Text," in Benjamin Elman and Martin Kern, eds., *Statecraft and Classical Learning: The Rituals of Zhou in East Asian History* (Boston: Brill, 2010).

Schottenhammer, Angela, "Characteristics of Song Epitaphs," in Dieter Kuhn, ed., *Burial in Song China* (Heidelberg: Edition Forum, 1994).

Shaughnessy, Edward, *Before Confucius: Studies in the Creation of the Chinese Classics* (Albany: State University of New York Press, 1997).

Smith, Paul Jakov, "A Crisis in the Literati State: The Sino-Tangut War and the Qingli-Era Reforms of Fan Zhongyan," *Journal of Song-Yuan Studies* 45 (2015).

Smith, Paul Jakov, "Shen-tsung's Reign and the New Policies of Wang An-shih, 1067-1085," in Denis Twitchett and Paul Jakov Smith, eds., *The Cambridge History of China*, Vol. 5, Part I: The Sung Dynasty and its Precursors, 907 - 1279 (Cambridge: Cambridge University Press, 2009).

Smith, Paul Jakov, *Taxing Heaven's Storehouse: Horses, Bureaucrats, and the Destruction of the Sichuan Tea Industry, 1074 - 1224* (Cambridge, MA: Harvard University Press, 1991).

Soffel, Christian, and Hoyt Cleveland Tillman, *Cultural Authority and Political Culture in China: Exploring Issues with the Zhongyong and the Daotong during the Song, Jin and Yuan Dynasties* (Stuttgart: Franz Steiner, 2012).

Song Jaeyoon, "Tension and Balance: Changes of Constitutional Schemes in Southern Song Commentaries on the *Rituals of Zhou*," in Benjamin Elman and Martin Kern, eds., *Statecraft and Classical Learning: The Rituals of Zhou in East Asian History* (Boston: Brill, 2010).

Song Jaeyoon, *Traces of Grand Peace: Classics and State Activism in Imperial China* (Cambridge: Harvard University Asian Center, 2015).

Steele, John, *The I-Li, or Book of Etiquette and Ceremonial* (Taipei: Ch'eng-wen Publishing Company, 1966).

Sullivan, Lawrence R., "Intellectual and Political Controversies over Authority in China: 1898 - 1922," in Peter D. Hershock and Roger T. Ames, eds., *Confucian Cultures of Authority* (New York: State University of New York Press, 2006).

Sutton, Donald, "Ritual, Cultural Standardization, and Orthopraxy in China: Reconsidering James L. Watson's Ideas," *Modern China* 33 (Jan. 2007).

Tackett, Nicolas, *The Destruction of the Medieval Chinese Aristocracy* (Cambridge: Harvard University Asia Center, 2014).

Tackett, Nicolas, *The Origins of the Chinese Nation: Song China the Forging of an East Asian World Order* (Cambridge: Cambridge University Press, 2017).

Taylor, Rodney, *The Religious Dimensions of Confucianism* (New York: State University of New Work, 1990).

Thompson, E. P., *The Making of the English Working Class* (New York: Vintage Books, 1966).

Tillman, Hoyt Cleveland, *Utilitarian Confucianism: Ch'en Liang's Challenge to Chu Hsi* (Cambridge: Harvard East Asian Monographs, 1982).

Tully, James, ed., *Meaning and Context: Quentin Skinner and His Critics* (Cambridge: Polity, 1988).

Turner, Victor, *The Ritual Process: Structure and Anti-Structure* (Chicago: Aldine Publishing Company, 1969).

Vollmer, Mueller, *The Hermeneutics Reade* (New York: Continuum, 1988).

Von Glahn, Richard, *The Sinister Way: The Divine and the Demonic in Chinese Religious Culture* (Berkeley: University of California Press, 2004).

Wang Aihe, *Cosmology and Political Culture in Early China* (Cambridge: Cambridge University Press, 2000).

Wang Gungwu, *The Structure of Power in North China during the Five Dynasties* (Kuala Lumpur: University of Malaya Press, 1963).

Watson, James, "Anthropological Analyses of Chinese Religion," *China Quarterly* No. 66 (June 1976).

Watson, James, "The Structure of Chinese Funerary Rites: Elementary Forms, Ritual Sequence, and the Primacy of Performance," in James Watson and Evelyn Rawski, eds., *Death Rituals in Late Imperial and Modern China* (Berkeley: University of California Press, 1988).

Wechsler, Howard, *Offerings of Jade and Silk: Ritual and Symbol in the Legitimization of the T'ang Dynasty* (New Haven: Yale University Press, 1985).

Wechsler, Howard, "The Founding of the T'ang Dynasty: Kao-Tsu (Reign 618 - 26)," in Denis Twitchett and John K. Fairbank, eds., *The Cambridge History of China. Vol. 3, Part I: Sui and T'ang China, 589-906* (Cambridge: Cambridge University Press, 1979).

Weller, Robert, "Religion, Ritual, and the Public Good in China," in Fenggang Yang and Joseph B. Tomney, eds., *Confucianism and Spiritual Traditions in Modern China and Beyond* (Leiden: Brill, 2012).

Wood, Alan, *Limits to Autocracy: From Sung Confucianism to a Doctrine of Political Right* (Honolulu: University of Hawai'i Press, 1995).

Wu Hung 巫鸿, *Monumentality in Early Chinese Art and Architecture* (Stanford: Stanford University Press, 1995).

Zhang Cong, Ellen 张聪, *Performing Filial Piety in Northern Song China: Family, State, and Native Place* (Hololulu:

University of Hawai'i Press，2020）.

吾妻重二「宋代の家廟と祖先祭祀」『中國の禮制と禮學』、2001。

江川式部「貞元年間の太廟奏議と唐代後期の禮制改革」『中國史学』20巻、2010。

東一夫『王安石新法の研究』風間書房、1970。

金子修一『中国古代皇帝祭祀の研究』岩波書店、2006。

金子修一『大唐元陵儀注新釈』汲古書院、2013。

小島毅「郊祀制度の變遷」『東洋文化研究所紀要』108巻、1989。

内藤湖南「概括的唐宋時代觀」『歴史と地理』第9巻第5号、1922。

西嶋定生「皇帝支配の出現」『中国古代国家と東アジア世界』東京大学出版会、1983。

西岡市祐「『大唐開元禮』荐新於太廟禮の荐新物その一」『国学院中国学会報』38、1992。

寺地遵『南宋初期政治歴史研究』溪水社、1988。

戶崎哲彦「唐代における太廟制度の変遷」『彦根論叢』第262~263巻、1989。

戶崎哲彦「唐代における禘祫論爭とその意義」『東方學』第80巻、1990。

梅原郁「宋代の恩蔭制度」『宋代官僚制度研究』同朋舍、1985。

山内弘一「北宋時代の郊祀」『史學雜誌』第92巻第1号、1985。

山内弘一「北宋時代の神御殿と景靈宮」『東方學』第70巻、1985。

山内弘一「北宋時代の太廟」『上智史学』第35巻、1990。

图书在版编目（CIP）数据

威兮其祖：宋代太庙礼仪之争 / 张晓宇著；郑珮
安，史颖然译 . --北京：社会科学文献出版社，2025.
6. --（九色鹿）. --ISBN 978-7-5228-5194-5

Ⅰ . K892.98

中国国家版本馆 CIP 数据核字第 20252MJ002 号

九色鹿·译唐译宋

威兮其祖：宋代太庙礼仪之争

著　　者 / 张晓宇
译　　者 / 郑珮安　史颖然

出 版 人 / 冀祥德
责任编辑 / 郑庆寰　汪延平
文稿编辑 / 许文文
责任印制 / 岳　阳

出　　版 / 社会科学文献出版社·历史学分社（010）59367256
　　　　　　地址：北京市北三环中路甲 29 号院华龙大厦　邮编：100029
　　　　　　网址：www.ssap.com.cn
发　　行 / 社会科学文献出版社（010）59367028
印　　装 / 三河市东方印刷有限公司

规　　格 / 开本：787mm×1092mm　1/16
　　　　　　印张：17.25　字数：212 千字
版　　次 / 2025 年 6 月第 1 版　2025 年 6 月第 1 次印刷
书　　号 / ISBN 978-7-5228-5194-5
著作权合同
登 记 号 / 图字 01-2021-6251 号
定　　价 / 68.80 元

读者服务电话：4008918866